UTB **3450**

Eine Arbeitsgemeinschaft der Verlage

Böhlau Verlag · Köln · Weimar · Wien
Verlag Barbara Budrich · Opladen · Farmington Hills
facultas.wuv · Wien
Wilhelm Fink · München
A. Francke Verlag · Tübingen und Basel
Haupt Verlag · Bern · Stuttgart · Wien
Julius Klinkhardt Verlagsbuchhandlung · Bad Heilbrunn
Lucius & Lucius Verlagsgesellschaft · Stuttgart
Mohr Siebeck · Tübingen
Orell Füssli Verlag · Zürich
Ernst Reinhardt Verlag · München · Basel
Ferdinand Schöningh · Paderborn · München · Wien · Zürich
Eugen Ulmer Verlag · Stuttgart
UVK Verlagsgesellschaft · Konstanz
Vandenhoeck & Ruprecht · Göttingen
vdf Hochschulverlag AG an der ETH Zürich

Bachelor statt Burnout

Entspannt studieren – Wie geht das?

Herausgegeben von
Rosaria Chirico und Beate Selders

Vandenhoeck & Ruprecht

Rosaria Chirico M. A. studierte Philosophie, Germanistik, Romanistik und Deutsch als Fremdsprache in Düsseldorf und Berlin. Sie war als wissenschaftliche Mitarbeiterin an der Berliner Humboldt-Universität tätig und entwickelte ein bewährtes Praxis-Modul für Bachelor-Studiengänge. Seit 2004 arbeitet sie als Trainerin und Beraterin. Schwerpunkte ihrer Arbeit sind: Schreiben, Kreativität und berufliche Laufbahngestaltung. Sie engagiert sich für die Bildungsförderung von MigrantInnen. Homepage: www.schreib-los.de

Beate Selders studierte Soziologie, Psychologie und Politologie. Sie arbeitet als freie Journalistin und ist Dozentin für wissenschaftliches und berufliches Schreiben. Im Netzwerk »Studienqualität Brandenburg« qualifiziert sie zusammen mit Rosaria Chirico HochschuldozentInnen im Bereich Schreibdidaktik. Sie begleitet als Schreibberaterin durch Abschlussarbeiten und veranstaltet Workshops zum Umgang mit Zeitproblemen. Homepage: www.schreib-los.de

Mit 3 Abbildungen

Bibliografische Information der Deutschen Nationalbibliothek

Die Deutsche Nationalbibliothek verzeichnet diese Publikation in der Deutschen Nationalbibliografie; detaillierte bibliografische Daten sind im Internet über http://dnb.d-nb.de abrufbar.

© 2010 Vandenhoeck & Ruprecht GmbH & Co. KG, Göttingen/ Vandenhoeck & Ruprecht LLC, Oakville, CT, U. S. A. www.v-r.de ISBN 978-3-8385-3450-3 (utb-e-book)

Coverillustration: TOBIAS (Raphael Bräsecke), Will/Schweiz Umschlaggestaltung: Atelier Reichert, Stuttgart Satz: ⊕ Hubert & Co, Göttingen Druck und Bindung: CPI Books GmbH, Ulm

ISBN 978-3-8252-3450-8 (**UTB-Bestellnummer**)

Inhalt

Einleitung

Was Sie in diesem Buch finden und was Sie nicht finden

Studieren ist noch stressiger geworden als früher! Alles soll schneller gehen: Studieren, Praktika absolvieren, Zusatzqualifikationen erwerben und Auslandserfahrungen sammeln. Dieser Band verspricht keine Rezepte, mit denen Sie Ihr Studium noch effizienter und schneller absolvieren können. Wir möchten Sie vielmehr darin unterstützen, den Stress zu reduzieren, um im Studium mehr Raum für Neugierde, Kreativität und Lust am forschenden Denken zu schaffen!

Wie man dieses Buch lesen kann

»BA statt Burnout« besteht aus vier Kapiteln:
- im ersten Kapitel geht es um die Bologna-Reform mit ihren Schwächen, aber auch ihrem Potenzial und den Möglichkeiten der studentischen Mitbestimmung,
- im zweiten Kapitel stehen Stressprävention und Stressbewältigung im Mittelpunkt,
- im dritten Kapitel finden Sie Methoden und Tipps, die die Erfüllung der Studienanforderungen erleichtern
- und das vierte Kapitel widmet sich Fragen der beruflichen Orientierung und Laufbahngestaltung.

Fünfzehn AutorInnen schreiben aus ihrer Erfahrung als DozentInnen oder Coaches heraus und stellen bewährte Methoden, Tipps und konkrete Übungen vor. Alle Beiträge stehen für sich und können einzeln gelesen werden. Querverweise zeigen, in welchen anderen Beiträgen Aspekte vertieft werden. Wichtige Adressen, Literaturempfehlungen und Links finden Sie in den Serviceteilen. Alle Checklisten aus diesem Buch und zusätzliche Materialien finden Sie als Dateien zum Download unter www.utb-mehr-wissen.de.

Der Bachelor

Im ersten Kapitel *Der Bachelor* geht es um den aktuellen Stand der Bologna-Reform in Deutschland. Wir fassen die empfundenen Mängel der Reform zusammen, zeigen aber auch positive Tendenzen und Vorschläge, die im Zuge des Bildungsstreiks 2009 formuliert wurden. Uns interessiert die Frage, auf welche Art und Weise StudentInnen Impulse für Veränderungen – im Großen wie im Kleinen – einbringen können. Deshalb stellen wir Ihnen erfolgreiche Reform-Projekte und Möglichkeiten der Mitgestaltung vor.

Ohne Burnout

Das zweite Kapitel widmet sich dem Thema *Stress im Bachelor-Studium*. StudentInnen, MentorInnen und StudienberaterInnen beantworten die Frage, warum das Bachelor-Studium oft als atemloses Turbo-Studium durchgezogen wird und zeigen, dass es nicht so sein muss. Aus Gesprächen mit ihnen haben wir fünf Irrtümer herauskristallisiert, die unter Studierenden weit verbreitet sind und die es aufzulösen gilt.

Im Anschluss erfahren Sie Wesentliches über die Beziehung zwischen persönlicher Einstellung und dem Erleben von Stress. Sie lernen eine Reihe von mentalen und körperlichen Stressbewältigungsstrategien kennen, die Sie sofort anwenden können.

Wir stellen Ihnen einen Projektfahrplan und andere Planungsinstrumente vor und zeigen, wie Sie konzentriert und motiviert arbeiten können, auch wenn Sie Probleme mit Zeitmanagement und Selbstdisziplin haben. Außerdem geht es im zweiten Kapitel um die Kommunikation in Sprechstunden und die Frage: Was können Sie tun, um sich mit DozentInnen gut zu verständigen und klare Absprachen zu treffen?

Sie lernen Schreibmethoden als Denk- und Reflexionshilfen kennen, mit denen Sie schnell aufs Wesentliche kommen und Probleme lösen können.

Am Ende des Kapitels sprechen wir speziell die Gruppe der Nicht-Akademikerkinder an und geben Hinweise und Anregungen, die das Ankommen in der Hochschule erleichtern.

Mittendrin

Verschiedene Studien belegen, dass die klassischen Kernaufgaben des wissenschaftlichen Arbeitens – Prüfungen vorbereiten, Referate halten, wissenschaftliche Texte schreiben, recherchieren und lesen – StudentInnen die größten Stressprobleme bereiten. Deshalb erhalten Sie im dritten Kapitel dazu viele Anregungen und Hinweise.

Zunächst geht es darum, wie Sie Ihren Computer als Werkzeug effektiv einsetzen und im Internet wissenschaftlich recherchieren können. Dann geht es um die systematische Vorbereitung von Prüfungen, denn auch das Lernen will gelernt sein.

Wir möchten Sie außerdem dazu einladen, die Vorteile des Lernens und Schreibens in der Gruppe zu nutzen und sich gegenseitig Feedback zu geben.

Anschließend geht es um das Verfassen wissenschaftlicher Texte. Wir stellen Ihnen das Fünf-Stufen-Modell des Schreibprozesses vor: eine Methode, mit der Sie

Schreibprojekte in Teilschritte gliedern und systematisch angehen können und wir zeigen, wie Sie sich bei Schreibblockaden helfen können.

Das Reden und Präsentieren vor Publikum fällt vielen Studierenden schwer. Sie erfahren im letzten Beitrag, welche Schritte zum Vorbereiten eines Referats gehören und wie Sie die verschiedenen Herausforderungen des Präsentierens gleichzeitig meistern können.

Hinterher und Drumherum

Im letzten Kapitel beschäftigen wir uns mit der Zeit nach dem Studium und der Frage, wie man das »Hinterher« schon vor und während des Studiums – also »Drumherum« -gestalten kann.

Wir reflektieren Vor- und Nachteile eines Berufseinstiegs nach dem Bachelorstudium und zeigen, dass sich das Zusammenspiel von Hochschule und Arbeitsmarkt in einem Veränderungsprozess befindet. Die Rolle des informellen Lernens – des Lernens außerhalb der Hochschule – rückt für die berufliche Entwicklung immer mehr in den Vordergrund. Sie lernen Methoden kennen, mit denen Sie Ihre Ziele und Stärken herausarbeiten können. Sie erfahren auch, warum die Attraktivität auf dem Arbeitsmarkt nicht nur von guten Noten abhängt.

Ein Studium ist mehr als eine Berufsqualifizierung

Neben dem unmittelbar praktischen Nutzen dieses Buches durch zahlreiche Übungen, Checklisten und Anregungen wünschen wir uns, dass Sie sich nach der Lektüre erleichtert und gestärkt fühlen.

Wenn man Stress hat, ist es wichtig, Pausen einzulegen. Nur so kann man wieder auftanken und überprüfen, ob man noch auf dem richtigen Weg ist. Warten Sie nicht, bis die äußeren Bedingungen für eine Pause günstig sind. Warten Sie nicht, bis alles erreicht ist: der gute Studienabschluss, der sichere Job, das sichere Einkommen. Ihr Leben findet jetzt statt. Vergessen Sie nicht, es zu genießen!

Dankeswort

Die Herausgeberinnen danken für die vielen Anregungen und angenehmen Gespräche:

Conny Bredereck (Mentorin an der Alice-Salomon-Hochschule Berlin, HiASH-Projekt), Claudia Cifire (Studienberaterin an der Technischen Universität Berlin), Florian Kaiser (Vorstandsmitglied des fzs, freier zusammenschluss der studentinnenschaften e. V.), Vivien Salome Hinz und den anderen Mitgliedern des Berliner Stammtisches von ArbeiterKind.de, Dr. Fred Mengering (Leiter des Bereichs »Betreuung für internationale Studierende« an der TU Berlin), Gabriele Tellenbach (Referentin der Abteilung Studienförderung der Heinrich-Böll-Stiftung), Katja Urbatsch (Gründerin der Initiative ArbeiterKind.de) und Dipl.-Psychologe Holger Walther (Psychologische Beratung an der HU Berlin).

Danke auch an all unsere KursteilnehmerInnen (StudentInnen und Lehrende), die auf unseren Fragebogen *Lust und Frust am Bachelor* geantwortet haben.

Berlin, im Juli 2010   Rosaria Chirico / Beate Selders

I Der Bachelor

I.1 Studium Bolognese – Zur Halbzeit im Bologna-Prozess

Ausgepfiffen, ausgebuht, aber nicht abgepfiffen, geht die Studienreform von Bachelor & Master sowie der ganze Bologna-Prozess in die zweite Halbzeit: Zwar hatten die versammelten BildungsministerInnen 1999 in Bologna vereinbart, den »Europäischen Hochschulraum« – samt Bachelor und Master – bis 2010 Wirklichkeit werden zu lassen, doch mussten sie einsehen, dass er ein weiteres Jahrzehnt zur Verwirklichung benötigt (»Budapest-Vienna Declaration on the European Higher Education Area« vom 12.03.2010). Die neue Zielgerade für die Bachelor-Reform-Reformen heißt: 2020.

Der Bildungsstreik 2009

Sie gingen in über 70 Städten auf die Straße, belagerten den Landtag von Rheinland-Pfalz, besetzten Bahngleise und in Hamburg zeitweise auch einen Fernsehsender: »Geld für Bildung statt für Banken« lautete das Motto der rund 200.000 SchülerInnen und StudentInnen, die im Juni 2009 dem Aufruf der »Projektgruppe Bildungsstreik« folgten. In Anspielung auf die historisch beispiellose Finanzhilfe in Milliardenhöhe, welche die deutsche Bundesregierung den Kreditinstituten in Folge der Weltfinanzkrise gewährte, wandten sich die Demonstrierenden gegen die chronische Unterfinanzierung von Schulen und Hochschulen in Deutschland: »Wir zahlen nicht für eure Krise!«

Die Proteste richteten sich genauso gegen Studiengebühren, Schulzeitverkürzung und nicht zuletzt die Schwächen der Bachelorstudiengänge, auch »Studium Bolognese« genannt. Mit diesem Ausdruck, der es 2009 immerhin auf Rang 8 der »Wörter des Jahres« schaffte, sollte auf die Missstände aufmerksam gemacht werden, denen StudentInnen an deutschen Universitäten durch die Umstellung auf Bachelor- und Masterstudiengänge ausgesetzt sind. Die Kritik machte sich an den Studienbedingungen fest:

- Unklarheiten während und nach der Umstellung
- Stress und Leistungsdruck

- zu viele Prüfungen
- eine große Anzahl von Regularien
- Verschulung und zu wenig freie Wahlmöglichkeiten
- zu wenig Betreuung, zu wenig Feedback
- Reduzierung der Lerninhalte auf Anforderungen der Arbeitswelt
- mangelnde Durchlässigkeit zwischen BA- und MA-Studiengängen.

Hinzu kamen Anerkennungsprobleme sowohl einzelner Studienleistungen, die an unterschiedlichen Hochschulen oder im Ausland erworben wurden, wie auch der neuen Abschlüsse generell.

Selbstbestimmt Studieren

»Selbstbestimmt leben und lernen« forderten Demonstrierende, also die Bachelorstudiengänge nochmals komplett umzubauen: mit mehr Geld, mehr Lehrpersonal und mehr Mitwirkung.

Anfangs stießen die SchülerInnen und StudentInnen mit ihren (symbolischen) Besetzungen, Boykotts, alternativen Vorlesungen sowie anderen Protestformen auf ein sehr geteiltes Echo. Während manche Hochschulen, vor allem Universitäten, der studentischen Kritik zustimmten, suchte Bildungsministerin Annette Schavan die Proteste abzutun: der Bologna-Prozess sei »alternativlos«: »Wer streikt«, sei »schlicht gestrig« (Deutschlandradio Kultur 17. 6. 2009).

Natürlich beteiligten sich nie alle StudentInnen an den Bildungsstreiks 2009. Einige waren schließlich rundum zufrieden mit ihrem Bachelorstudium; manche kümmerte der Streit aus anderen Gründen nicht: »Ich gehöre zu den letzten Diplomstudentinnen der Politikwissenschaft«, erzählte Steffi aus München. Sie war nach Berlin gekommen, um ein Praktikum im Auswärtigen Amt zu machen: »Es ist nicht Teil meines Studiums.« – Sie genoss, dass der herkömmliche Studiengang ihr Raum für selbst gewählte Stoffvertiefung und ein anspruchsvolles Praktikum ließ. Dem Bildungsstreik blieb sie fern – er betraf sie nicht.

Höhepunkt der Bildungsproteste

Unzählige Hochschulgruppen und Splittergruppierungen hatten im Frühling 2009 schon einen Streik-Aufruf unterzeichnet – unterstützt durch mehrere Gewerkschaften. Er mobilisierte eine solch breite Massenbewegung, dass es nicht bei den angekündigten fünf Tagen »bundesweiten Bildungsstreiks« (15.–19. Juni) blieb. Die vereinten Proteste hielten vielmehr ganze sechs Monate, also bis Dezember 2009, die Bildungs-Republik in Atem.

Ihren Höhepunkt fand die erste große Welle des Bildungsstreiks schließlich mit einer Kundgebung gegen die in Berlin tagende Kultusministerkonferenz (17. 6. 2009): Statt interner MinisterInnen-Feier zum zehnten Jahrestag der Bologna-Erklärung standen damals jede Menge Protestaktionen im Fokus des öffentlichen Interesses.

Mindestens drei Faktoren trieben den Widerstand gegen die Bologna-Reformen in Deutschland an:

- der allgemeine Unmut über die Studienbedingungen und darüber, wie es nach dem Bachelorstudium weitergehen solle,
- die Provokation, dass »Bologna« als politischer Erfolg gefeiert würde und
- das Missverhältnis zwischen staatlichen Geldspritzen für Bankinstitute und Finanzmangel an Schulen und Hochschulen.

Ihren kritischen Punkt, der die Politik zum Einlenken bei der Bologna-Umsetzung brachte, erreichten die Bildungsproteste im November 2009. Erneut besetzten hunderte Studierende die Hörsäle; u. a. in München, Berlin, Duisburg-Essen, Münster, Bielefeld, Heidelberg, Mainz, Dresden, Potsdam, Würzburg, Augsburg, Köln, Erfurt, Karlsruhe, Bonn und Coburg – in insgesamt 50 Städten nach Angaben des fzs (»freiwilliger zusammenschluss der studentInnenschaften«). Wieder erklärten sich Gewerkschaften solidarisch und zeigten die Hochschulspitzen Verständnis. Auf Landesebene reagierte die Politik zuerst in Niedersachsen, indem das Bundesland ankündigte, die Kleinteiligkeit der Bachelorstudiengänge aufzubrechen sowie die Prüfungsdichte zu verringern. Bundesministerin Schavan kündigte Mitte November eine BAföG-Erhöhung an, doch verteidigte sie zunächst bloß die geplanten »Maßnahmen« (Aktuelle Stunde des Bundestags am 26. 11. 2009): ein nationales Stipendium ab WS 2010/2011 sowie ein künftiges Bildungssparmodell. Wo läge denn das Problem, fragte sie rhetorisch, wenn so viele junge Leute wie noch nie ein Studium aufnähmen und Deutschland weltweit »das drittbeliebteste« Land für GaststudentInnen aus dem Ausland sei. Noch am 29.11. (Anne Will-Talkschau, Titel »Wa(h)re Bildung: Hast Du was, wirst Du was!«), als sich Schavan der Kontroverse stellte, lehnte sie die eigentliche Bachelor-Kritik der Studierenden rundum ab – um anderntags nachzugeben: Unter dem Eindruck der beharrlichen Proteste nahm sie endlich die Studierenden ernst und kündigte Ende November einen »Bologna-Gipfel« an (Vitzhum, Die Welt, 1. 12. 2009).

Plötzliche Zustimmung zum Bildungsstreik

Der »Gipfel«, der insbesondere die Organisation und Qualität der Bachelorstudiengänge behandeln sollte, wurde von den Hochschulen (Hochschulrektorenkonferenz), KultusministerInnen, Studierenden und WirtschaftsvertreterInnen begrüßt.

Nun, als unter dem Druck der Studierendenproteste die Politik erstmals unmissverständlich einlenkte, stimmten mehr und mehr Stimmen in den Chor der Bachelor-Kritik ein: Die ProfessorInnen, in Gestalt des Deutschen Hochschulverbandes (DHV) erklärten mit Verve, Bologna und Bachelorstudium seien »ein Scherbenhaufen«: »Kein einziges Reformziel wurde erreicht. Die neuen Abschlüsse sind international nicht vergleichbarer, das Studium nicht besser, und die Mobilität der Studierenden ist deutlich schlechter geworden.«

Den bürokratischen »Akkreditierungswahn« räumten gar die Zuständigen des

Akkreditierungsrates selbst ein, das oberste Zulassungsgremium für Bachelorstudiengänge in Bonn. Er begegnete der Bachelor-Krise dadurch, dass er ankündigte, künftig die »Studierbarkeit« einschließlich Prüfungs- und Arbeitsbelastung zu einem eigenen Zulassungskriterium für BA-Studiengänge zu machen.

Besiegelt wurde der Erfolg des Bildungsstreiks letztlich bei einem Treffen zwischen Bundesbildungsministerin, Hochschulen, LandesvertreterInnen und Studierenden am 17. Februar 2010. Jetzt kündigte Ministerin Schavan nicht bloß einen einmaligen, halböffentlichen »Gipfel« an, sondern eine regelmäßige öffentliche »Bologna-Konferenz«, um gemeinsam die Bachelorstudiengänge zu korrigieren und den Bologna-Prozess besser umzusetzen.

Im Ergebnis waren die ausdauernden, kreativen Proteste sehr wirksam: aus Unmut wuchs erneuter Uni-Mut. Die Politik musste einlenken. Dank des Widerstandes von StudentInnen setzte sich die Einsicht durch, dass dringend eine Reform von Bologna & Co. her muss.

Zurück auf Null: Start des Bologna-Prozesses

Hoffnungsfroh hatte es dabei am Anfang ausgesehen, niemand ahnte, welche Kritik der Prozess einmal hervorrufen würde. Die Hochschulpolitik war in Aufbruchstimmung – was zum globalen Millenniumsfieber von 1999 passte, als Zuversicht nicht allein die *new economy* prägte. Hinsichtlich des Zeitpunkts lagen die europäischen Wissenschafts- und BildungsministerInnen also goldrichtig bei ihrer Zusammenkunft in Bologna: Dort unterschrieben sie im Juni 1999 die Erklärung, die den größten Hochschulumbruch seit Humboldts Zeiten einläutete. Und Deutschland gehörte gleich zu den ersten Unterzeichnerstaaten der Bologna-Deklaration.

Weil der Bologna-Prozess aus der Politik heraus in Gang gesetzt wurde, empfanden ihn nicht wenige Forschende, Lehrende und Studierende als eine Einmischung in die Hochschulpolitik. Der Eingriff in bestehende Strukturen geschah in einem Maße von oben und von außen, dass zumindest während der ersten Halbzeit die Bologna-Umsetzung von mehr oder minder starren Fronten gekennzeichnet war – hier die kritischen Hochschulangehörigen, dort die forcierenden PolitikerInnen. Beide fielen allzu oft auf eine Art Schwarze Peter-Spiel zurück: »Solange ihr uns nicht mehr Geld gebt, können wir Bologna nicht zum Erfolg machen!« bzw. »Bologna ist gut, aber die Unis kriegen das nicht hin, sondern schreien ständig nur nach Geld!«

Dabei lesen sich die vier Kernpunkte zur Schaffung eines »Europäischen Hochschulraumes« eher schlicht und unaufregend:

- Leicht verstehbare und vergleichbare Abschlüsse,
- Ein System von Leistungsanerkennungen (ECTS: European Credit Point Transfer System),
- Mobilität von Forschenden und Studierenden,
- Europäische Kooperation bei der Qualitätssicherung.

Einschließlich Kasachstan haben sich inzwischen 47 Staaten zum gemeinsamen »Hochschulraum« verpflichtet – ohne jedoch die Vorgaben und Ziele auf dieselbe Art und Weise umzusetzen. So sahen es die Beteiligten in Deutschland als besonders wichtig an, neben der Mobilität vor allem die Studienbedingungen an neue Erfordernisse anzupassen. In Deutschland ging es besonders um die Überwindung der »geschlossenen Universität« mit ihrem außergewöhnlich hohen Maß der sozialen und kognitiven Schließung (Münch 2009, 98) – also der Tatsache, dass deutsche Unis traditionell nur für eine kleine Minderheit von SchulabgängerInnen vorgesehen waren, anstatt durch eine Öffnung und entsprechenden Wandel den veränderten gesellschaftlichen Verhältnissen Rechnung zu tragen.

Chancen für den europäischen Hochschulraum

Der Start des europäischen Bologna-Prozesses bot in den Augen der meisten Reform-AkteurInnen eine herausragende Gelegenheit, praktisch sämtliche Motive zur Studienreform gebündelt in einen sinnvollen internationalen Zusammenhang einzubringen, sodass die Chancen für Hochschulentwicklung enorm steigen würden. Mancher träumte gar von einer Vermählung zwischen Europäisierung und Reform; stand Bologna doch als älteste Universitätsstadt für eine tolle Tradition: über kulturelle und politische Grenzen hinweg gemeinsam zu forschen, zu lehren und zu lernen. »Europäischer Hochschulraum« klang nach Erasmus-Erfahrungen, Förderung kultureller Vielfalt und Öffnung, Erweiterung über die Nationalstaaten ganz Europas hinweg bis zum Balkan sowie kulturelle Integration (»Brückenfunktion«).

Man versprach sich durch die Einführung der gestuften Studiengänge Bachelor und Master eine Ausweitung und Verbesserung der Studienoptionen bzw. vermehrte Wahlmöglichkeiten für Studierende. Noch den Erklärungen der deutschen Kultuspolitikerinnen von 1999 zufolge sollten die »konsekutiven« Bologna-Studiengänge die herkömmlichen Studienabschlüsse bzw. -gänge Diplom und Master ergänzen, nicht jedoch an deren Stelle rücken. Der Bachelor-Abschluss als »ein eigenständiger berufsqualifzierender Abschluss« (Kultusministerkonferenz 1999, Abschnitt 1.4) war nach diesen »Strukturvorgaben« weder als künftiger Regelfall noch als die herkömmlichen Studiengänge ablösende Konkurrenz geplant.

Ungeachtet ökonomistischer Zwischentöne – Bologna zielte von vornherein auf eine gestärkte Marktmacht des Hochschulsystems im globalen Wettbewerb – schien der Bologna-Prozess zunächst die auseinander gehenden wissenschaftlichen, wirtschaftlichen und politischen Interessen ausgewogen auszutarieren, indem er von einer allgemeinverbindlichen, universitären Wertebasis ausging.

Doch Dissens sah nur wie Konsens aus. Zu zahlreiche, unterschiedliche Zielsetzungen verbanden sich sofort mit Bologna, als dass die Bachelor-Einführung in Deutschland seither wesentlich glatter hätte verlaufen können. U. a. zählten zu ihnen (nach Bretschneider / Pasternack 2005):

- Verkürzung der Studienzeit
- Erhöhung der Akademisierungsquote
- Zertifizierung der Studienabbrecher
- Beiträge zur Internationalisierung, Mobilität
- quantitative Bewältigung einer Entwicklung, die zum Studium als Normalfall für die Mehrheit der Bevölkerung führen wird
- Differenzierung der Studienoptionen
- Erhöhung der Selektionsquote
- Einführung von General Studies bzw. ›Collegisierung‹ des Hochschulstudiums
- Schaffung von Nebenfachoptionen
- stärkere Berufsorientierung
- Aufhebung der Unterscheidung von sog. berufsorienterten (FHs) und sog. wissenschaftlichen (Universitäten) Einrichtungen.

Die Umsetzung

So vielgestaltig die europaweiten Erwartungen, so unscharf fielen dann die Vorgaben auf nationaler Ebene aus. Die Menge an Zielen und sonstigen Vorgaben wuchs nach der Bologna-Erklärung von 1999 mit zusätzlichen Deklarationen weiter an:

- das Prag-Kommuniqué (2001),
- das Berlin-Kommuniqué (2003),
- das Bergen-Kommuniqué (2005),
- das London-Kommuniqué (2007) und
- das Leuven-Kommuniqué (2009)

ergänzten die hochschulpolitischen Handlungsfelder des europäischen Prozesses um die Aspekte – u. a. in Stichworten – lebenslanges Lernen, Partizipation, Promotion, neue Zugangswege etc. Doch stiftete das *Mehr* an Erklärungen *weniger* Klarheit in der Bachelor-Gestaltung. Zentrale Fragen blieben bis heute offen; etwa die der Definition eines Bachelor: Was für Inhalte sollen den Studiengang und Abschluss bestimmen? Für welches Kompetenzniveau steht ein Bachelor-Abschluss? (vgl. Bargel et al. 2009)

Employability

In Deutschland forcierte die Politik die Bachelor-Einführung wie in keinem anderen Bologna-Land. Hochschulen stellten Studiengänge in kürzester Zeit um. Dabei schwenkte die Bologna-Umsetzung weg von der regulativen Idee wissenschaftlichen Studierens hin zur »employability«, also direktem ökonomischen Nutzen des Studiums.

Erheblichen Einfluss übte auf den Bologna-Prozess samt Bachelor-Einführung nämlich ein gesonderter EU-Prozess aus, und zwar die sogenannte Lissabon-Strategie aus dem Jahr 2000. »Das alte Paradigma, in dem Bildung als Kulturgut und Fachwissen verstanden wurde, wird nun vollständig durch ein neues, ökonomistisches Leitbild abgelöst« analysiert der Soziologe Richard Münch diese Entwicklung im Zeichen von PISA und Bologna mit deutlichen Worten (Münch 2009, 29 f.).

Tatsächlich lässt sich im Rückblick eine auf »employability« (Beschäftigungsfähigkeit) verkürzte Praxisorientierung von Bachelor-Studiengängen auch auf die Unterordnung von Bologna unter die Lissabon-Strategie zurückführen. Mangel an klareren Definitionen rächte sich nun durch überbetonte Effizienzkriterien sowie zeitliche Stauchung von »workloads«. Vor Bologna verbanden sich mit dem Reformziel »Praxisorientierung« Dinge wie: Problemorientiertes Lernen, Projekt- und Teamarbeit – also personaler, sozialer und methodischer Kompetenzerwerb, der weit über Faktenlernen hinausging. Reformen sollten den Gegensatz zwischen Fachwissenschaften und komplexer Lebenswelt überwinden helfen (»Unis haben Fächer, Gesellschaften haben Probleme«). »Employability« reduzierte dagegen Praxisorientierung oftmals auf das Auswendiglernen berufsfeldbezogener Einzelfakten.

»Risiken und Nebenwirkungen«

Es liegt auf der Hand, dass die Bologna-Umsetzung von Beginn an durch studentische Kritik begleitet wurde. Ob die neuen Studiengänge tatsächlich europäische Mobilität und Studienqualität steigern, war früh strittig. Zunächst machte sich Einspruch allerdings eher an »Risiken« oder »Nebenwirkungen« der Bachelor- und Master-Ausgestaltung fest. Ab 2003 ähnelten die kritischen Wortmeldungen dann schon denen des Bildungsstreiks von 2009: Studierende monierten die vermehrte Konkurrenz untereinander, Barrieren zwischen Bachelor- und Masterstudiengängen, Auswahlverfahren, Mangel an adäquaten Lehr- und Lernformen und die »blanke Verschulung«. (Staack / Bretschneider 2003, fzs 2004).

Wie geht es weiter?

Nach den offiziellen Jubiläumsfeiern zum Zehnjährigen geht der Bologna-Prozess in seine zweite Halbzeit, und die Bachelorstudiengänge werden entsprechend einer »Korrekturagenda« (Schavan, Dt. Bundestag, Plenarprotokoll 17/9, 3.12.2009) nachbessernd umgebaut.

Damit die Hochschulen nicht überfordert bleiben, soll ein Bologna-Paket (»Qualitätspaket Bologna«) als dritte Säule des »Hochschulpaktes 2020« zwischen Bund und Ländern – zur Förderung der Forschung und Schaffung neuer Studienplätze – finanzielle und formale Verbesserungen bringen. Das Qualitätspaket bildet die dritte Säule. Neben Mitteln für 275.000 zusätzlichen Studienplätzen (erste Säule), 1,6 Milliarden Euro für Forschungsprojekte (zweite Säule) dreht sich bei der dritten Säule alles um die Verbesserung der Lehre.

Endlich mehr Geld und Konzepte für gute Lehre

Das Exzellenzinitiative genannte hochschulpolitische Förderprogramm soll endlich nicht nur der Forschung, sondern auch der Lehre zugutekommen. Bis 2020 schießt die Bundesregierung zusätzliche 2 Milliarden bei dieser »Qualitätsoffensive« zu, von der rund 80 Hochschulen profitieren sollen (Bildungsministerin Schavan, Die Zeit, 25. 2. 2010), wenn sie im Wettbewerb etwa durch ein Konzept für gute Lehre punkten. Außerdem werden zehn Zentren für Hochschuldidaktik jeweils mehrere, sich besonders profilierende Unis oder FHs in Sachen Studienreform unterstützen. Die Betreuung an den Hochschulen soll schließlich durch Mentorensysteme verbessert werden, die z. B. von neuen, auf Lehre spezialisierten (Junior-)ProfessorInnen aufgebaut werden.

Studierbarkeit

Hinweise dafür, wie dringend die Studierbarkeit zu verbessern ist, geben die zu beobachtenden Studienabbrüche von Bachelor-Studierenden (Isserstedt et al. 2007): Vermehrt brachen Studierende das Studium wegen Überforderung durch »Anforderungsverdichtung« und schlechte Betreuungsrelationen ab. Die Hochschulen wollen nun nachbessern (Hochschulrektorenkonferenz HRK 10. 12. 2009):

- Verringerung der Prüfungsbelastung (»grundsätzlich nicht mehr als eine Prüfung pro Modul«),
- Kontrolle der Arbeitsbelastung im Bachelorstudium,
- vereinfachte Anerkennung von Prüfungsleistungen, sowohl national wie international,
- Flexibilisierung der KMK-Strukturvorgaben und
- Abschaffung zusätzlicher Vorgaben der Bundesländer (mehr Gestaltungsfreiheit der Hochschulen).

Probleme der Studierbarkeit entstehen durch fehlende Transparenz, schlechte Gliederung – z. B. Abstimmung von Modulen –, hohe Leistungsanforderungen (Prüfungs-Marathon). Überhaupt gelten sowohl die Modularisierung wie Ausgestaltung des ECTS als korrekturbedürftig: Studien- und Prüfungsordnungen sollen überarbeitet werden, Lehrpläne sind eventuell zu entschlacken. In der zweiten Bologna-Halbzeit soll das Bachelorstudium weniger Prüfungen, aber bessere Betreuungsmöglichkeiten beinhalten.

Auch wenn Studierende heute Arbeitsplatzsicherheit und hohes Einkommen größer schreiben als frühere Generationen, so ändert das nichts an ihrem hohen Anspruch an ein wissenschaftliches Studium: Sie wollen keine bloße Berufsorientierung und kürzeste Studiendauer (Turbo-Bachelor), vielmehr auch Allgemeinwissen und Allgemeinwohlorientierung. Beim Umbau der Studiengänge kommt es also darauf an, das Interesse an beruflicher Verwertbarkeit *und* an persönlicher Entwicklung in Einklang zu bringen.

Bachelor und Master weiterhin auf dem Prüfstand

Neben der Baustelle »Studierbarkeit« geht es nach wie vor um die Anerkennung der neuen Abschlüsse: Welche Kompetenzniveaus sollen künftig die Zertifikate Bachelor oder Master genau bescheinigen? Was meint »berufsqualifizierend«? Wie soll die Beziehung zwischen Bachelor und Master aussehen?

Gleichviel, ob uns Inhalte oder Abschlüsse und deren Anerkennung umtreiben, geht es allemal um die Qualität des Studiums: »Studierende und Arbeitgeber erwarten«, so wissen die deutschen Hochschulen, »dass die Inhalte gestärkt und der gute Ruf der Bildung in Deutschland nachhaltig gesichert werden.« (HRK 28. 1. 2010).

Reform der Reform

Nicht zuletzt hängt der Erfolg der »Reformen der Reformen« davon ab, ob es gelingt, dem signifikant gestiegenen Partizipationsanspruch der Studierenden gerecht zu werden (Bargel et al. 2009). Das aber ist schließlich bereits die Kernaussage des Berlin-Kommuniqués von 2003 und gar nicht erst eine Lehre aus dem Bildungsstreik.

Geschichtsbücher der Zukunft werden vielleicht einmal schreiben, wie inmitten des Bologna-Prozesses 2010/2011 die eigentliche Reform begann.

Andreas Kahler

I.2 Mitmachen, mitgestalten, mitmischen!

Vielleicht denken Sie beim Lesen der Überschrift: »Ich stehe doch schon so unter Druck, jetzt soll ich auch noch Hochschulpolitik betreiben?« Falsch! Wir möchten Sie schließlich durch dieses Buch dazu anregen, aus dem Hamsterrad des Sollens und Müssens herauszutreten. Wir möchten Ihnen aber auch zeigen, dass aktives Mitgestalten eine sinnvolle Reaktion auf Frust im Studium bzw. auf Stress im Allgemeinen sein kann. Mitgestaltung fängt schon damit an, dass man sein Unwohlsein ernst nimmt und versucht, es in konstruktive Kritik zu übersetzen. Ob im kleinen oder großen Rahmen: Mitgestaltung kann viel bewirken, weil sie aus einem wirklichen Interesse an der Sache geschieht.

»Who is who« im Bologna-Prozess

In Europa:
- Das wichtigste Gremium für die Umsetzung der Bologna-Reform ist die zweijährliche Ministerkonferenz, bekannt als »Bologna-Konferenz«, an der neben den Mitgliedsstaaten der EU verschiedene Organisationen mit Beobachterstatus teilnehmen, wie etwa The European University Association EUA und European Students' Union ESU.
- Zwischen den Konferenzen koordiniert die »Bologna-Follow-up-Group« die nationalen und internationalen Aktivitäten.

In Deutschland:
- Nach dem Grundgesetz sind im Wesentlichen die Bundesländer für Bildung und Kultur zuständig (Kulturhoheit der Länder). Die Umsetzung der Bologna-Reform liegt also bei den Ländern, die sich in der Kultusministerkonferenz KMK koordinieren. Näheres finden Sie im Internet auf den Seiten der Bundesländer bzw. der Kultusministerien und der KMK: http://www.kmk.org/home.html
- Begleitet wird der Reformprozess durch eine Bund-Länder-Arbeitsgruppe an der auch die Hochschulrektorenkonferenz HRK, der freie zusammenschluss von studentInnenschaften, der Deutsche Akademische Austauschdienst, das Deutsche Studentenwerk sowie der Akkreditierungsrat beteiligt sind. Näheres finden Sie auf den Seiten des Bologna-Zentrums der HRK: http://www.hrk.de/bologna/de

Studierenden-Organisationen

freier zusammenschluss von studentInnenschaften (fzs) e. V.
Der »freie zusammenschluss von studentInnenschaften e. V.« ist der Dachverband von Studierendenvertretungen in Deutschland und vertritt damit rund eine Million Studierende. Er veröffentlicht Positionen zur Entwicklung des deutschen Hochschulsystems und organisiert Aktionen und Kampagnen, um für studentische Interessen Aufmerksamkeit in der Öffentlichkeit zu gewinnen. Weitere Infos unter: http://www.fzs.de/

AStA
In allen Bundesländern außer Bayern und Baden-Württemberg bilden die Studierenden einer Hochschule die Verfasste Studierendenschaft, die einmal im Jahr das Studierendenparlament wählt und jenes wiederum den Allgemeinen Studierendenausschuss, kurz AstA. Er gliedert sich in thematisch ausgerichtete Referate, wie z. B. AusländerInnenreferat, Behinderten-Referat, Frauenreferat, Hochschulsport-Referat, Kultur-Referat, Multimedia-Referat, Ökologie-Referat u. v. m. Das Prinzip ist ähnlich wie in der »großen Politik«: Indem sich einige Studierende in bestimmte Themen einarbeiten und sich dort engagieren, können sie andere kompetent vertreten.

Fachschaften
Die Fachschaft steht Studierenden eines Faches in allen Fragen des Studiums beratend und auf Augenhöhe zur Verfügung. Außerdem vertritt sie ihre Interessen in den Fachbereichsgremien. Besonders wichtig sind die Beratungen zum Studieneinstieg: Viele Fachschaften veranstalten für Erstsemester Orientierungswochen und bieten MentorInnenprogramme an.

Studierende in Hochschulgremien
Studentische Mitgestaltung findet auch in den Gremien der Fakultäten und Fachbereiche statt. StudierendenvertreterInnen – meist Fachschafts-Mitglieder – wirken an der Gestaltung von Prüfungsordnungen und bei der Besetzung von DozentInnenstellen mit.

Mitmachen lohnt sich!

Bei allen Aufgaben, die Studierende in der einen oder anderen Form übernehmen, kommt der Spaß nicht zu kurz! Viele Fachschaften betreiben ein Café, organisieren Erstsemesterfahrten und Parties. Die Fachschaft Mathematik und Informatik an der

Uni Münster z. B. organisiert gleich zweimal im Semester die große Mathe-Party, eine Feuerzangenbowle im Winter sowie ein Sommerfest. »Auch wir sind ganz normale Studenten und haben neben den Fachschafts-Aktivitäten unsere Vorlesungen und Klausuren«, schreiben die Mitglieder in ihrer Selbstdarstellung »man kann also durchaus beides miteinander vereinbaren. Und es lohnt sich: Die Fachschaftsarbeit macht uns eine Menge Spaß, man lernt nette Leute aus allen Semestern kennen und bekommt zusätzlich interessante Einblicke in die Vorgänge am Fachbereich und an der Uni.« Infos: http://fmi.uni-muenster.de/

Der erste Schritt

Wenn Sie sich über Studienbedingungen ärgern, wenn Sie gute Ideen haben – nicht nur zu hochschulpolitischen Themen – oder wenn Sie einfach Lust haben, an der Uni mehr zu machen als zu studieren, dann gehen Sie am besten zu einem der nächsten Fachschaftstreffen oder zu einer anderen Studierendenvertretung Ihrer Hochschule. Dort wird man sich über Ihr Interesse und Engagement freuen, denn neue MithelferInnen werden immer gebraucht. Nutzen Sie Ihre Wut oder Ihre guten Ideen, auch im kleinen Rahmen. Nur so entstehen Veränderungen! Und noch ein positiver Nebeneffekt: Die Zugehörigkeit zu einer Gruppe kann den Alltag an einer Hochschule – vor allem an einer großen Massenuniversität – um einiges erleichtern, denn ganz nebenbei entstehen gute Kontakte, Netzwerke und Freundschaften. Einige Beispiele:

- »Bachelor Gemeinsam Gestalten!« ist eine studentische Initiative am Institut für Psychologie der Universität Freiburg. Studierende entwickeln dort neue Studienangebote in enger Abstimmung mit den Lehrenden. Sie wirken an der Erarbeitung von Kompetenz- und Qualifikationszielen mit und informieren Erstsemester über das European Credit Transfer System ECTS und Modularisierung. Weitere Informationen: http://bachelorgemeinsamgestalten.wordpress.com
- »Ganz Ohr« wollen Studierende und DozentInnen im Gespräch miteinander an der Katholischen Universität Eichstätt-Ingolstadt sein. Zu konkreten Nachbesserungen bei den neuen Studiengängen berät ein fachunabhängiges Bologna-Team aus Studierenden, DozentInnen und regionalen ArbeitgeberInnen die Institute. Weitere Informationen: http://www.ku-eichstaett.de
- Die Studierenden der Friedrich-Alexander-Universität Erlangen-Nürnberg haben u. a. ein Rahmenpapier mit Vorschlägen für eine Änderung der Prüfungsordnungen verabschiedet. Weitere Informationen: http://studierendenschaft-uni-erlangen.de

Rosaria Chirico

I.3 Mini-ABC der Bologna-Reform

Akkreditierungsrat
Der Akkreditierungsrat (Stiftung zur Akkreditierung von Studiengängen in Deutschland) hat den gesetzlichen Auftrag, die neu entstandenen Bachelor- und Masterstudiengänge auf ihre Qualität hin zu überprüfen. Er ist also der TÜV für Ihren Studiengang. Das Akkreditierungsverfahren ist ziemlich kompliziert. Wer sich dafür interessiert, kann sich darüber informieren auf den Seiten: http://www.akkreditierungsrat.de.

Berufsqualifizierung (auch Employability)
Ein Bachelor-Abschluss soll bereits nach drei bis vier Jahren zur Berufsqualifizierung führen. Gerade in Deutschland war dies eines der wichtigsten Argumente für die Einführung der neuen Studiengänge. Denn deutsche AbsolventInnen – so beklagte die Wirtschaft – seien im internationalen Vergleich beim Berufseinstieg zu alt und hätten weniger Praxisbezug. Die Reformen sollen die Versorgung des Arbeitsmarktes mit AkademikerInnen sichern und durch ein kürzeres Studium den Anteil pro Geburtenjahrgang auf 40 Prozent erhöhen. Die Berufsqualifizierung soll in den Studiengängen vor allem durch die Vermittlung von Schlüsselqualifikationen und durch die Integration berufsfeldorientierter Praktika gesichert werden (vgl. I.1).

Bologna-Erklärung bzw. Bologna-Prozess
Waren Sie schon einmal in Bologna? Diese schöne italienische Universitätsstadt ist Namensgeberin der Studienreform geworden, weil dort 1999 die zuständigen MinisterInnen den Vertrag zur Schaffung eines Europäischen Hochschulraums unterschrieben. Damals waren 29 europäische Länder vertreten und es wurde beschlossen, die Reform bis zum Jahr 2010 zu verwirklichen. Die Frist wurde mittlerweile um weitere 10 Jahre verlängert und aus den 29 Ländern sind 46 geworden. Die Bologna-Reform ist in ihrer Umsetzung sehr umstritten, sodass heute von einer Reform der Reform die Rede ist (vgl. I.1).

Credit points
Als Bachelor-StudentIn müssen Sie bis zum Examen in der Regel 180 Credit Points, kurz credits, sammeln (s. a. ECTS). Ein Punkt entspricht nach den Vorgaben der KMK einem Arbeitsaufwand von 30 Stunden. Das sind also 1800 Stunden im Jahr, bzw. 50 Stunden im Monat, bzw. 37,5 Stunden in der Woche. Das ist nicht wenig. Wenn man neben dem Studium nicht arbeiten muss, keine Kinder, Hobbys, gesellschaftspolitische Interessen hat und auch nicht krank wird, könnte die Rechnung

aufgehen. Tatsächlich steigt bei 31 Prozent der Studierenden das für Studium und Erwerbstätigkeit aufgebrachte Zeitvolumen auf mehr als 50 Stunden in der Woche an (Isserstedt et al. 2010).

Course Catalogue
Der Course Catalogue ist ein kommentiertes Veranstaltungsverzeichnis, in dem Leistungspunkte und Lernziele für einzelne Veranstaltungen angegeben werden. Der Course Catalogue soll in gedruckter Form oder als Onlineangebot zweisprachig bereitgestellt werden.

Diploma Supplement
Das Diploma Supplement ist ein englischsprachiger Zusatz zum normalen Abschlusszeugnis und kann beim Prüfungsamt angefordert werden. Es beinhaltet alle Studienleistungen und Veranstaltungen, die man während des Studiums belegt hat und beschreibt die mit dem Abschluss erworbenen akademischen und beruflichen Qualifikationen.

ECTS – European Credit Transfer System
In den Bachelor- und Masterstudiengängen belegen Studierende Module, die mit Credit Points verrechnet werden. Die Credit Points (auch Leistungspunkte genannt) werden nach Arbeitsstunden vergeben. Das European Credit Transfer System wurde eingeführt, um Studienleistungen einheitlich zu gestalten und einen Wechsel während des Studiums länderübergreifend möglich zu machen. Allerdings variiert die Zuordnung europaweit zwischen 25–30 Stunden pro Leistungspunkt, sodass es zu erheblichen Unterschieden im Workload kommt.

Konsekutive und nicht-konsekutive Studiengänge
Konsekutive (oder auch gestufte) Studiengänge bezeichnen inhaltlich aufeinander aufgebaute Bachelor- und Masterstudiengänge. Im Gegensatz dazu schließen nicht-konsekutive Masterprogramme inhaltlich nicht an einen bestimmten Bachelorstudiengang an. Bei solchen Masterprogrammen wird von den StudentInnen kein inhaltliches Vorwissen erwartet. Sie bieten HochschulabsolventInnen mit einem Bachelor- oder einem traditionellen Abschluss die Möglichkeit, sich in einer anderen Fachrichtung weiterzubilden.

Modul und Modulabschlussprüfung
Module sind Einheiten aus thematisch zusammenhängenden Lehrveranstaltungen in einem bestimmten Fachgebiet des Studiums. Ein Modul kann sich über ein bis

drei Semester erstrecken und wird meistens mit (mindestens) einer Modulabschlussprüfung (z. B. Kolloquium, Präsentation etc.) beendet. Neben Pflichtmodulen können häufig auch Wahl-Pflicht-Module belegt werden, um eigene Interessensschwerpunkte auszubauen. Nähere Informationen finden Sie in der Studien- und Prüfungsordnung Ihres Faches.

Selbststudium

Selbststudium bezeichnet die eigenständige Erarbeitung und Aneignung von Studieninhalten. Dazu gehören: Vor- und Nachbereitung von Veranstaltungen, Prüfungsvorbereitung und das Schreiben von Haus- und Abschlussarbeiten. Die für das Selbststudium angenommene Zeit findet sich in der Berechnung des Workload wieder bzw. in der Zuordnung von Leistungspunkten für Lehrveranstaltungen. Sie wird von Studierenden und Lehrenden häufig als zu niedrig angesetzt kritisiert.

Workload

Workload ist der in Zeitstunden ausgedrückte erwartete studentische Arbeitsaufwand, der das gesamte Studienpensum berücksichtigt, also auch die Zeit, die Studierende für Vor- und Nachbereitungen von Veranstaltungen und für Prüfungsvorbereitungen brauchen. Nach einem KMK-Beschluss sollte für den Workload eines Vollzeitstudiums eine Höchstgrenze von insgesamt 1800 Stunden pro Jahr angesetzt werden.

Rosaria Chirico

I.4 Serviceteil

Portale zum Bologna-Prozess

BolognaNet, Informationsportal des Bologna-Zentrums der HRK mit allen aktuellen Nachrichten, Studien und Statistiken und wichtigen Terminen zur Umsetzung der Bologna-Reform in Deutschland. Hier finden Sie ein ausführliches Glossar, in dem alle Begriffe von A wie Akkreditierung bis W wie Workload erklärt werden. Unter:»Bologna vor Ort« werden beispielhafte Bologna-Projekte vorgestellt, die damit begonnen haben, die Reform der Reform unter Einbeziehung der Studierenden umzusetzen, http://www.bolognanet.hrk.de

HoF, Institut für Hochschulforschung Wittenberg, bietet eine ausführliche Linkliste zur Studienstrukturreform. http://www.hof.uni-halle.de/bama/links.htm

Studierendenvertretungen und Aktionsbündnisse

Aktionsbündnis gegen Studiengebühren (ABS): http://www.abs-bund.de/

Bundesweiter bildungsstreik: Informationsportal zu den bundesweiten Aktionen von SchülerInnen und Studierenden zum Bildungsstreik von 2009 und aktuellen Aktionen, http://www.bildungsstreik2009.de/

Bundesverband ausländischer Studierender (BAS e.V.): http://www.bas-ev.de

freie zusammenschluss von studentInnenschaften (fzs) e.V.: Dachverband von Studierendenvertretungen in Deutschland, http://www.fzs.de

Hochschulen und Hochschulforschung

Hochschul-Informations-System (HIS): Informiert über Neuigkeiten aus dem Hochschulbereich sowie diverse Forschungsstudien, unter anderem zu der Studierbereitschaft junger Erwachsener, den bevorzugten Fächern, der Lebenssituation, der sozialen Herkunft, den Studienabbruchquoten und -gründen, http://www.his.de

Hochschulkompass der Hochschulrektorenkonferenz: Hier finden Sie umfangreiche Informationen über deutsche Hochschulen, deren Studienangebote, AnsprechpartnerInnen und internationale Kooperationen. Die Daten werden von den Hochschulen selbst eingetragen und gepflegt, http://www.hochschulkompass.de

Sozialerhebung.de: Die wirtschaftliche und soziale Lage der Studierenden in Deutschland. Diese Sozialerhebung ist eine im internationalen Vergleich einzigartige Langzeituntersuchung und wird seit 1951 alle drei Jahre im Auftrag des Deutschen Studentenwerks und mit Förderung des Bundesministeriums für Bildung und Forschung von HIS Hochschul-Informations-System durchgeführt, http://www.sozialerhebung.de

Studierendensurvey: Der Studierendensurvey wird alle zwei bis drei Jahre an 25 deutschen Universitäten und Fachhochschulen von der Arbeitsgruppe Hochschulforschung (Universität Konstanz) durchgeführt. Im Zentrum der Befragungen stehen Einschätzungen und Beurteilungen zur Studiensituation, Wünsche und Forderungen für bessere Studienbedingungen und Erwartungen an den Beruf, http://cms.uni-konstanz.de/ag-hochschulforschung/studierendensurvey/

II Ohne Burnout

II.1 Entspannt studieren – Wie geht das?

Die häufigsten Kritikpunkte am Bachelor-Studium sind permanenter Leistungsdruck und Zeitmangel. Das liegt an der Konzeption der Studiengänge, aber – muss
das so sein? Mehr als die Hälfte der StudentInnen geht davon aus, das Studium
nicht in der vorgesehenen Zeit zu schaffen, aber nur zwei von zehn planen mehr
Zeit dafür ein (Schäfer / Sauerwein 2009, 12) – warum ist das so?

Wir haben mit StudentInnen, MentorInnen und StudienberaterInnen gesprochen
und viele Erfahrungsberichte erhalten. So haben wir festgestellt, dass es ein paar weit
verbreitete Grundannahmen gibt, die das Hamsterrad des atemlosen Turbostudi-
ums am Laufen halten. Sie lassen sich in fünf Sätzen zusammenfassen:

1. Wer es nicht in der vorgegebenen Zeit schafft, fliegt raus.
2. Gerade in den ersten Semestern muss man alles schaffen.
3. Wer nicht sehr gut ist, kommt nicht weiter!
4. Früher war alles besser!
5. Wir sind so hilflos wie Versuchskaninchen.

»Ist das wirklich so?«, haben wir unsere GesprächspartnerInnen gefragt. Und: »Welchen Rat geben Sie Studierenden mit auf den Weg?« Wir bekamen interessante Antworten.

Niemand fliegt raus

Der Zeitdruck ist da, aber – darin sind sich alle einig, mit denen wir gesprochen haben – er wird atmosphärisch verstärkt, wenn nicht sogar geschaffen. »Es wird viel Stress durch die Botschaft erzeugt: Wenn ihr das und das nicht macht, dann fliegt ihr raus! – Was nicht stimmt! Es ist hier bisher noch nie jemand rausgeflogen«, erläutert Holger Walther von der psychologischen Beratungsstelle der Berliner Humboldt Universität und Conny Bredereck, studentische Mentorin an der Alice-Salomon-Hochschule in Berlin rät:

Lasst euch nicht hetzen und unter Druck setzen! Findet euer eigenes Tempo! Es fliegt niemand automatisch raus! Wenn ihr arbeiten gehen müsst, um euer Studium zu finanzieren, dann braucht ihr eben drei Semester mehr. Was ist schlimm daran?

»Das Problem ist, dass viele Erstsemester direkt von der Schule kommen und denken, sie müssten alles genauso machen, wie man es ihnen sagt«, beobachtet Florian Kaiser, Vorstandsmitglied des freiwilligen zusammenschlusses der studentInnenschaften.

Die Ansicht, die Vorgaben der Institute seien verbindlich und unumgänglich ist bei genauerem Hinsehen meistens falsch. Wenn in der Studienordnung z. B. steht: »Auswahl und Begrenzung der Lehrinhalte sind darauf abgestimmt, dass das Studium einschließlich der Bachelor-Arbeit in 6 Semestern (Regelstudienzeit) abgeschlossen werden *kann*«, heißt das nicht automatisch, dass es in genau dieser Zeit abgeschlossen werden *muss*. Eine Regelstudienzeit ist keine Maximalstudienzeit. Selbst das BAföG wird unter bestimmten Bedingungen über die Regelförderzeit hinaus gezahlt, z. B. bei Studienfachwechsel, Schwangerschaft oder Mitarbeit in einer Fachschaftsvertretung.

Woher kommt der Druck?

»Woher kommt der Druck und die repressive Atmosphäre?«, haben wir unsere GesprächspartnerInnen gefragt. »Mit den schulischen Elementen der Bachelor-Studiengänge scheinen viele mental auch die repressiven Elemente der Schule mit ins Studium zu übernehmen«, meint Holger Walther, »nicht nur die StudentInnen, auch Lehrende und VerwaltungsmitarbeiterInnen«.

Hinzu kommt ein gesellschaftliches Klima, das – auf dem Hintergrund von Wirtschaftskrise und Hartz IV – geprägt ist durch Ängste vor sozialem Abstieg auf der einen Seite und leistungs- und eliteorientierten Diskursen auf der anderen Seite. »Viele bringen die gesellschaftlich erzeugte Selbsterwartung mit: Nur wenn ich das oder das in der und der Zeit schaffe, bin ich was wert!« meint Florian Kaiser, »Wenn man die Zeitung aufschlägt, liest man: Sechs Semester, dann muss man fertig sein! Und gefördert wird auch nur, wer diese Zeiten einhält. Niemand sagt den Erstsemestern: Ihr habt Entscheidungsmöglichkeiten!«

TIPPS

- Loten Sie die Spielräume in Ihrem Studium aus und hinterfragen Sie alles. Ein kritischer Geist ist die Voraussetzung jeder Wissenschaft!
- Holen Sie sich Rat! Es ist immer sinnvoll, nicht nur die Bestimmungen in den Studien- und Prüfungsordnungen zu lesen, sondern mit Studienfach-BeraterInnen, FachschaftsvertreterInnen, TutorInnen, MentorInnen darüber zu sprechen: Wie zwingend sind die Zeitvorgaben in der Studienordnung? Was passiert, wenn ich sie nicht einhalten kann? Wie kann ich mein Studium individuell gestalten?
- Bestimmen Sie die Studiendauer selbst! Was können und wollen Sie in welcher Zeit erreichen, sodass Ihnen genug Zeit zur Vertiefung, zum Nachdenken und zum Leben außerhalb der Universität bleibt? Wenn Sie frühzeitig entscheiden, z. B. zwei Semester länger zu studieren (und nicht erst dann, wenn Sie merken, dass der vorgegebene Zeitplan nicht einzuhalten ist), können Sie Ihr Studium und auch die Finanzierung besser planen.
- Besprechen Sie konkrete Zeitprobleme mit Ihren DozentInnen! Oft ist es möglich, in besonderen Stressphasen längere Fristen für Hausarbeiten oder andere Abgaben zu verhandeln. Viele DozentInnen sehen Ihren Zeitdruck ebenfalls kritisch und sind kooperativ, wenn Sie Ihre Gründe für eine aktuelle Zeitnot erfahren.

Gerade in den ersten Semestern Zeit nehmen

In der beschriebenen Atmosphäre entsteht schnell das Gefühl: »Wenn ich schon in den ersten zwei Semestern die vorgegebenen Credit Points nicht zusammen bekomme, schaffe ich das Studium nie.« Ist der Stundenplan aber mit Pflichtveranstaltungen schon so voll, dass keine Zeit mehr für Wahlveranstaltungen bleibt, können Sie kaum herausfinden, was Sie wirklich interessiert. Das wirkt sich schließlich negativ auf die Motivation aus. Eine Studentin der Kunstgeschichte schrieb uns: »Kaum war man in eine Materie eingearbeitet, kam die nächste, ich konnte mich gar nicht spezialisieren.« Sie rät:

Langsam anfangen, sich orientieren und dann spezialisieren.

Wer mit einem Schnellstart beginnt, dem geht außerdem früher oder später die Puste aus. Das zeigt eine Studie zur Zwischenbilanz der Bologna-Reform eindrücklich: Zu Studienbeginn berichteten nur 8 Prozent der befragten Studierenden von Verzögerungen. »Dieser Anteil steigt jedoch mit jedem Studienjahr drastisch an. Im zweiten Studienjahr beträgt er bereits ein Viertel, im dritten steigt er auf ein Drittel und zum Studienende hin auf 81 Prozent.« (Bargel et al. 2009, 40). Gabriele Tellenbach betreut StipendiatInnen bei der Heinrich-Böll-Stiftung und kennt die Probleme mit den Bachelor-Studiengängen inzwischen sehr gut. »Auf die Dauer trägt ein Sprint nicht durchs ganze Studium«, bestätigt sie. »Man muss für sich herausfinden, was für ein Arbeitstyp man ist. Wo kann ich meinen Marathonlauf einschieben? Wo kann ich fürs Kurzzeitgedächtnis pauken, wo sind die Fragestellungen, die mich wirklich interessieren?«

Noten sind nicht alles

Die Sorge, ohne gute oder beste Noten im Leben nicht bestehen zu können, treibt viele um. Eliten- und Begabtenförderung, die vielen Universitäts-Rankings und Exzellenz-Initiativen verstärken das Gefühl, ein Studium an sich sei gar nichts wert, es würde erst wertvoll durch beste Abschlüsse. Erhöht wird dieser Druck durch die vielen Prüfungen und die Tatsache, dass man sich für einen Masterstudienplatz bewerben muss. Dauernd wird bewertet, und es entsteht der Eindruck, mit jeder Bewertung würden Weichen fürs Leben gestellt.

Noten sind nur eines von vielen Einstellungskriterien. In vielen Berufen wiegen Persönlichkeit, Lebenserfahrung, Interessen und soziale Kompetenzen schwerer als kurze Studiendauer und gute Noten. Es gibt nach wie vor Platz für unkonventionelle Lebensläufe!

Bei PsychologInnen und PolitologInnen etwa liegt es auf der Hand, dass für die Arbeitswelt mehr als Fachwissen gebraucht wird. Letztendlich gilt das aber für alle verantwortungsvollen Tätigkeiten, denn wenn jemand mit 17 Jahren zu studieren beginnt, mit 20 Jahren den Bachelor-Abschluss und mit 22 Jahren einen guten Master-Abschluss macht, dann ist diese Person zwar akademisch bestens ausgebildet, aber in der Regel noch weit davon entfernt, verantwortliche Positionen übernehmen zu können. Wer so studiert und nie über den Tellerrand guckt, nichts ausprobiert und keine Erfahrungen außerhalb der Seminare gewinnt, kommt nicht im Leben an und entwickelt kein persönliches Profil für die angestrebte Berufstätigkeit (vgl. IV.2). Denn auch in der Wirtschaft wird zunehmend auf anderes als gute Noten geschaut. Die als Soft Skills bezeichneten sozialen Kompetenzen spielen oft eine ebenso große Rolle.

Auf was geschaut wird, kann durchaus unkonventionell sein. In der Frankfurter Allgemeinen vom 12. Januar 2010 wird in einem Artikel über studentische Proteste gegen die Bologna-Reform ein Ressortleiter der Industrie- und Handelskammer Darmstadt mit dem Satz zitiert: »Wer es schafft, einen Demonstrationszug auf die Beine zu stellen, der beweist Organisationstalent« – und solche Leute, meint er, könne die IHK gebrauchen.

Sarah Keppler, ehemalige Bachelorstudentin und heute wissenschaftliche Mitarbeiterin einer Landtagsfraktion in Schleswig-Holstein, schreibt auf die Frage »Welche Ratschläge würden Sie StudentInnen mit auf den Weg geben?«:

Das Studium mit Gelassenheit, 100 Prozent Einsatz und Humor angehen und versuchen, das zu tun, wo man mit Leidenschaft dabei ist und nicht das, wovon man sich Karriere oder sonstwie Profit verspricht. Es bringt nichts, durchs Studium zu hetzen. Die interessanten Dinge entwickeln sich erst, wenn man mal in Ruhe gelassen wird.

Früher war nicht alles besser!

Überfüllte Seminare, chronische Unterfinanzierung, knappe Ressourcen und zeitraubende Vorgaben gab es auch schon in Magister- und Diplomstudiengängen und auch die Unsicherheit, was danach kommt. Überforderungsgefühle gehören zu jedem Studium. In der Schule ist der angebotene Stoff meist so bemessen, dass er zu bewältigen ist. Im Studium ist die Fülle der Informationen und des Wissens so umfangreich, dass man immer auswählen muss. Hier ist Frustrationstoleranz gefragt. Manche Hürden überwindet man nur, indem man am Ball bleibt und sich auch mal eine Weile damit zufrieden gibt, dass es ›nur läuft‹. Wichtig ist, sich nicht abschrecken zu lassen!

Sie können viel beeinflussen!

Es gibt noch wenig Erfahrung mit den neuen Studiengängen und niemand weiß, wohin die Entwicklung geht. Also sind alle Beteiligten tatsächlich Versuchskaninchen. Man kann diese Situation aber auch positiv sehen. Zurzeit sind die neuen Studiengänge immer noch in der Phase der Erprobung. Das heißt auch: Es gibt noch viel zu beeinflussen.

Wenn Sie merken, dass etwas schief läuft, schlucken Sie es nicht einfach runter. Teilen Sie es mit, mischen Sie sich ein! Nutzen Sie Ihr Wissen in Sachen Studium, denn darin sind Sie ExpertIn. Sie können etwas beeinflussen, wenn Sie sich trauen, die Dinge infrage zu stellen.

Es geht auch anders

Was unter Bildung zu verstehen ist, wird gesellschaftlich ausgehandelt. Das kann im Universitätsalltag mit der einfachen Frage beginnen: Müssen tatsächlich so viele Prüfungen abgelegt werden? Selbst wenn man die Anzahl der Prüfungen akzeptiert, könnten die Formen ganz andere sein und mehr Raum für Reflexion schaffen, etwa als Portfolio oder Lerntagebuch. Machen Sie Vorschläge, vielleicht finden Sie sogar im Lehrkörper BündnispartnerInnen. »Niemand zwingt uns zu Daumenschrauben«, schreibt z. B. der Physikprofessor Joachim Enders in Spiegel-Online vom 5. Juni 2009 adressiert an seine KollegInnen. »Wir sind nicht dazu gezwungen, über jedes noch so kleine Modul eine mehrstündige Klausur schreiben zu lassen. Hausaufgaben, aktive Mitarbeit, Redebeiträge können auch geeignete Prüfungsformen sein. (…) Nicht jede Hausaufgabe, nicht jedes Praktikum, nicht jede Vorlesung muss direkt in die Endnote eingehen.«

Stell dir vor, es gibt Stress, und niemand macht ihn mit!

Wenn es Ihnen gelingt, den Zeit- und Leistungsdruck in Ihrem Studium zu reduzieren, wozu auch dieser Ratgeber dienen soll, werden die positiven Seiten des Bachelors deutlicher sichtbar. Das Studium ist strukturierter als in den alten Studiengängen. Die Gefahr, sich zu verzetteln, ist nicht mehr gegeben. Mit genügend Zeit zum Nachdenken und Vertiefen kann das ein großer Vorteil sein. Aber diese Zeit muss man sich nehmen!

Beate Selders / Rosaria Chirico

II.2 Stress! – Mentale und körperbasierte Möglichkeiten der Selbstregulation

Wahrscheinlich kennen Sie das: Enger Stundenplan, hoher Prüfungsdruck, keine Zeit mehr für andere Dinge? Mit der breit formulierten Kritik an der Umsetzung der Bologna-Reform wurde besonders darauf hingewiesen, dass die Stressbelastung von Studierenden in den letzten Jahren gewaltig angestiegen ist: Reizbarkeit, Schlafstörungen und Verspannungen sind häufig die Folge.

Damit Sie sich dagegen schützen können, beschreibe ich in diesem Beitrag den Zusammenhang zwischen äußeren Anforderungen und dem individuellen Umgang mit ihnen. Sie sollen verstehen können, inwiefern Ihre persönliche Einstellung zum »Stress« entscheidend für den Verlauf schwieriger Situationen ist. Es werden einfache Übungen und Methoden vorgestellt, die ein selbstverständlicher Teil Ihres eigenen Bewältigungsrepertoires werden können – für Ihr Bachelor-Studium und Ihr ganzes Leben.

Stress ist nicht gleich Stress

Stress ist das Schlagwort unserer Zeit. Alles, was uns aufregt, nervt oder anstrengt, ist »stressig«. Hans Selye, der »Urvater des Stresses«, hat schon in den 1930er Jahren eine qualitative Unterscheidung von Stress vorgenommen, indem er die Reaktion des Menschen auf externe Stressoren untersucht hat. Mit Stressoren bezeichnet man alle Faktoren, die körperliche Anpassungsreaktionen erfordern. Damit sind überwiegend hormonelle Veränderungen im Körper gemeint, die bei uns Menschen »fight«- oder »flight«-Reaktionen auslösen. Diese Urinstinkte waren für unsere Vorfahren lebensrettend: Wenn sich ein angreifendes Tier nähert, kann man entweder fliehen oder kämpfen. Die im Körper ausgeschütteten Hormone werden durch die starke körperliche Reaktion in der Stresssituation abgebaut. Durch die anschließende Entspannungs- und Ruhephase wird der körperliche Normalzustand schnell wieder hergestellt.

Positiver und negativer Stress

Sie können diesen Verlauf mit einer Prüfungssituation vergleichen: In der Vorbereitungszeit ist man häufig aufgeregt und der Gedanke an die Prüfung verursacht Unruhe oder Anspannung. Am Prüfungstag selbst ist die Nervosität oft am stärksten: Magenschmerzen, Appetitlosigkeit, Schwindel und Reizbarkeit können die Erscheinungen sein. Fluchtgedanken (»ich geh einfach nicht hin«) bzw. Angriffsgedanken (»lass sie doch fragen, ich steck sie alle in die Tasche«) sind dabei nicht selten. Ist die

Prüfung absolviert und war das Ergebnis zufriedenstellend, wandelt sich das Stressgefühl in Freude, Erleichterung oder Euphorie. Viele von Ihnen haben bestimmt schon einmal erlebt, dass eine gewisse Anspannung auch ungeahnte Kräfte freisetzen kann bzw. als positiver Antreiber fungiert. Man wird wach, aufmerksam und reaktionsschnell. In diesem Sinn kann »Stress« durchaus auch positiv sein. Diese Art von harmonischem und positivem Stress bezeichnet Selye als *Eu-Stress*.

Die schnelle Prüfungsabfolge in vielen BA-Studiengängen, nebenher Geld verdienen müssen und die Suche nach einem Praktikum für die nächste vorlesungsfreie Zeit machen notwendige Ruhephasen allerdings unmöglich. Auch Erfolge können nicht mehr richtig wahrgenommen oder genossen werden, da sofort die nächste Herausforderung ansteht. Bei ständiger Anspannung und Überforderung wird der Körper in einen Dauerstress versetzt. Weil sich Adrenalin und Noradrenalin nur langsam abbauen, befindet man sich permanent im Alarmzustand. Es entstehen Nervosität, Reizbarkeit, Schlafprobleme, Appetitlosigkeit etc. Diesen negativen Zustand nennt Selye *Dis-Stress*.

Es gibt in solchen Phasen zwei Möglichkeiten: Entweder Sie setzen gezielt Stressbewältigungsmaßnahmen ein (z.B. Sport, gezielte Entspannung u.a.), um den inneren Aufregungszustand aufzulösen oder Sie nutzen Maßnahmen die präventiv wirken, also verhindern, dass die Stresshormonproduktion überhaupt entsteht.

Welche Bedeutung hat meine Einstellung auf das Erleben von Stress?

Stressprävention beginnt schon bei Ihrer inneren Haltung und Sicht auf die Dinge. Sie können z.B. eine Präsentation als schlimm und belastend empfinden. Dann wird Ihr Denken durch die Angst dominiert, dass Ihre Stimme zittern könnte, Sie den Faden verlieren oder die Fragen nicht beantworten könnten. In diesem Fall konzentrieren Sie sich nur auf sich selbst und ihre Befindlichkeiten. Sie können aber stattdessen versuchen, Interesse für das Vortragsthema zu entwickeln und sich vornehmen, in einer Weise darüber zu berichten, dass es Ihre KommilitonInnen anspricht und sie etwas mitnehmen. In diesem Fall werden Sie mehr mit dem Inhalt und den Bedürfnissen der ZuschauerInnen befasst sein als mit Ihrer Befindlichkeit. Sie können Ihre Haltung also verändern und von einer passiven (Opfer-)Haltung in eine aktive (Gestaltungs-)Haltung übergehen. (Vgl. III.8).

Ich möchte Sie einladen, Ihr eigenes Verhalten gegenüber Stressoren im Studium zu reflektieren: Wie nehmen Sie Anforderungen wahr und wie gehen Sie mit ihnen um? Was bringen Sie am liebsten schnell hinter sich und was schieben Sie vor sich her? Was versuchen Sie ganz zu vermeiden? Die Kategorien in der folgenden Tabelle sind den Antworten von Studierenden aus Fragebögen zum Projekt »Ganzheitliche Stressprävention in der Lehrerausbildung«[1] (Košinár 2009) entnommen und spie-

---

1 In dem Projekt wurden 130 studentische TeilnehmerInnen meines Stresspräventionstrainings über einen Zeitraum von 3 Monaten wissenschaftlich begleitet. U.a. wurden sie in offenen Fragebögen nach ihrem Umgang mit Stress befragt.

geln die am häufigsten genannten Stressfaktoren wieder. Vielleicht fallen Ihnen aber noch weitere ein?

Stressor / Belastungsfaktor	Bringe ich schnell hinter mich	Schiebe ich vor mir her	Vermeide ich möglichst ganz
Alltagsaufgaben, kleinere Jobs			
Angstbesetzte Aufgaben, z. B. Prüfungen, Überforderndes			
Erfolgversprechende Aufgaben			
Kleinere Aufgaben für das Studium, z. B. Protokolle, Hausaufgaben, kurze Hausarbeiten			
Größere Anforderungen im Studium, z. B. längere Hausarbeiten, BA- oder MA-Arbeit			
Präsentationen und Referate			
Privates Unangenehmes, z. B. Konfliktgespräche			
Anforderungen mit Termindruck			
Entscheidungen, die Veränderungen bringen			
(Schwierige) Gespräche mit ProfessorInnen			
Weitere Belastungsfaktoren?			

Im nächsten Schritt überlegen Sie einmal, ob es bestimmte Bedingungen gibt, unter denen Anforderungen *Dis-Stress* bei Ihnen auslösen. Überlegen Sie aber auch, wann Sie diese als Chance (*Eu-Stress*) für sich bewerten.

Überlegen Sie, wann Sie stressige Situationen als Chance sehen. Z. B., wenn …

- Interesse am Thema besteht?
- Sie sich dadurch weiterentwickeln können?
- Sie Erfolg erwarten?
- Sie einen Sinn und Nutzen in der Angelegenheit sehen?
- ausreichend Handlungskompetenzen bestehen?

- Sie die Situation als Herausforderung betrachten?
- Sonstiges:

Überlegen Sie, wann Ihnen stressige Situationen Angst machen. Z. B., wenn …
- keine Bewältigungskompetenzen vorhanden sind?
- Sie Orientierungslosigkeit empfinden?
- negative Vorstellungen vorherrschen?
- Überforderungsgefühle bestehen?
- hohe Erwartungen von außen an Sie herangetragen werden?
- kein soziales Netz existiert?
- Sonstiges:

In der Stressforschung gibt es Konzepte und Erklärungsmuster dafür, warum gewisse Bedingungen eine Situation als überfordernd erscheinen lassen, während andere das Gefühl hervorrufen, alles bewältigen zu können. Da diese unterschiedlichen Haltungen von uns beeinflusst werden können, ist es wichtig sich damit zu befassen.

Das transaktionale Stressmodell von Lazarus

Ein Konzept, das die Grundlage für viele Stressmodelle bildet, ist das »Transaktionale Stressmodell« von Lazarus et al. (1981). Lazarus betrachtet Stress aus psychologischer Sicht und geht der Frage nach, warum die gleichen Stressoren von unterschiedlichen Personen unterschiedlich empfunden werden. Laut ihm sind nicht die Charakteristika der Reize bzw. der Stressoren von Bedeutung, sondern deren individuelle kognitive Verarbeitung durch die einzelne Person. Mit transaktional meint Lazarus die Wechselwirkung zwischen den spezifischen Anforderungen einer Situation und der agierenden Person. Das individuelle Stresserleben hängt also davon ab, wie man eine Situation bewertet und wie man die Strategien einschätzt, die einem zur Verfügung stehen.

Lazarus beschreibt in seinem Modell drei Bewertungsschritte, die entweder vor oder im Verlauf einer Situation bzw. in der anschließenden Reflexion ablaufen können:
1. die primäre Bewertung (primary appraisal),
2. die sekundäre Bewertung (secondary appraisal) und
3. die Neubewertung (reappraisal) einer Situation.

Primäre Bewertung (primary appraisal)

Stellen Sie sich vor, eine mündliche Prüfung steht bevor und Sie schätzen ab, ob Sie diese Anforderung als irrelevant, günstig und positiv oder als stressend bewerten. Es kann sein, dass der Prüfer als sehr wohlwollend bekannt ist und Sie sich in dem zu prüfenden Fachgebiet sehr sicher fühlen. Dann werden Sie die Situation als günstig und positiv bewerten. Irrelevant könnte eine Prüfung eingeschätzt werden, deren Bewertung keine Bedeutung für Sie hat. Stressig hingegen wäre eine Situation, wenn der Stoff Ihnen sehr umfangreich erscheint oder Sie den Prüfer wenig kennen und daher nicht einschätzen können.

Ob diese Stresssituation letztlich als Bedrohung oder als Herausforderung empfunden wird, hängt auch von Ihrer aktuellen Lebenssituation ab, z.B. wenn das BAföG vom Bestehen der Prüfung abhängt oder Sie gerade Etwas sehr Belastendes erleben. Hier schließt sich die zweite Bewertung an.

Sekundäre Bewertung (secondary appraisal)

Diese Bewertung hängt von der Einschätzung der individuellen Ressourcen und Strategien zur Bewältigung der bevorstehenden Anforderung ab. Wenn sie z.B. über eine gute Arbeitsorganisation verfügen, trauen Sie sich eher zu, den für die Prüfung relevanten Stoff so einzuteilen, dass Sie ihn gut bewältigen können (vgl. III.3). Oder Sie vertrauen auf Ihr selbstsicheres Auftreten und Ihre gewinnende Art, um mit dem Prüfer gut auskommen zu können. In diesem Fall bewerten Sie die an sich stressige Situation als »Herausforderung«, der Sie sich gewachsen fühlen. Würden Sie über diese Strategien oder Fähigkeiten nicht verfügen, so würde das Gefühl der Bedrohung erhalten bleiben.

Neubewertung (reappraisal)

Eine Neubewertung der Situation findet statt, wenn Sie sich selbst beruhigen, indem Sie z.B. an bisherige erfolgreich absolvierte Prüfungen denken, Informationen über den Prüfer erhalten, oder ein gutes Vorbereitungsgespräch mit ihm führen.

Ob Angst oder Unsicherheit vor einer Anforderung besteht oder diese als Herausforderung wahrgenommen wird, ist ein Resultat Ihrer Einschätzungen im Umgang mit bestimmten Situationen. Es geht also darum, sich die eigene Bewertungshaltung bewusst zu machen, um schließlich Strategien entwickeln zu können, die Ihnen eine Neubewertung ermöglichen.

Das Salutogenese-Konzept von Antonovsky

Das Konzept der Salutogenese – in den 1960er Jahren vom Medizinsoziologen Antonovsky entwickelt – schließt eng an das Konzept der individuellen Einstellungen zu Situationen an. Der Begriff Salutogenese leitet sich von *Salus* (lat.: Gesundheit, Wohlbefinden) und *Genese (*gr.: Entstehung) ab (Bengel et al. 2001, 24). Antonovsky betrachtet Anforderungen (Stressoren) als etwas Alltägliches. Die Haltung zu ihnen ist allerdings entscheidend.

Der Kern des Salutogenese-Konzepts liegt in der Entwicklung eines Kohärenzgefühls, eines Gefühls der Übereinstimmung, das wesentlich für unsere Gesunderhaltung verantwortlich ist und sich aus den drei Aspekten

- Verstehbarkeit,
- Handhabbarkeit und
- Sinnhaftigkeit zusammensetzt.

Verstehbarkeit bedeutet, dass die Ereignisse, die uns widerfahren, erklärbar für uns sind und wir diese innerhalb unserer Welt zuordnen können. Auf das Beispiel der mündlichen Prüfung bezogen bedeutet dies, dass Sie Ihre Entscheidung, ein Studium zu absolvieren, mit der Notwendigkeit Prüfungen ablegen zu müssen, vereinen können. Finden Sie z. B. Leistungstest inakzeptabel, werden Sie sehr unter den Prüfungen im Allgemeinen leiden und Ihr Studium vermutlich nur mit Abwehrreaktionen überstehen oder sogar erkranken.

Unter Handhabbarkeit versteht Antonovsky das Vertrauen des Menschen in seine Fähigkeiten, Ressourcen und Strategien. Dieses kognitiv-emotionale Verarbeitungsmuster ist vergleichbar mit der Bewertungshypothese von Lazarus. Es bestimmt im Kern, ob Sie die bevorstehende Prüfung für bewältigbar erachten oder aber sich ausgeliefert fühlen. Schon allein dieses Gefühl wirkt sich auf Ihre Denkfähigkeit und Ihr Auftreten während der Prüfung aus.

Sinnhaftigkeit oder auch Bedeutsamkeit einer Situation gegenüber zu empfinden, ist ausschlaggebend für Ihre Motivation (vgl. II.3, II.4 und III.7). Ist die mündliche Prüfung für Sie ein Meilenstein auf dem Weg zum ersehnten Abschluss oder nur eine weitere Kasteiung auf einer unsicheren Berufslaufbahn? Antonovsky beschreibt die Sinnhaftigkeit sogar als den Kern des Lebens. Das Gefühl, dass sich ein Engagement lohnt, die Leidenschaft für eine Sache oder eine Idee und die Bereitschaft zur Anstrengung bilden somit die Basis des Kohärenzgefühls. Die weiter unten aufgeführten Aspekte mentaler Selbstregulation zeigen Ihnen Möglichkeiten auf, Ihren Kohärenzsinn zu entwickeln.

Wo steckt mein Stress und wie wirkt er sich aus?

Körperliche Beschwerden sind oftmals Vorboten für überhöhte Belastungsempfindungen. Stressempfinden zeigt sich bei vielen Menschen in der Magengegend, als Kopfdruck oder in Form von Schulter- und Rückenschmerzen. Nicht selten sind Gastritis, Migräne und starke Verspannungen die Folge. Bei lang anhaltendem Stress kann dieser schließlich auf das Gemüt und die Nerven einwirken und zu Schlafstörungen und geringer emotionaler Belastbarkeit führen. Daher sollte man immer sehr sensibel auf körperliche Anzeichen reagieren und diese Signale ernst nehmen.

Die folgende Übung soll die Selbstwahrnehmung stärken. In welcher Form und wo spüren Sie Auswirkungen von Stress?

> Überlegen Sie, wo sich in Ihrem Körper Stress zeigt.
>
> Nehmen Sie ein großes Blatt Papier zur Hand und skizzieren Sie eine Figur von Kopf bis Fuß darauf. Das ist Ihr Spiegel.
>
> Nun zeichnen Sie alle Stellen ein, an denen Sie Ihre Beanspruchungen spüren und geben Sie der Art Ihrer Beschwerden durch Symbole Ausdruck, z. B. Blitze bei stechendem Schmerz, Wellen oder Kringel bei Denkschwierigkeiten oder leichtem Unwohlsein, etc.

Wenn Sie die Übung mit anderen zusammen machen, können Sie erkennen, wie ähnlich körperliche Auswirkungen von Belastungen oftmals sind. Oder Sie können mit Ihren Erkenntnissen im Freundeskreis einmal nachfragen, woran andere merken, dass sie überlastet sind. Vielleicht »entstresst« es Sie ja, wenn Sie merken, dass es vielen anderen ähnlich geht (vgl. III.4). Eine verstärkte Wahrnehmung erster Anzeichen kann Ihnen als Warnung dienen, dass Sie gerade dabei sind, sich zu überfordern. Je schneller Sie dann zu Maßnahmen der Entschleunigung und Entlastung greifen, umso besser funktioniert Ihre Stressprävention.

Die eigene Stressbiografie

Auch wenn wir hier von einem Ist-Zustand sprechen und Sie die vorherigen Reflexionsübungen vor dem Hintergrund Ihres aktuellen Empfindens durchführen, haben Sie bestimmt schon verschiedene Lebensphasen durchlebt, in denen Sie unterschiedlich mit den Belastungen umgegangen sind. Ihre sogenannte Stressbiografie hat Sie zu den Strategien geführt, die Sie heute anwenden. Viele setzen Sie unbewusst ein, andere wiederum haben Sie sich bewusst antrainiert. Bewältigungsstrategien sind durch unser familiäres Umfeld und unsere engeren Bezugspersonen geprägt. Im positiven Sinne sind das interpersonelle Ressourcen, z. B. ein soziales Netzwerk aus FreundInnen und/oder Familienmitgliedern, die sich gegenseitig unterstützen. Manche unter Ihnen werden sich bei den Eltern oder FreundInnen eine gute Arbeitsorganisation, Zeitmanagement oder Gelassenheit abgeschaut haben. Es gibt daneben aber ebenso schädliche Strategien wie Alkohol- und Drogenkonsum, übermäßiger Sport oder dauerhafte Ablenkung, die längerfristig den Stress verstärken.

Um neue Strategien aufgreifen zu können, sollte man sich seinen bisherigen Umgang mit Stress einmal bewusst gemacht haben. Die folgende Reflexionsübung führt Sie direkt zu ihrer Stressbiografie.

> Überlegen Sie, welche Unterschiede und Veränderungen Ihnen auffallen, wenn Sie an ihren früheren Umgang mit stressigen Situationen denken:
>
> Vor 5 Jahren oder länger:
>
> Vor zwei Jahren:
>
> In letzter Zeit:
>
> Womit könnten diese Veränderungen und Entwicklungen zusammenhängen?

Als Stresspräventionstrainerin kann ich Regelmäßigkeiten in den »Stress-Berichten« der Studierenden erkennen. Häufig werden folgende Stressoren genannt:

- Freizeitstress
- Stress während der Abiturprüfung
- Versagensängste
- selbstgemachter Druck durch Perfektionismus
- Leistungszwang wegen sehr begabten Geschwistern
- Ausgrenzung in der Schulklasse, Mobbing
- Demütigungen durch einzelne LehrerInnen
- Trennungen der Eltern
- Verlust eines Eltern- oder Großelternteils durch den Tod
- Krankheiten

Die meisten jedoch erleben die erste richtig stressige Phase mit Beginn des Studiums. Wenn das bisher intuitiv angewendete Stressbewältigungsrepertoire nicht mehr funktioniert, beginnt die Suche nach neuen Möglichkeiten.

Strategien zur Stressprävention und zur Stressbewältigung

Die Anwendung von Strategien zur Stressbewältigung ist individuell sehr unterschiedlich. Das liegt daran, dass Sie sich von Ihren Mitmenschen unterscheiden, eine ganz eigene Stressbiografie mitbringen und Vorlieben für bestimmte Maßnahmen haben. Wie Sie dem transaktionalen Stressmodell und dem Salutogenesekonzept entnehmen konnten, ist es wesentlich, auf ein breites Strategierepertoire blicken zu können. So können Sie sich in den Stresssituationen überlegen, was Sie gezielt für die Bewältigung der Situation einsetzen wollen.

Stresspräventions- und Stressbewältigungstrategien lassen sich folgenden Kategorien zuordnen:
- Mental-kognitive Strategien
- Interaktions- und Kommunikationsstrategien
- Körperlich-gesundheitliche Strategien
- Selbstorganisation
- und körperbasierte Selbstregulation

Kommunikations- und Interaktionsstrategien – bezogen auf Präsentationen – umfassen die Aspekte Körpersprache, den Umgang mit Raum und Materialien und den Kontakt zu ZuhörerInnen (vgl. III.8).

Zu den körperlich-gesundheitlichen Strategien zählen: eine gesunde Ernährung, Sport und Bewegung, ausreichend Schlaf und Entspannung. Eine der wichtigsten Voraussetzungen für positiven Stress ist es, Entspannungsphasen nach Anforderungssituationen einzuplanen. Schauen Sie sich hierzu – sollten Sie es nicht längst getan haben – das Sportangebot Ihrer Hochschule an. Vielleicht machen Sie einen Segel- oder Tauchschein, besuchen Kurse, in denen es um Entspannung geht oder entscheiden sich für regelmäßigen Mannschaftssport.

Selbstorganisation umfasst die Aspekte Arbeitsorganisation und Zeitmanagement (vgl. II.3, II.4, III.3, III.6 und III.8).

Mental-kognitive Strategien

Mental-kognitive Strategien zielen alle darauf ab, Einstellungen und Erwartungen, die Sie zu »stressigen« Situationen haben, zu optimieren. Sie betreffen Vorstellungen, die sich auf etwas Zukünftiges beziehen und Sie lange Zeit begleiten können – oft monatelang (z. B. Abschlussarbeiten), manchmal wochenlang (z. B. Prüfungen) oder kurz vor der eintretenden Situation (die Minuten vor der Prüfung oder Präsentation). Auch inmitten einer Präsentation kann es sein, dass Sie plötzlich unsicher werden und sich mental wieder ermutigen (»reiß dich zusammen, jetzt nicht nachlassen«, »die sehen doch alle ganz nett und interessiert aus«, o. ä.).

Hindernisse und Widerstände durchschauen

»Jeder Mensch hat pro Tag 60.000 Gedanken. 80 Prozent sind immer wiederkehrende Denkmuster.« (Keller 2003, 17).

Kennen Sie das: Sie nehmen sich vor, früh aufzustehen, und bleiben dennoch liegen? Sie wollen eine Hausarbeit rechtzeitig zum Abgabetermin fertigstellen und fangen doch wieder so spät an, dass Sie am Ende die Nächte durcharbeiten müssen? Oder Sie wollen diesmal in der Gruppenarbeit nicht wieder die Arbeit der anderen mitmachen und sind am Ende doch die Person, die sich um alles kümmert? Warum fällt es Ihnen schwer, die Ziele, die Sie sich gesteckt haben, einzuhalten? Warum fällt es generell den meisten Menschen schwer?

In der Psychologie spricht man von Antreibern, inneren Stimmen, die unser Denken und Handeln bestimmen. Diese sind uns nur selten bewusst, da wir sie im Laufe unseres Lebens so verinnerlicht haben, dass sie ein selbstverständlicher Teil unseres Selbst sind.

Beispiele für problematische Antreiber:

- Es ist wichtig, dass alle mich mögen.
- Ich muss der/die Beste sein.
- Ich bin nur wertvoll, wenn ich tüchtig bin.
- Ich werde vom Pech verfolgt.
- Ich muss alles hinkriegen, andere schaffen das doch auch.
- Ich muss die Zähne zusammenbeißen.
- Ich darf keine Fehler machen.

Damit dieser Teufelskreis der problematischen Selbstanstachelungen durchbrochen werden kann, lohnt es, die eigenen Antreiber zu identifizieren und sie dann positiv umzuformulieren. Denn genauso wie Stress auslösende Antreiber funktionieren, tun es auch wohlwollende, Mut machende und entspannende Antreiber.

Schreibübung: Antreiber transformieren

Überlegen Sie, welche Antreiber Sie beherrschen. Schreiben Sie diese auf und suchen Sie nach den »Gegenantreibern«.

Beispiel 1:
Antreiber: »Es ist wichtig, dass alle mich mögen.«
Wie lautet der Gegenantreiber?
»Es ist wichtig, dass ich mich mag.«

Beispiel 2:
Antreiber: »Ich muss der/die Beste sein.«
Gegenantreiber: »Ich darf auch Fehler machen.«

Schreiben Sie sich die angenehmsten Formulierungen auf. Wenn es Ihnen gefällt, können Sie diese auf Zettel schreiben, die Sie sich über den Arbeitsplatz oder über den Esstisch hängen. Überprüfen Sie nach einer Weile, ob sich Ihre Gedankenmuster in die Richtung Ihrer Umformulierung entwickelt haben.

Optimismus und Realismus entwickeln

Um sich Anforderungen gewachsen zu fühlen, ist eine realistische Einschätzung der Situation und der eigenen Bewältigungsmöglichkeiten nötig. Optimismus spielt an dieser Stelle insofern eine Rolle, als dass Sie daran glauben können, im rechten Moment ihr Potenzial auch auszuspielen. Die besten Fähigkeiten nutzen Ihnen nichts, wenn Sie von diesen nicht Gebrauch machen.

Beispiele: »Meine nächste Präsentation soll anschaulich und spannend sein, aber ich muss nicht alles auswendig formulieren und darf ruhig meine Karteikarte als Stütze benutzen. Ich lerne jetzt zunächst einmal eine tolle Power-Point-Präsentation zu erstellen und kümmere mich später darum, noch freier im Ausdruck zu werden.«

»Ich möchte für meine BA-Arbeit ein Thema nehmen, das praxisnah ist, da mir eine reine Theoriearbeit nicht liegt.«

Sie werden merken, dass Sie sich wesentlich selbstbewusster fühlen, wenn Sie Ihren Entwicklungsrahmen an sich selbst und nicht an einem Idealbild orientieren. Das bedeutet nicht, dass Sie stagnieren, sondern dass Sie sich in angemessen Schritten weiterentwickeln.

Entschlüsse und Ziele

Kennen Sie die Kraft, die dahinter steckt, wenn man etwas wirklich will? Wenn Sie zu einer Professorin oder einem Dozenten gehen und mit Leidenschaft über ein Thema sprechen, das Sie interessiert, werden diese Sie gerne in Ihrem Vorhaben unterstützen. Wenn Sie Entschlossenheit bei der Umsetzung Ihrer Pläne zeigen, werden Sie eher MitstreiterInnen finden als wenn Sie die Sache zögerlich angehen. Ihre Dynamik und Energie beeinflusst auch Ihr Umfeld.

Sobald Sie einen Nutzen in Ihren Zielen sehen, können Sie die Entschlossenheit hervorbringen, die Sie für die Verwirklichung benötigen. Dabei sollten Sie weise vorgehen und nichts überstürzen. Nähern Sie sich Ihrem Ziel mit Zwischenschritten und gemessen an Ihren Fähigkeiten.

Ich habe Ihnen bisher verschiedene mentale Strategien vorgestellt. Im Folgenden lernen Sie eine Körpermethode kennen, die einfach einzusetzen und zugleich sehr wirksam ist. Sie soll Ihr Strategierepertoire für die Bewältigung von Prüfungs- und Präsentationssituationen abrunden.

Körperbasierte Möglichkeiten der Selbstregulation

Die körperbasierte Selbstregulation geht von der Vorstellung aus, dass unsere Körperhaltung und unsere Emotionen nicht voneinander getrennt sind. Sie kennen das bestimmt aus der Körpersprache: der Körper drückt aus, was wir fühlen und welche Einstellung wir gegenüber Menschen und Situationen haben.

In der Emotionspsychologie wurde unter dem Begriff »Körper-Feedback« seit den 1970er Jahren erforscht, ob es nicht auch einen umgekehrten Zusammenhang geben könnte: die Körperhaltung löst Gefühle aus, die der jeweiligen Haltung entsprechen.

> **Die Bedeutung der Körperhaltung**
>
> Setzen Sie sich auf einen Stuhl und lassen Sie die Schultern hängen. Ihr Kopf wird sich vermutlich gleichsam nach unten neigen. Bemerken Sie, dass die Atmung schwerer wird, da Sie Ihr Zwerchfell blockieren? Wie fühlen Sie sich in dieser Haltung? Richten Sie sich nun auf und machen Sie die Schultern gerade. Richten Sie den Kopf auf und atmen Sie entspannt. Ist Ihr Blick jetzt wacher in den Raum gerichtet? Haben Sie eine offene und freundliche Mimik? Fühlen Sie sich befreiter und fröhlicher?

Dieses Experiment habe ich mit Studierenden in einem Übungsraum gemacht. Sie sind dabei in einer aufgerichteten und einer gebeugten Körperhaltung durch den Raum gegangen und sind den anderen TeilnehmerInnen im Raum begegnet. Dabei fiel ihnen Folgendes auf: In der aufgerichteten, der expandierten Körperhaltung fühlten sie sich offen, fröhlich, entspannt und selbstsicher und in der gebeugten Körperhaltung traurig, in sich gekehrt und wenig kontaktfreudig.

Studien aus den 1990er Jahren bestätigen einen signifikanten Zusammenhang zwischen einer aufgerichteten Körperhaltung und dem Gefühl nach Erfolgserlebnissen (Stepper 1992) bzw. der positiven Bewertung von Situationen (Döring-Seipel 1996). In einer gebeugten Haltung konnten Probanden ihre Erfolge nicht wertschätzen und haben Situationen und Personen sehr negativ bewertet.

Das bedeutet, dass Sie Prüfungssituationen oder Präsentationen sowie die Reaktionen Ihrer MitstudentInnen oder der ProfessorInnen immer auch gemäß Ihrer eigenen Haltung zu der Situation bewerten werden. Die innere Haltung ist von der äußeren Haltung nicht zu trennen. Wenn man sich diesen Zusammenhang bewusst gemacht hat, versteht man plötzlich, warum es nicht reicht, sich Mut zuzusprechen. Dieser Mut braucht im Körper eine Entsprechung.

Wichtig dabei ist, dass die aufgerichtete Körperhaltung nicht steif und unnatürlich ist, sondern dem eigenen Körpermuster entspricht: Wenn Sie dazu neigen eher gebeugt zu gehen, werden Sie sich schon sehr expandiert fühlen, wenn Sie nur den Oberkörper aufrichten. Haben Sie in der Regel schon eine sehr gerade Haltung, sollten Sie überprüfen, inwieweit Sie einen sicheren Stand haben und ob Sie Ihren Körper im Becken gerade halten. Probieren Sie unterschiedliche Haltungen zunächst im Alltag aus und beobachten Sie, wie sich Ihre Haltung je nach Situation (im Freundeskreis, bei Aufmerksamkeit im Seminar, im Streitgespräch, gegenüber ProfessorInnen, bei einer Präsentation, etc.) verändert. Versuchen Sie bewusst öfter und über längere Zeit eine expandierte Körperhaltung einzunehmen. Durch das Üben kann die Haltung zu Ihrem ganz authentischen Körpermuster werden, das Sie in einer Stresssituation aus Ihrem individuellen Bewältigungsrepertoire abrufen werden (vgl. III.8).

> Üben Sie im Studien-Alltag:
>
> Nehmen Sie sich für eine Präsentation vor, in einer expandierten Haltung zum Seminarraum zu gehen.
>
> Bei einer schriftlichen Prüfung können Sie sich immer wieder aufrichten und durchatmen, wenn Sie unsicher werden und ihre Gedanken sich verwirren.
>
> Bei einer mündlichen Prüfung können Sie vor Betreten des Raumes noch einmal durchatmen und sich in einen expandierten Stand stellen.

Wirkungen der expandierten Körperhaltung – Erfahrungsberichte

Die Berichte, die ich in den letzten Jahren von Studierenden erhalten habe, übertrafen meine Erwartungen völlig: Panikattacken können überwunden und Angstzustände gelöst werden, Prüfungen finden plötzlich in einem gleichberechtigten Dialog statt und Präsentationen gelingen wunderbar. Das Lebensgefühl der Studierenden verändert sich zudem generell. Zitate aus Berichten meiner TeilnehmerInnen, sollen einen kleinen Eindruck von dieser Wirkung vermitteln:

Bettina gelang es während einer völlig misslingenden Präsentation das Ruder herumzureißen: »Ich atmete tief ein, hob meinen Kopf, richtete mich auf und startete auf ein Neues. Meine Stimme wurde lauter und selbstsicherer, ich nahm wieder einen breiteren Stand ein, wodurch ich mich gleich wohler fühlte. (...) Meine Körpersprache war auf einmal eine ganz andere geworden. Auch der Blickkontakt änderte sich, ich konnte allen in die Augen schauen, sogar dem Blickkontakt des Professors konnte ich standhalten. Einmal lächelte er mir auch aufmunternd zu, dies gab mir gleich noch viel mehr Auftrieb und mir machte das Präsentieren richtig Spaß.«

Erik berichtet: »Für mich führte die Änderung meines Körperverhaltens innerhalb weniger Minuten zu einer deutlichen Verbesserung meiner Selbstsicherheit. Ich konnte wesentlich freier sprechen und den ZuhörerInnen gegenüber gelöster und ansprechender agieren. Für mich selbst war ein deutlicher Übergang von einer Situation, die mir Stress verursachte, zu einer Situation, in der ich mich wohl fühlte, gegeben.«

Karin resümiert »Überdies habe ich erlebt, dass es mir in stressigen Zeiten, oder in Konfliktsituationen durch ein bewussteres Körperverhalten (mich auf meine »Mitte« konzentrieren, aufrichten, durchatmen,...) besser gelingt, mit diesen Situationen umzugehen. Ein neues, positiveres Lebensgefühl hat sich in mir breit gemacht, welches ich nicht missen möchte.«

Die Vorstellung verschiedener Verfahren zur Selbstregulation sollte Ihnen verdeutlichen, was durch kleine Interventionen erreicht werden kann. Zu Beginn ist es ratsam, sich zunächst Gedanken über den bisherigen Umgang mit Stress zu machen und die eigenen Strategien zu reflektieren. Das Wissen über theoretische Konstrukte und Modelle kann helfen, das eigene Empfinden und Erleben einzuordnen und besser zu verstehen. Danach ist es jedoch wichtig, gezielt Strategien für sich auszuprobieren und deren Wirkung zu überprüfen.

Vielleicht konnten die kurzen Erfahrungsberichte Sie überzeugen, dass es sich immer lohnt, Strategien auszuprobieren. Dies ist der erste Schritt, um stressige Situationen in positive umzuwandeln.

Julia Košinár

II.3 Projekte organisieren und Sprechstunden nutzen

Anna hat ihre dritte Hausarbeit geschrieben. Bei der Nachbesprechung erfährt sie von der Dozentin: Die Arbeit ist mangelhaft. Anna ist zum Heulen zumute. Sie dachte, diese Arbeit wäre besser geworden als die beiden davor. Sie versteht nicht, warum ihre schriftlichen Arbeiten so schlecht ausfallen, obwohl sie sich doch so große Mühe gibt und Sprechstunden immer zur Vorbesprechung nutzt. Sie fühlt sich unendlich dumm und stellt ihr Studium infrage.

Die Dozentin ist ratlos. Sie erinnert sich, dass die Studentin mit einem Exposé gleich in die Sprechstunde kam, statt es ihr vorher zuzuschicken. Also hatte sie nur allgemeine Tipps zum Eingrenzen des Themas geben können und auf das Fehlen einer Fragestellung hingewiesen. Diese allgemeinen Hinweise hat Anna nicht umgesetzt. Einen zweiten Besprechungstermin hat sie nicht vereinbart und sich auch sonst keine Unterstützung geholt. Ob sie so durchs Studium kommt, bezweifelt auch die Dozentin.

Dieses Szenario ist nicht erfunden. Wir erleben oft, dass StudentInnen und DozentInnen unterschiedliche Erwartungen aneinander haben und dies meist zu spät wahrnehmen. Das merken wir in unserer Praxis als Lehrende und Schreibberaterinnen bei Vor- und Nachbesprechungen von Hausarbeiten und Prüfungen. StudentInnen trauen sich nicht, ihre Lehrenden anzusprechen; einerseits wissen sie nicht, wie sie sich vorbereiten können und wollen andererseits nicht zu dumm dastehen. Sie haben den Eindruck, DozentInnen erwarteten zu viel. Aus DozentInnensicht scheinen Studierende manchmal spontan und unvorbereitet, teilweise konfus in die Sprechstunden zu kommen. Wir stellen auch fest, dass sie sich mitunter weniger zutrauen, als sie tatsächlich können. Oder sie nehmen die zahlreichen Unterstützungsangebote der Hochschulen kaum wahr. Das ist schade. Deshalb wollen wir Sie mit diesem Beitrag ermutigen: Betrachten Sie es als Ihre Aufgabe, Ihr Lernen Schritt für Schritt selbstständig zu organisieren.

Das Studium selbst in die Hand nehmen

Wie geht das? Während Ihres Studiums werden Sie vielfältige Lernformen und Lerninhalte kennenlernen: Sie werden Seminare besuchen und in Gruppen arbeiten, Experimente durchführen und Praktika absolvieren, wissenschaftlich schreiben, mündlich präsentieren und Prüfungen ablegen. All diese Aktivitäten gehören zur wissenschaftlichen Ausbildung und wollen gemeistert werden. Das heißt, dass Sie Fragen haben werden, an manchen Stellen Unterstützung benötigen oder sich zusätzliche Fertigkeiten wie z. B. spezielle PC-Anwendungen oder Arbeitsstrategien aneignen müssen. Das ist normal und nicht etwa Zeichen von Inkompetenz. Es sind Schritte auf dem Weg zum erfolgreichen Abschluss.

Diese Schritte müssen Sie nicht alleine gehen: Treten Sie mit Ihren Fragen an andere – DozentInnen, KommilitonInnen, Beratungsstellen usw. – heran und holen Sie sich Unterstützung und Wegbegleiter.

Das Studium selbst in die Hand nehmen heißt auch, Projekte wie eine Hausarbeit in überschaubare Arbeitsschritte zu unterteilen und detailliert zu planen. Überlegen Sie für jeden Arbeitsschritt schon vorher, welche Fragen Sie haben, welche Unterstützung Sie benötigen, welche Ressourcen Sie nutzen möchten und welche Termine Sie dabei einhalten möchten oder müssen. Bei Ressourcen handelt es sich um alle Mittel, die Ihnen zur Verfügung stehen, um Ihr Projekt zum Erfolg zu führen.

> Wie können Sie Ihre Ressourcen fürs Studium effektiv einsetzen?
> - Planen Sie die einzelnen Schritte Ihres jeweiligen Projektes.
> - Arbeiten Sie eigene Interessen und Fragestellungen heraus.
> - Machen Sie sich bewusst, welche Ressourcen Sie schon haben und welche Sie zusätzlich nutzen können, und nehmen Sie Unterstützung in Anspruch.
> - Kommunizieren Sie mit den DozentInnen.

Planen mit dem Projektplan

Wir empfehlen, einen Projektplan zu schreiben oder ein Abkommen mit sich selbst zu schließen. Das lohnt sich, weil Sie
- sich selbst gegenüber Verbindlichkeiten schaffen,
- eine Grundlage für Ihre Zeitplanung erhalten,
- die Arbeitsschritte besser koordinieren und Erledigtes abhaken können (das ist auch gut für die Motivation),
- den Kopf entlasten,
- Stolpersteine vorwegnehmen bzw. aktiv anpacken,
- sich die eigenen Ziele und Stärken bewusst machen (ist auch gut für die Motivation),
- Termine und Fristen gut einhalten. Bei den parallel laufenden Projekten des Studiums hilft eine geschickte Aufgabenabstimmung, Zeit zu sparen.
- immer einen Überblick über den Stand Ihrer Arbeit haben und somit schon auf Sprechstunden vorbereitet sind.

Neben dem Projektplan empfehlen wir Ihnen außerdem die Kommunikation mit den Lehrenden, denn das Wissen und die Erfahrung Ihrer DozentInnen betrachten wir als wichtige Ressource, die Sie nutzen sollten.

Projektplan

Was mache ich?

Mein Projekt: _____

Warum mache ich das?

Meine Ziele: _____

Die Schritte im Detail

① Wie mache ich das? (Schritte)
☺ Was kann ich gut? Welche Vorarbeiten habe ich schon geleistet?
☹ Was macht mir Mühe? Was muss ich klären?
▭ Was brauche ich? Welche Ressourcen nutzen mir wofür?
🕐 Wann mache ich das? Bis wann mache ich das? (Termin)

① Schritt 1: _____
☺ _____
☹ _____
▭ _____
🕐 _____

① Schritt 2: _____
☺ _____
☹ _____
▭ _____
🕐 _____

① Schritt 3: _____
☺ _____
☹ _____
▭ _____
🕐 _____

Wenn ich mein Ziel erreicht habe, dann

_____

Datum _____   Unterschrift _____

© Jana Zegenhagen / Daniela Liebscher

Was mache ich? Was macht mein Projekt aus?

Machen Sie sich zunächst bewusst, welchen Charakter das Projekt hat:
- Welche fachlichen Ansprüche soll es erfüllen?
- Welcher Umfang wird erwartet?
- Wie ist der zeitliche Rahmen?
- Sind alle Anforderungen neu für Sie oder haben Sie Vorkenntnisse?

Diese Klärung ist wichtig, damit Sie realisieren, wo Sie stehen. Außerdem können Sie sich dann besser auf die Kommunikation mit Lehrenden vorbereiten und Ressourcen sinnvoll auswählen und nutzen.

Warum mache ich das? Was sind meine Ziele?

Machen Sie sich nun – am besten schriftlich – bewusst, welche Bedeutung das Projekt für Sie hat! Möchten Sie eine bestimmte Note erreichen oder mit diesem Projekt Ihr Studium abschließen? Oder möchten Sie sich eine Frage beantworten, ein Thema vertiefen, eine Methode ausprobieren? Geht es Ihnen darum, eine bestimmte persönliche Stärke auszubauen?

Das schriftliche Klären der eigenen Motivation, Ziele oder persönlichen Fragen kann Sie auch im Laufe der Arbeit entlasten und durch Krisen helfen. Sie vergegenwärtigen sich so Ihre Gedanken und Gefühle. Sehr nützlich dafür sind die Methoden des kreativen Schreibens, wie sie in Kapitel II.5 vorgestellt werden.

Ist der Stellenwert geklärt, so können Sie den Arbeits- und Zeiteinsatz kalkulieren. Oft werden Sie verschiedene Projekte zeitgleich bearbeiten. Anhand der Einschätzung können Sie diese je nach Priorität, Aufwand, Vorarbeiten und Terminen gut organisieren.

Wie mache ich das? Welche Schritte sind nötig?

Jedes Projekt besteht aus einer bestimmten Abfolge von Schritten, die in den Arbeitsalltag eingepasst werden müssen. Jede noch so gute Idee muss in kleine Aufgaben »heruntergebrochen« werden, die Sie nach und nach abarbeiten können. Und oft sind es Details, die über den Erfolg des Projekts entscheiden. Bemerken Sie zu spät, dass ein Arbeitsschritt nicht umsetzbar ist, so ist Ihre Vorarbeit womöglich hinfällig und der Fortgang Ihres Projektes und Ihre Motivation beeinträchtigt. Es lohnt sich also, die einzelnen Schritte im Detail vorher zu bedenken, bevor Sie überhaupt loslegen.

Grundsätzlich sind beim wissenschaftlichen Arbeiten die meisten Schritte durch die Methoden des Faches vorgegeben: Was gilt es z. B. alles zu beachten und zu entscheiden, wenn man Interviews führen und auswerten möchte? Dafür gibt es methodische Standards, und die Projekte sind dazu da, diese Standards einzuüben. Daneben gibt es Erfahrungen, in welcher Abfolge von Schritten sich Projekte wie Hausarbeiten, Referate oder Prüfungsvorbereitungen gut durchführen lassen. Dazu finden Sie ausführliche Beiträge im zweiten Kapitel dieses Bandes (vgl. III.3 / III.6 / III.8).

Was kann ich gut? Welche Vorarbeiten habe ich schon geleistet?

Notieren Sie in Ihrem Projektplan, welche Schritte Sie dank Ihrer vorhandenen Ressourcen gut realisieren können.
• Über welche Fähigkeiten verfügen Sie (z. B. Lesestrategien, PC-Kenntnisse)?
• Was wissen Sie schon (z. B. aus dem Seminar, einem eigenen Referat)?
• Welche Unterlagen haben Sie bereits zum Thema (z. B. Literaturliste, Skript, Thesenpapier, Exzerpt)?
• Welche Schritte haben Sie schon erledigt (z. B. Workshop besucht, Literatur besorgt, Absprachen getroffen)?

Was macht mir Mühe? Was muss ich klären?
Was brauche ich? Welche Ressourcen nutzen mir wofür?

Notieren Sie in Ihrem Projektplan, welche Schritte für Sie schwierig sind. Beachten Sie dabei auch, wie Sie emotional zu dem Projekt stehen und ob Sie körperliche Einschränkungen haben, etwa Rückenschmerzen oder Symptome von Prüfungsangst. Die Hochschulen stellen meist kostenlose Service- und Unterstützungsangebote bereit, um die verschiedenen fachlichen aber auch emotionalen Herausforderungen zu bewältigen. Einen Überblick über Einrichtungen, die Kurse, Workshops oder Beratung anbieten, finden Sie im Serviceteil III.9.

Wenn Sie nicht weiter kommen:

1. Checken Sie Ihren Projektplan!
• Bei welchem Schritt sind Sie? Vor welcher Herausforderung oder Schwierigkeit stehen Sie?
• Welche Unterstützung hatten Sie für diesen Arbeitsschritt vorgesehen?
• Hat diese funktioniert? Falls nicht, warum nicht?

2. Mit diesen Fragen können Sie überlegen, was Sie (stattdessen) brauchen?
• Welcher Typ sind Sie – arbeiten Sie gern individuell oder in einer Gruppe?
• Was kann Ihnen weiterhelfen – eine Beratung, ein Feedback, ein Austausch, ein Workshop?
• Mit wem möchten Sie sprechen – mit Ihrem Dozenten, mit KommilitonInnen, mit ExpertInnen, mit geschulten StudentInnen (sog. Peer TutorInnen)?

Informieren Sie sich z. B. im Internet über das für Sie passende Angebot. Vereinbaren Sie gleich einen Termin und tragen ihn in Ihren Projektplan ein!

3. Nichts gefunden? Organisieren Sie sich selbst, was Sie brauchen!

Vielleicht wollen Sie eine Schreib- oder Lerngruppen gründen? Oder Sie wollen für sich Ihr wissenschaftliches Schreiben im Alltag trainieren und reflektieren? Probieren Sie das Journalschreiben in einer Kladde, am PC oder als Lernblog im Internet (vgl. II.4, III.3, III.6).

Wann mache ich das? Bis wann mache ich das?

Vermutlich müssen Sie während Ihres Studiums mehrere Projekte parallel bearbeiten und jonglieren. Außerdem gibt es sicher noch Aktivitäten und Verpflichtungen neben Ihrem Projekt. Seien Sie daher bei der Planung und Einschätzung Ihrer Schritte realistisch: Haben Sie einen Job, regelmäßige Termine in der Freizeit? Haben Sie eine Familie? Worauf möchten Sie nicht verzichten?

Wenn ich mein Ziel erreicht habe, dann …

Und was ist, wenn Sie Ihr Projekt erfolgreich abgeschlossen haben? Möchten Sie sich dafür nicht eine ganz persönliche Belohnung gönnen? Wie wäre es mit der Terminreservierung im Voraus in einem Wellness-Spa? Oder mit dem Kartenkauf für einen lang ersehnten Konzertbesuch? Oder mit einer Verabredung zum gemeinsamen Essen mit FreundInnen? Vereinbaren Sie auch das mit sich schriftlich in Ihrem Projektplan – so können Sie es sich stets vor Augen führen.

Kommunikation mit den DozentInnen als wichtige Ressource

Lehrende verfügen sowohl über inhaltliche als auch über methodische Expertise und sind mit wissenschaftlichen Arbeitsabläufen vertraut.

Welche Unterstützung und Leistungen Sie von Ihren DozentInnen erwarten und einfordern können, sehen Sie anhand der folgenden Liste. Sie ist zusammengestellt nach einem Leitfaden für BetreuerInnen wissenschaftlicher Arbeiten an der TU Berlin, der Betreuungsprozesse für beide Seiten transparenter macht und DozentInnen Hinweise gibt, wie sie Studierende gut begleiten können (Theuerkauf / Steinmetz et al. 2009).

- BetreuerInnen machen ihre inhaltlichen und methodischen Anforderungen transparent und erklären sie auf Nachfrage.

- Sie konkretisieren mit Ihnen Fragestellungen und Zielsetzungen. Denn Achtung: Die Auffassungen von Lehrenden und die Regelungen in den Studien- und Prüfungsordnungen unterscheiden sich mitunter!
- Sie unterstützen Sie beim Erlernen des wissenschaftlichen Arbeitens und Schreibens.
- Sie erstellen mit Ihnen eine realistische Zeitplanung.
- Sie vereinbaren mit Ihnen (evtl. schriftlich) einen Betreuungsplan.
- Sie gewährleisten faire und transparente Prüfungen (vgl. Müller / Bayer 2007).

Aber genau wie Sie sich in einer Doppelrolle als erwachsene/r, selbstständig LernendeR und zugleich abhängiger Prüfling befinden, so sind Ihre DozentInnen auch Lehrende und Prüfende. Im Austausch zwischen Studierenden und Lehrenden schwingt das Bewertetwerden bzw. Bewerten immer mit. Das macht die hochschulische Kommunikation nicht einfach.

Wie können Sie damit umgehen? Nutzen Sie auf jeden Fall Sprechstunden, um Ihre Anliegen zu besprechen. Der Austausch über Wissen und Methoden ist ja ein Teil des wissenschaftlichen Arbeitens. Nutzen Sie die Sprechstunden auch, um sich in der Kommunikation mit Lehrenden an der Hochschule zu üben. Das Vier-Augen-Gespräch mit DozentInnen und ProfessorInnen erleichtert Ihnen später die Begegnung in Prüfungen.

Vom Beraten und Beratenwerden: Die Sprechstunde

Hochschulische Sprechstunden durchlaufen, wie andere Beratungsgespräche auch, verschiedene Phasen: Nach der Begrüßung und Kontaktaufnahme wird erst Ihr Anliegen geklärt, dann das Ziel des Gesprächs bestimmt und eine Lösung besprochen (Wiesmann / Schmucker 2007). Bochumer Forscherinnen haben allerdings festgestellt, dass sowohl Studierenden als auch Lehrenden diese Grundstruktur in der Regel nicht klar ist und sie nicht wirklich miteinander ins Gespräch kommen (Meer 2003; Zegers 2004).

Die Bochumer Forscherinnen empfehlen daher allen Beteiligten, sich auf Gespräche vorzubereiten. Inzwischen liegen dafür hilfreiche Leitfäden vor (Heinrich-Heine-Universität Düsseldorf o.J., Carl von Ossietzky Universität Oldenburg o.J. siehe III.9). Mit einer guten Vorbereitung zeigen Sie zudem Initiative und gehen respektvoll mit dem knappen Zeitbudget von Ihnen und Ihren Lehrenden um.

Leitfaden für ein Sprechstundengespräch

Vorbereitung

1. Bitten Sie bei größeren Projekten (Hausarbeit, Examensarbeit, Prüfung) gleich um einen Einzeltermin. Das ist der Bedeutung des Projektes angemessen.
2. Beantworten Sie diese Fragen für sich: Was mache ich? Wo stehe ich? Was brauche ich oder möchte ich wissen?

3. Wägen Sie schon vorher ab, wo Sie außerdem oder stattdessen an der Hochschule Unterstützung bekommen.

Kontaktaufnahme

4. Auch Anfragen per E-Mail sollten wie offizielle Briefe sachlich klingen und sprachlich korrekt geschrieben sein. Anreden wie »Hi Prof« oder »witzige« E-Mailadressen wie »teufelchen@...« wirken wenig erwachsen. Helfen Sie Ihren AdressatInnen mit informativen Betreffzeilen bei der raschen Orientierung.

5. Schicken oder geben Sie Ihren BetreuerInnen einige Tage vorher zur Gesprächsvorbereitung kurze, informative Materialien zur Hand – je nach Projekt eine Liste mit Ihren Fragen, ein Exposé, ein Thesenpapier ...

Gesprächseinstieg, Klärung des Ziels

6. Stellen Sie sich zu Beginn des Gesprächs vor (wenn nötig).

7. Stellen Sie Ihr Anliegen vor, was Sie bisher unternommen und welche Ressourcen Sie genutzt haben, um Ihre Fragen selbst zu klären. Das wirkt sich positiv auf die Haltung des/der BetreuerIn aus, und er/sie kann Ihnen gezielter Lösungswege aufzeigen.

8. Wenn Sie mehrere Anliegen und Projekte haben, legen Sie das aktuelle Gesprächsthema gemeinsam fest und vereinbaren Sie weitere Termine. So bleibt Zeit für das Wichtigste.

Bearbeitung des Anliegens

9. Formulieren Sie selbstbewusst Ihre Interessen. Vor allem Studentinnen, so fanden die Bochumer Forscherinnen heraus, treten in Sprechstunden zu defensiv auf, sprechen leise, benutzen häufig den Konjunktiv und werten sich ohne Grund ab (Meer / Zegers 2003; Zegers 2004; Rotter 2009).

10. Fragen Sie nach, wenn Sie etwas nicht verstanden haben. Konkretisieren Sie Ihr Anliegen.

11. Bringen Sie ein, was Sie aktiv zur Lösung beitragen können, und lassen Sie sich von Alternativvorschlägen anregen. Machen Sie sich auf jeden Fall Notizen, damit Ihnen nichts verloren geht.

Abschluss und Verabschiedung

12. Fassen Sie das Ergebnis kurz (und später am besten auch schriftlich) zusammen. So können Sie überprüfen, ob die getroffenen Vereinbarungen für beide Seiten klar sind und können sich ggf. später darauf berufen.

13. Erst dann verabschieden Sie sich.

Nachbereitung – Umgang mit Feedback

14. Gehen Sie Ihre Mitschriften vom Gespräch durch und markieren Sie relevante Hinweise!

15. Legen Sie Prioritäten fest: Welche Hinweise sind wie wichtig? In welcher Reihenfolge möchten Sie die Rückmeldungen abarbeiten?

16. Formulieren Sie jeden wichtigen Hinweis um in eine konkrete Arbeitsanweisung für sich selbst!

Aktualisieren Sie Ihren Projektplan!

Anna wird in diesem Wintersemester im Goethe-Seminar einen Vortrag über den Briefroman»Die Leiden des jungen Werther« halten. In der Sprechstunde erklärt sie dem Dozenten, dass sie zeigen möchte, wie sich Werthers innere Entwicklung in seinen Briefen abzeichnet. Im Gespräch entsteht die Idee, das exemplarisch an den Naturbeschreibungen dreier Briefe zu zeigen. Der Dozent gibt ihr noch Literaturhinweise für die Klärung der Konzepte von Natur, Kultur und Pantheismus, welche als Hintergrund für die Bearbeitung wichtig seien. Nach dem Gespräch entwickelt Anna für sich Aufgaben und aktualisiert ihren Projektplan. Sie bespricht diesen Plan auch mit ihrer Lerngruppe, der sie sich vor kurzem angeschlossen hat.

Was mache ich?

Mein Projekt: *Referat »Die Entwicklung von Goethes Werther«*

Warum mache ich das?

Meine Ziele; Ich möchte ein gutes Referat erarbeiten. Das und die Rückmeldungen im Seminar dienen mir als Grundlage für meine Hausarbeit. Die soll besser werden als die vorigen. Termin: 6.12.

Die Schritte im Detail

① Wie mache ich das? (Schritte)

☺ Was kann ich gut? Welche Vorarbeiten habe ich schon geleistet?

☹ Was macht mir Mühe? Was muss ich klären?

🗄 Was brauche ich? Welche Ressourcen nutzen mir wofür?

🕐 Wann mache ich das? Bis wann mache ich das? (Termin)

① *Schritt 1: Recherche, noch mal Buch besorgen zu Kultur, Natur, Pantheismus (siehe Notizen vom Gespräch 7. 11.*

☺ *Ich finde viel Literatur.*

☹ *Ich muss auswählen, damit es nicht zu viel wird.*

🗄 *Brauche Ordnungssystem, vielleicht hilft mir Stephie*

🕐 *bis Anfang November*

Hauptteil chronologisch oder nach Naturbildern: später entscheiden

① *Schritt 2: Thema Gliederung → von Dozent OK und Tipps holen*

☺ *Clustern, ordnen*

☹ *Wie macht man eine Gliederung für ein Referat?*

🗄 *Ich lese im Ratgeberbuch und frage im Tutorium nach*

🕐 *Ratgeber und Tutorium: 5. 11.; Sprechstunde: 7. 11.*

> *Die drei Briefe analysieren (Auswahl siehe Notizen)*
> *Nur Naturdarstellungen – Werthers Entwicklung*

① *Schritt 3: Thema inhaltlich ausarbeiten, Kernaussagen*

☺ *kann gut Literatur analysieren (Hefter Dt-Leistungskurs)*
☹ *Wie beziehe ich mich auf Quellen? Zitieren im Referat?*
🖩 *In der Sprechstunde klären*
🕐 *7.11.*

Ganz gleich, ob Sie Feedback von Ihren DozentInnen, von KommilitonInnen, den SchreibberaterInnen oder anderen erhalten haben, ob Sie am Anfang Ihres Projektes stehen oder kurz vor dem Abschluss – nehmen Sie Feedback offen an! Dann schauen Sie, was für Ihr Projekt relevant ist und was Sie davon jetzt umsetzen oder auch bei späteren Projekten bedenken wollen.

Vom Suchen und Finden einer Betreuungsperson

Bei Abschlussarbeiten haben Sie meist die Möglichkeit, sich selbst eine Betreuung zu suchen. Haben Sie die Wahl zwischen einer Person, die Sie bereits persönlich kennen, und einer, bei der Sie sich erst bewerben müssen, sollten Sie Vor- und Nachteile abwägen. Das Ziel ist es, ein Arbeitsverhältnis einzugehen, in dem eine sachliche, partnerschaftliche Arbeit möglich ist. Verstehen Sie die Beziehung zu Ihrem/Ihrer BetreuerIn als eine Art Geschäftsbeziehung, in der Sie als eine Fast-AkademikerIn, Bald-FachkollegIn, eine Junior-WissenschafterIn mit »Selbstbewusstsein und Beharrlichkeit«, eben erwachsen und verbindlich auftreten (Wolfsberger 2009, 105).

Vorteil	Nachteil
Eine Betreuungsperson, die Sie persönlich kennen, die aber keine Expertin des Themas ist.	
Beide Seiten benötigen keine Einarbeitungszeit, um das Arbeitsverhalten des anderen kennenzulernen.	Ist die Beziehung zueinander zu familiär, kann man in der Arbeitsweise und den Inhalten eingeengt werden und Interessenskonflikte schlechter klären.
Ist die Betreuungsperson keine Expertin des Themas, aber nett und pflichtbewusst, kann sie helfen, sich fehlendes Wissen zu erarbeiten.	Ist die Betreuungsperson keine Expertin des Themas, kann sie evtl. nicht alle fachlichen Hinweise geben.

Vorteil	Nachteil
Eine Betreuungsperson, die Sie nicht persönlich kennen, die aber Expertin des Themas ist.	
Die Erfahrung und Ausstattung (Publikationen, Hilfsmittel, Daten, Technik) sowie die Kontakte können evtl. nützlich für die Bearbeitung Ihres Projektes sein.	Manche Studierende fürchten den Wissensvorsprung oder die Meinung der ExpertInnen. Allerdings sollte jede Person, die betreut und bewertet, in der Lage sein, sich mit Ihnen in eine wissenschaftliche Diskussion zu begeben.
Das Renommee und das Netzwerk Ihrer Betreuungsperson können evtl. für Ihre Schritte nach dem Projekt wichtig werden.	Bekannte WissenschaftlerInnen haben womöglich viele Verpflichtungen innerhalb und außerhalb der Hochschule und sind schwerer zu erreichen.

Vor- und Nachteile bei der Auswahl einer Betreuungsperson nach Adamczak (2006, 61 f.) und Bolker (1998, 19 ff.)

Wägen Sie selbst ab, was für Sie und Ihr Projekt von Bedeutung ist! Schauen Sie, ob Sie mit der Arbeitsweise und der Persönlichkeit des/der BetreuerIn zurechtkommen. Sprechen Sie mit Ihren KommilitonInnen darüber. Ist der/die BetreuerIn gewissenhaft, hilfsbereit und hat konkrete Hinweise und Rückmeldungen gegeben? Hat er bzw. sie ausreichend Sprechzeiten angeboten und führt vielleicht für eine Gruppe von Studierenden regelmäßig ein Kolloquium durch? Welche Erwartungen und Anforderungen werden jeweils gestellt?

Fazit

Studienerfolg hängt im deutschen Hochschulsystem davon ab, wie gut man seine zur Verfügung stehenden Ressourcen nutzt. Das Ideal ist auch zu »Bologna«-Zeiten das des selbstständigen Studierenden. Das heißt: Eigenständiges Arbeiten zu lernen, ist sowohl der Weg als auch das Ziel des Studiums. Lehrende freuen sich immer über Studierende, die Engagement zeigen, sich vorbereiten und auch in den Sprechstunden nicht planlos auftauchen. Dieses Engagement belohnen sie in der Regel mit Zuspruch und Betreuung. Wo Lehrende es nicht tun, sollten Sie sich als Studierende nach Alternativen umsehen.

Daniela Liebscher / Jana Zegenhagen

II.4 Wenn das Zeitmanagement versagt

Über den Umgang mit Zeit- und Motivationsproblemen

Es hört sich so einfach an: Man definiert ein Ziel und plant die Schritte dahin, kalkuliert die dafür notwendige Zeit, kontrolliert immer wieder, ob alles wie geplant läuft, analysiert, warum nicht und macht es dann besser. Von wegen!

Wenn Sie auch zu denen gehören, die einsehen und wissen, wie es »richtig« geht, die perfekte Pläne und To-do-Listen machen, sich aber nicht daran halten, dann könnte dieser Beitrag hilfreich für Sie sein.

Aber auch für alle anderen enthält er Tipps zum individuellen Gestalten von Arbeitszeiten, zur Förderung der Konzentration und für die Bewältigung von Motivationsproblemen.

Pläne sind eine schöne Sache, nur wer setzt sie um?

Laura zumindest nicht. Sie ist sehr gut im Entwickeln von Plänen und auch ansonsten sehr strukturiert, aber sie braucht lange, bis sie endlich am Schreibtisch sitzt und anfängt zu arbeiten. Dann hat sie meistens schon keine Zeit mehr, richtig einzusteigen. Obwohl sie weiß, was dringend ansteht, verzettelt sie sich immer wieder auf Nebenschauplätzen. Selbst wenn sie zügig arbeitet, dauert oft alles wesentlich länger, als sie gedacht hat. So gerät sie immer unter Druck. Dazu kommen das schlechte Gewissen, wenn sie getrödelt hat und Schuldgefühle, weil ihr die Selbstdisziplin fehlt. Das drückt aufs Selbstwertgefühl und schwächt das Selbstvertrauen und die Motivation, die nächsten Arbeitsprojekte anzugehen.

Den Namen Laura kann man durch Kai, Robin, Zuhal und tausend andere ersetzen, denn die Probleme sind sehr typisch und zeigen: Planung ist eine gute Voraussetzung für das erfolgreiche Arbeiten, aber zwischen Planen und Tun liegen viele Hindernisse und der Weg zum Ziel ist meistens länger als gedacht.

Die häufigsten Hindernisse auf dem Weg vom Plan zum Ziel:
- Stressgefühle
- Unlust und fehlende Motivation
- Unkonzentriertheit
- geringe Toleranz gegenüber Frustrationen
- mangelnde Zeiteinschätzung
- Perfektionismus
- zu langes oder hartnäckiges Aufschieben
- innere Widerstände gegen Zeitnormen

Wenn man sich klarmacht, wie viel Disziplin das herrschende Zeitverständnis uns tagtäglich abverlangt, wird Lauras Verhalten verständlich.

Psychologisch ist Zeit das, was man als Veränderung wahrnimmt. Wenn sich viel verändert, vergeht Zeit schnell, wenn sich wenig verändert, vergeht sie langsam. Würden sich alle nach diesem subjektiven Zeitempfinden richten, käme niemals jemand pünktlich irgendwohin. Eine für alle gültige Zeitmessung ist aber die Voraussetzung dafür, in einer arbeitsteiligen Industriegesellschaft Tätigkeiten und Abläufe zu synchronisieren.

Mit dem Uhrwerk als Zeitmesser stellen wir uns Zeit als fortschreitenden Ablauf von Sekunden, Minuten und Stunden vor und halten diesen Takt für ein Naturgesetz. Dabei handelt es sich um eine historisch relativ junge Erscheinung (Elias 1988). Mit ihr hat sich eine starke Zukunftsorientierung und die Meinung durchgesetzt, Zeit nutzen, sparen, verschwenden, kurz: bewirtschaften zu können.

Diese Vorstellungen, wie auch der Zwang zur Pünktlichkeit, sind Zeitnormen, die im Laufe der Sozialisation verinnerlicht werden. Das geschieht selten reibungslos, und so werden mit den Normen auch die vielen Formen des Sich-Drückens, Trödelns und Zeit-Rausschindens als Vermeidungs- und Widerstandsstrategien (Schlote 2000) zu Teilen der Persönlichkeitsstruktur.

Wenn Laura ihr Verhalten so versteht, hat sie nicht mehr das Gefühl persönlich zu versagen. Das ist gut, weil Schuldgefühle und schlechtes Gewissen einer nüchternen Auseinandersetzung im Weg stehen (Rückert 2001 u. 2004). Es wird auch verständlich, warum die Forderung »Mehr Selbstdisziplin!« in der Regel nicht nur fruchtlos ist, sondern den inneren Widerstand noch verstärkt. Statt solch nutzloser Apelle an den »inneren Schweinehund« ist es sinnvoll, sich die Grundüberzeugungen und Gefühle, die mit dem Aufschieben und Vermeiden verbunden sind, bewusst zu machen und zu hinterfragen (vgl. II.2). Und es ist wichtig, sich immer wieder klar zu machen, warum man etwas tut bzw. sich vornimmt, um die Motivation aufrechtzuerhalten oder um nach Alternativen zu suchen.

- Beobachten Sie genau, was passiert, wenn Sie nicht tun, was Sie sich vorgenommen haben. Welche Argumente bringen Sie dafür vor, erst etwas anderes zu tun? Welche Überzeugungen leiten das Aufschieben ein? Argumentieren Sie dagegen (Rückert 2001).
- Wenn Sie das Gefühl haben, nur fremdbestimmt, unmotiviert und getrieben zu sein, schreiben Sie für die nächsten drei Tage in vollständigen Sätzen auf, was sie tun *müssen*. Z. B.:
  – Ich muss die Weber-Vorlesung nachbereiten.
  – Ich muss mich bei XY melden.
  – Ich muss Samstag lange in der Kantine arbeiten.
- Wenn die Liste vollständig ist, schreiben Sie die Sätze mit »ich will« um und begründen Sie positiv, warum sie etwas tun wollen, selbst wenn Sie es für alternativlos halten. Z. B.:
  – Ich will die Weber-Vorlesung nachbereiten, – um den Stress vor der Prüfung zu reduzieren; – weil ich unbedingt in diesem Semester die Prüfung machen will; – weil ich das Thema spannend finde.
  – Ich will mich bei XY melden, damit sie merkt, ich habe Interesse.
  – Ich will in der Kantine arbeiten, weil ich mich nicht verschulden möchte.

- Beobachten Sie zunächst den Unterschied zwischen den Ich-muss- und den Ich-will-Sätzen. Steigt Ihre Motivation? Schauen Sie sich dann Ihre Begründungen an und überprüfen Sie Ihre Entscheidungen. Stimmt das so? Stimmt das noch? Fragen sie sich: Was ginge vielleicht auch anders?

Das Individuelle stark machen

Nicht nur das eigene Zeitempfinden steht oft im Konflikt mit den herrschenden Zeitnormen, sondern häufig auch die Art, wie und wann man Energie mobilisieren kann. Die einen sind SprinterInnen und leisten viel in kurzer Zeit, brauchen dann aber lange Pausen, während andere wie MarathonläuferInnen langsamer aber sehr ausdauernd sind. Trotzdem müssen sich alle in die gleichen Zeitstrukturen einordnen.

Außerdem gibt es ausgeprägte Tag- und Nachtmenschen. Ein Viertel der Bevölkerung gehört eindeutig zum Typ »Eule« oder »Lerche«. Die Eulen gehen spät zu Bett und schlafen lange, wenn man sie lässt. Die Lerchen dagegen brauchen früh Schlaf und sind früh aktiv. Inzwischen ist belegt, dass dieser Schlaf- und Wachrhythmus genetisch bedingt ist. Trotzdem sind die morgendlichen Anfangs- und abendlichen Ausgehzeiten für alle mehr oder weniger gleich.

Sorgen Sie für ausreichend Zeit, in der Sie Ihrem eigenen Rhythmus folgen können, um den Anpassungsdruck zu reduzieren. Im eigenen Rhythmus sind Sie außerdem produktiver und empfinden das Arbeiten als weniger anstrengend.

Besonders zwischen intensiven Arbeitsphasen brauchen Sie Pausen, in denen Sie sich treiben lassen und zweckfrei Ihren Impulsen folgen können.

Feste Arbeitszeiten einplanen und gestalten

Stellen wir uns vor, Laura nimmt sich nun jede Woche einen halben Tag frei. Bisher hatte sie nämlich auch das Wochenende vollgestopft mit all den Vorhaben, zu denen sie unter der Woche nicht kam. Jetzt achtet sie darauf, dass sie freie Zeit hat für Spontanes oder Nichtstun. Die kann sie dann genießen und sich darauf freuen, anders, als wenn sie sich Zeit ›stiehlt‹.

Stellen wir uns weiter vor, Laura hat sich angewöhnt, Leerzeiten zwischen zwei Veranstaltungen in der Bibliothek zu verbringen und dort zu lesen, zu lernen oder ihre Mitschriften aufzuarbeiten. Das fällt ihr leichter, als sich zuhause noch mal hinzusetzen. Die konzentrierte Atmosphäre und Kontakte zu anderen, die regelmäßig in der Bibliothek arbeiten, motivieren sie außerdem und durch die räumliche Trennung von Arbeit- und Freizeit kann sie sich zuhause besser entspannen.

Laura hat dabei gemerkt, wie gut feste Arbeitszeiten für sie sind. Auch wenn sie für eine Prüfung oder ein Referat arbeitet, legt sie jetzt regelmäßige Arbeitszeiten als »Tabuzeiten« fest, und gruppiert zeitlich alles andere drum herum.

Feste Arbeitszeiten sind genauso wichtig wie gut ausgearbeitete Pläne.

Pläne brauchen Sie, um einen Überblick zu bekommen und ein Gefühl dafür, was im vorgegebenen Zeitrahmen zu schaffen ist.

Feste Arbeitszeiten erleichtern das Anfangen und die Konzentration.

Günstig ist das Arbeiten in Bibliotheken. Die räumliche Trennung von Arbeit und Freizeit fördert sowohl die Arbeitsmotivation als auch die Entspannung.

Im Bachelorstudium haben Sie sehr fest gefügte Zeitstrukturen. Versuchen Sie trotzdem, Arbeitszeiten möglichst Ihrem Arbeitsstil und Arbeitstyp entsprechend einzuplanen.

Beobachten Sie sich:

Wann arbeiten Sie gerne?

Wann fühlen Sie sich am fittesten?

Haben Sie ein Mittagstief?

Brauchen Sie Pausen nach den Mahlzeiten?

Neben der Art, wie Sie Energie mobilisieren und wann die günstigste Zeit dafür ist, gibt es auch unterschiedliche Aufmerksamkeitstypen. Der Linguist und Schriftsteller Umberto Eco unterscheidet in seinem zum Klassiker gewordenen Ratgeber »Wie man eine wissenschaftliche Abschlussarbeit schreibt« zwei Aufmerksamkeits- und Arbeitstypen: den polychronen (vieles gleichzeitig) und den monochronen (eins nach dem anderen).

- Der polychrone Typ oder auch »Durcheinanderesser« ist assoziativ und sprunghaft, hat meistens mehrere Ziele gleichzeitig im Auge, weil er schnell das Interesse an einer Sache verliert. Dieser Typ braucht viele Erfolgserlebnisse, um die Motivation aufrechtzuerhalten und wird durch Misserfolgserlebnisse stark demotiviert. Die sozialen Beziehungen sind oft wichtiger, als der Inhalt einer Arbeit oder Aufgabe. Er schreibt Texte oft patchworkartig und bevorzugt einen Mosaik-Arbeitsstil, das heißt: viele kurze Arbeitseinheiten.
- Der monochrone Typ oder »Nacheinanderesser« bearbeitet gerne nur eine Sache und muss sie erst zu Ende bringen, bevor er den nächsten Aspekt oder das nächste Thema ins Auge fassen kann. Dieser Typ kann sich gut und lange auf eine Sache konzentrieren, verliert sich aber oft in Perfektionismus und hält sich lange an Details auf. Er bevorzugt einen Blockarbeitsstil, mit viel ungestörter Zeit am Stück.

Heute sind die meisten Menschen gezwungen, verschiedene Anforderungen parallel zu bewältigen. Damit das nicht zu Verzettelung oder Stress führt, ist es wichtig, die

Übergänge deutlich zu gestalten. Das erleichtert den weniger Flexiblen die Umstellung und fördert bei den Sprunghaften die Konzentration.

Gestalten Sie bewusst den Anfang und das Ende von Arbeitszeiten.

Rituale helfen dabei, sich auf konzentriertes Arbeiten einzustimmen. Dazu gehört der feste Arbeitsplatz genauso wie z.B. ein bestimmter Tee oder das Freiräumen des Schreibtischs und das Bereitlegen von Material.

Setzen Sie sich am Anfang ein realisierbares Arbeitsziel und teilen Sie es in Schritte ein. Schreiben sie Ziel und Schritte auf ein Blatt und legen Sie es gut sichtbar neben Ihr Arbeitsgerät und Material. Die Orientierung daran schützt Sie vor dem Abschweifen genauso wie vor dem Sich-Verlieren im Perfektionismus.

Reflektieren Sie kurz vor Ende der Arbeitszeit, was Sie geschafft haben, und bereiten Sie das Weiterarbeiten vor. Legen Sie die nächsten Schritte fest, dann fällt Ihnen der Einstieg beim nächsten Mal leichter. Vor allem, wenn Sie eher sprunghaft sind, ist es wichtig, Anknüpfungspunkte für das Weiterarbeiten festzuhalten.

Prioritäten festlegen

Wenn die Prioritäten durch Prüfungs- oder Abgabetermine feststehen, arbeitet Laura gut mit dem Projektfahrplan (vgl. II.3). Wenn es aber keine Deadlines gibt, hat sie Probleme mit der Prioritätensetzung. Was soll sie zuerst machen? Das geht den meisten Menschen so. Ein von außen gesetzter Zeitrahmen nimmt diese Entscheidungen ab. Er begrenzt auch die Ansprüche an Umfang und Tiefe der Bearbeitung. Zeitdruck erleichtert es schließlich auch, Konzentration und Motivation aufrecht zu erhalten, vorausgesetzt, er ist nicht so stark, dass er Stress auslöst.

Auch die Alltagsbürokratie macht Laura oft zu schaffen. Oft sitzt sie vor einem Stapel Papiere, nimmt etwas in die Hand, legt es wieder weg, weil ihr zur Erledigung etwas fehlt, nimmt das nächste zur Hand usw. Am Ende ist sie genervt und unzufrieden und hat kaum etwas erledigt.

Eine Entscheidungshilfe für die Reihenfolge der Bearbeitung ist das Wichtig-Dringend-Schema

	Dringend	Nicht dringend
Wichtig	Sofort tun	Zeitpunkt festlegen für die Erledigung
Nicht wichtig	Als Nächstes erledigen	Papierkorb oder Schachtel für später

Wenn Ihnen eine Einordnung nach diesem Schema schwerfällt, arbeiten Sie zuerst alles ab, was schnell zu erledigen ist. Das schafft Erfolgserlebnisse und reduziert den Druck. Aufgaben oder Vorhaben, die schwieriger zu erledigen sind, schreiben Sie auf eine Liste mit dem Vermerk, was als nächstes zu tun ist. Gehen Sie dann die Liste durch und legen Sie die Prioritäten mithilfe des Wichtig-Dringend-Schemas fest.

Wie Konzentration entsteht

Wenn Laura sich mit Interesse und Zeit einer Sache widmet, versinkt sie irgendwann so darin, dass sie kein Bedürfnis mehr verspürt, etwas anderes zu tun, und um sich herum alles vergisst. Dieses Stadium der Konzentration nennt man Flow (Czikszentmihalyi 1995). Man wird eins mit der Sache, die man tut, die Energie ist im Fluss, alle Sinne sind darauf ausgerichtet.

In diesem Zustand fällt Laura jedes Arbeiten leicht. Nur erreicht sie ihn selten, weil sie darauf wartet, dass sie »in Stimmung kommt«, das heißt mit Lust und Konzentration zu arbeiten beginnt. Konzentration entsteht aber erst während des Arbeitens.

> Wenn Sie beginnen, sich mit einer Sache zu beschäftigen, ist die Aufmerksamkeit erst nach etwa 15 Minuten so gebündelt, dass sie vollständig auf die Sache konzentriert ist.

Diesen Zustand erreichen Sie nicht, wenn Ihre Aufmerksamkeit laufend abgelenkt wird, z.B. durch die Anzeige neuer E-Mails oder ein SMS-Eingangssignal. Warum das so ist, es aber gleichzeitig so schwer fällt, diese Reize auszuschalten, hat mit der Funktionsweise des Gehirns zu tun.

Sie befinden sich ständig in einem Meer von Reizen, und Ihr Gehirn muss Entscheidungen treffen, auf welche es die Aufmerksamkeit lenkt. Verantwortlich dafür sind eine Reihe von Hirnfunktionen, die in der Neuropsychologie als exekutive Funktionen bezeichnet werden. Sie entscheiden, welcher von den vielen Reizen und Eindrücken so wichtig ist, dass sich die Aufmerksamkeit auf ihn konzentriert und ein Handlungsimpuls entsteht. Zu diesen Hirnfunktionen gehört ein Arbeitsgedächtnis, das genau die Informationen bereithält, die Sie brauchen, um eine Handlung auszuführen. Es hat eine geringe Kapazität und ist sehr flüchtig. Eine Information wird nur zwei bis drei Sekunden lang bereitgehalten. Unterbrechungen z.B. durch ein Telefonat, eine E-Mail usw. führen dazu, dass die neuen Informationen die vorherigen verdrängen. Wenn Sie sich der vorherigen Aufgabe wieder zuwenden, müssen die notwendigen Informationen sozusagen wieder neu geladen werden und es dauert, bis man wieder »drin« ist.

Die Meldung über einen Eingang im elektronischen Briefkasten oder das Telefonklingeln belasten das Arbeitsgedächtnis aber auch dann, wenn Sie den Signalen nicht nachgeben. Und so ist es auch mit ablenkenden Gedanken und herumliegenden Materialien, die an andere Aufgaben erinnern. Das Arbeitsgedächtnis ist dann nicht voll verfügbar für die Aufgabe, auf die Sie sich konzentrieren wollen.

- Schaffen Sie sich störungsfreie Arbeitszeiten ohne Handy und Telefon.
- Schalten Sie Ihren Internetzugang immer ab, wenn Sie für Ihr Arbeitsvorhaben nicht online sein müssen.
- Sorgen Sie für einen leeren Arbeitsplatz, auf dem nur die Dinge liegen, die Sie für die aktuelle Aufgabe brauchen.

Warum es so schwer fällt, sich vom Netz abzunabeln

Angenommen, Sie sitzen gelangweilt in einer Vorlesung, sind müde von einer zu kurzen Nacht und dämmern langsam ein. Plötzlich geht die Tür auf und jemand schreit etwas in den Saal. Sofort sind Sie hellwach und aktiviert und können sich an Ihre Müdigkeit kaum noch erinnern. Das liegt an der Ausschüttung von Noradrenalin, das den Blutdruck erhöht und dadurch aktivierend wirkt. Sinnesreize, die nicht bedrohlich sind, rufen also positive Gefühle hervor und wirken stimulierend ähnlich wie das Nikotin einer Zigarette (Klein 2008). Im Bild des Rauchens geblieben, sind E-Mail-, Handy- und Telefonsignale besonders stimulierende Tabaksorten. Deshalb fällt es so schwer, die Signale abzuschalten und die Ruhe herzustellen, die man für das konzentrierte Arbeiten braucht.

Kommt es zu einem ständigen Bombardement mit Reizen, entsteht durch die vermehrte Hormonausschüttung Stress (vgl. II.2). Unter Stress versagt der Aufmerksamkeitsfilter, den das Gehirn unbedingt braucht, um Entscheidungen treffen zu können. Sie sind dann nicht mehr in der Lage, Ihre Aufmerksamkeit zu fokussieren und Wichtiges von Unwichtigem zu unterscheiden. Deshalb schwächt die alltägliche Reizüberflutung die Konzentrationsfähigkeit insgesamt und erschwert das Umsetzen von selbst gewählten Vorhaben.

Suchen Sie zum Arbeiten Räume ohne W-Lan-Empfang und lassen Sie Ihr Handy zu Hause oder in der Garderobe.

Störungen durch Gedanken und Gefühle

Es sind nicht nur die äußeren Reize und Unterbrechungen, die die Aufmerksamkeit ablenken und das Arbeitsgedächtnis belasten, sondern auch Gefühle und Gedanken. Wenn Sie emotional oder gedanklich mit einer Sache sehr beschäftigt sind, können Sie sich schlecht auf eine andere konzentrieren. Sie müssen den Kopf dann sozusagen leeren. Das ist leichter gesagt als getan, und manchmal gelingt es gar nicht. Dennoch ist es sinnvoll, es zu versuchen.

Machen Sie sich bewusst, was Sie gerade beschäftigt.
Schreiben Sie schnell und ohne Nachzudenken handschriftlich alles auf, was Ihnen dazu durch den Kopf geht. Achten Sie nicht auf den Satzbau und denken Sie nicht nach, sonst steigen Sie in die Themen ein, von denen Sie sich vorübergehend frei schreiben wollen (vgl. II.5).

Legen Sie die Blätter dann zur Seite. Entscheiden Sie sich bewusst, sich später weiter damit zu beschäftigen.

Wenden Sie sich dann der Arbeitsaufgabe zu. Wenn die Gedanken oder Gefühle wieder aufsteigen, sagen Sie innerlich: Stopp! – und arbeiten Sie weiter.

Auch ohne stark belastende Gefühle werden Ihnen während des Arbeitens ablenkende Gedanken durch den Kopf gehen. Notieren Sie sie auf einen Notizblock. Durch das schriftliche Festhalten können Sie die Gedanken loslassen und Ihr Arbeitsgedächtnis entlasten.

Pausen fördern die Konzentration

Während die Konzentration unter Unterbrechungen von außen leidet, wird sie durch selbst gewählte Pausen gefördert. Sinnvoll sind regelmäßige Pausen von zehn Minuten, in denen es auch gut ist, sich zu bewegen. Bewegung und Sauerstoff unterstützen die Hirntätigkeit. Regelmäßige Pausen verhindern ein unproduktives und verlangsamtes Vor-sich-hin-Arbeiten, das die Arbeitsmotivation nachhaltig dämpfen kann (vgl. III.3).

Motivation

Wenn Laura nicht voller Neugierde und Interesse bei einer Sache ist, ist sie unmotiviert, das heißt: Sie hat keine Lust. Richtig in Gang kommt sie erst dann, wenn sie enormen Zeitdruck hat. Kurz vor einer Deadline werden die Nachteile des Aufschiebens größer als der momentane Gewinn, den sie hat, wenn sie das ungeliebte Arbeiten vermeidet.

Langfristig gesehen verhält Laura sich unvernünftig, kurzfristig betrachtet aber nicht, denn ohne Anreiz, ohne Aussicht auf ein lohnendes Ziel, geht von den exekutiven Hirnfunktionen kein Handlungsimpuls aus. Nur wenn die Aufmerksamkeit ein Ziel findet, das sich zu verfolgen lohnt, wird der Botenstoff Dopamin ausgeschüttet, der u. a. bewirkt, dass andere Reize ausgeblendet werden.

Wie man sich motivierende Ziele schafft

Besonders lohnend sind Ziele, die kurzfristig erreichbar sind. Dafür ist es wichtig, Arbeiten in kleine Schritte zu zerlegen (vgl. II.3, III.3 und III. 6). Und lohnend sind Ziele nur, wenn sie bei Erreichen ein positives Gefühl versprechen. Wenn Sie eine ungeliebte, langweilige oder schwierige Sache erledigen müssen, wird die Aussicht, sie hinter sich zu haben, ein verlockendes Ziel sein. Stellen Sie sich zu Beginn der Arbeit vor, wie es sich anfühlt, wenn Sie mit der Arbeit fertig sind!

Wenn Sie sich vor jeder Arbeitseinheit gut erreichbare Zwischenziele setzen, verbunden mit der Aussicht auf Pausen und das angenehme Gefühl, wenn alles erledigt ist, haben Sie gute Chancen, Ihre Motivation und Aufmerksamkeit im Meer der konkurrierenden Reize aufrechtzuerhalten.

Belohnen Sie sich auch mit allem, was Ihnen Spaß macht und schreiben Sie nicht nur eine To-do-, sondern auch eine Have-done-Liste.

Lohnend wird ein Ziel auch dann, wenn Sie ein Bedürfnis befriedigen können, das mit der Sache inhaltlich vielleicht nicht viel zu tun hat. Z.B. ist man oft motivierter, einen Stapel Papiere aufzuräumen, weil das Ordnungsbedürfnis befriedigt wird, als einen schwierigen oder langweiligen Text zu lesen. Wenn dieser Text Sie aber ärgert, kann das Bedürfnis, ihn qualifiziert zu kritisieren, ein sehr starkes Motiv sein, sich mit ihm zu beschäftigen. Oft ist der Kontext, in dem ein Thema steht, interessanter als das eng umrissene Thema selbst.

Wenn Sie Themen bearbeiten müssen, die Sie völlig uninteressant finden, fragen Sie sich:

- Steht das Thema in einem größeren Kontext, der mich interessiert?
- Gibt es eine interessante Übertragungs- oder Anwendungsmöglichkeit?
- Gibt es eine interessante fachliche, wissenschaftliche oder politische Debatte um das Thema?
- Gibt es kritische Literatur oder Gegenpositionen dazu?
- Kann ich mein Desinteresse als Kritik formulieren?

Wenn Sie Ihr Studium auf prüfungsrelevantes Wissen beschränken, entgehen Ihnen häufig die spannenden Fragen und interessanten Zusammenhänge und die Motivation sinkt, denn die stärkste Motivation ist immer das engagierte Interesse (vgl. II.1 und IV.2).

Wenn es über längere Strecken nichts gibt, was Sie in Ihrem Studium tiefergehend interessiert, sollten Sie sich beraten lassen, ob Ihre Fächerwahl die richtige ist.

Überforderung und Versagensängste

Motiviert ist man nur, wenn man einen Sinn in einem Vorhaben sieht (vgl. II.2). Wer sich z.B. nicht zutraut, ein Ziel zu erreichen, hat auch keine Motivation, es zu verfolgen. Unterschwellige Versagensängste sind deshalb häufig die Ursache von Unkonzentriertheit oder der Grund für das Aufschieben von Arbeiten. Wichtig ist, sich diese Ängste bewusst zu machen (vgl. II.2, II.5 und III.8).

1. Untersuchen Sie, wie realistisch Ihre Befürchtungen sind, etwas nicht zu schaffen.
2. Schreiben Sie auf, was Sie meinen, leisten zu müssen.
3. Gleichen Sie diese Einschätzung mit der ihrer KommilitonInnen ab. Vielleicht sind Ihre Leistungsansprüche viel zu hoch?
4. Erinnern Sie sich an alles, was Sie bisher geschafft haben: Hatten Sie vorher die gleichen Sorgen, wie jetzt?

Laura hat oft Versagensängste und sie hat eine sehr geringe Frustrationstoleranz. Wenn sie auf ein Problem stößt, sinkt ihre Motivation sofort, und die Unlustgefühle werden so stark, dass sie kurz darauf das Arbeiten abbricht. Laura hat nicht gelernt, Probleme als Herausforderung und Ansporn zu betrachten. Sie kann es aber lernen, indem sie bei auftauchenden Schwierigkeiten bewusst Denkpausen macht und überlegt, wo das Problem ist und wie die nächsten Schritte sind (vgl. II.5 und III.7).

Wenn sich Schwierigkeiten auftun:

- Nehmen Sie einen Zettel und beschreiben Sie das Problem. Warum stockt das Arbeiten? Worin besteht die Schwierigkeit?
- Überlegen Sie, welcher Schritt der nächste ist.
- Wenn Sie einen Text schreiben, überlegen Sie: Was muss als nächstes gesagt werden?

Machen Sie dann eine kurze Pause mit einem kleinen Spaziergang und gehen Sie danach an die Problemlösung

nach Kruse 1999

Perfektionismus

Eng verwandt mit den Versagensängsten ist der Perfektionismus. Wenn Sie die Dinge zu gründlich machen, steckt dahinter oft mangelndes Selbstvertrauen. Laura z. B. empfindet Fehler als Versagen oder Schuld. Sie hasst es außerdem, wenn etwas nicht so gut ist, wie es sein könnte. Deshalb braucht sie oft wesentlich länger als geplant, verzettelt sich, überarbeitet Dinge wieder und wieder oder sammelt endlos Material und verliert sich darin. Ihr Perfektionismus ist auch ein Grund fürs Aufschieben. Denn erst wenn sie großen Zeitdruck hat, muss sie nicht mehr entscheiden, wann eine Sache fertig und gut genug ist: Der Zeitdruck setzt die Grenzen.

Wenn Sie zu Perfektionismus neigen, fragen Sie sich:

- Wie lange will ich daran arbeiten?
- Wie wichtig ist es mir, dass *diese* Sache *besonders* gut wird?
- Reicht es *mir* so, wie es jetzt ist?
- Wie wichtig ist es *mir*, dass es noch besser wird?
- Was passiert, wenn ich Fehler mache?

nach Plattner 1995

Wenn Sie Ihrem Zeitplan hinterherhinken

Laura kennt den Teufelskreis zur Genüge: Wenn sie die Dinge zu lange aufgeschoben hat, beruhigt sie sich damit, dass sie die Pläne umschreibt. Wo anfangs zehn Tage eingeplant waren, müssen dann sieben reichen. Auch wenn sie nicht aufschiebt, sondern gleich anfängt, dauert alles viel länger, als sie gedacht hat. Die Pläne werden also von Tag zu Tag enger.

1. Wenn Sie feststellen, dass Sie Pläne nicht einhalten, ist es unsinnig, die unerledigten Dinge in die nächsten bereits verplanten Tage hineinzustopfen. Dass dieser noch dichtere Zeitplan erst recht nicht funktioniert, ist vorprogrammiert. Stattdessen gilt es, über den Arbeitsstil nachzudenken und daran etwas zu verändern und/oder das Pensum zu reduzieren. Letzteres bedeutet: Sie müssen entscheiden, was am Wichtigsten ist und das zuerst zu tun.

2. Wenn Sie zu planen beginnen, können Sie von Ihrem ganzen Aufgabenkuchen ausgehen und ihn in Teilstücken auf die begrenzte Zeit verteilen. Ihr Arbeitstempo muss sich dann darauf ausrichten, das gesamte Pensum irgendwie zu schaffen. Das läuft meistens schief. Gehen Sie stattdessen von der verfügbaren Zeit aus! Reservieren Sie mindestens ein Fünftel davon als Puffer und reduzieren Sie den Aufgabenkuchen so, dass er in der verbleibenden Zeit zu bewältigen ist. Dann haben Sie die Chance, Ihre Pläne einzuhalten (vgl. III.3).

3. Es ist schwierig, einzuschätzen, wie lange man für eine Arbeit braucht, und es bedarf dafür viel Erfahrung. Planen Sie einmal ein paar Tage im Detail. Schreiben Sie dann auf, wie viel Zeit sie für jede der Tätigkeiten tatsächlich gebraucht haben. Sie werden erstaunt sein, wie weit Ihre Planung von der Realität abweicht. Achten Sie im Alltag darauf, denn nur so bekommen Sie mit der Zeit eine realistische Einschätzung als Planungsgrundlage.

4. Auch To-do-Listen und Zeitplanung können zu einer Form des Aufschiebens werden. Das Gefühl alles, was ansteht, notiert und damit unter Kontrolle zu haben, ist dann ähnlich befriedigend, als hätte man die Sachen erledigt, weshalb man sie samt Liste und Plan prompt »vergisst«. Wenn Sie dazu neigen, beschränken Sie sich darauf, zu Erledigendes auf Post-It-Zettel zu schreiben und kleben sie diese an die Stellen in ihrem Stundenplan, die sie als Arbeitszeiten reserviert haben.

Wie kommt man von der Einsicht zur Veränderung?

Laura hat viele Ratgeber gelesen. Sie hat jeden einleuchtenden Tipp angestrichen, den Vorsatz gefasst, »ab jetzt mache ich das soundso«, und es anschließend schnell wieder vergessen, denn nichts ist schwerer, als lang eingeübtes Verhalten zu ändern.

Wenn Sie in diesem Buch Ratschläge und Methoden finden, von denen Sie denken, dass sie zu Ihnen passen, stellen Sie sich ganz konkret vor, wie Sie diese umsetzen können. Legen Sie fest, was Sie wann ausprobieren wollen. Schreiben Sie das Vorhaben auf ein Blatt und kleben Sie es zur Erinnerung auf die Wand am Schreibtisch, den Badezimmerspiegel oder an einen anderen Platz, auf den Sie mindestens ein Mal am Tag schauen. Beginnen Sie schnell mit der Umsetzung und schreiben Sie

Ihre Erfahrungen auf. Entscheiden Sie sich dann, was Sie beibehalten wollen und integrieren Sie es bewusst in Ihren Alltag.

Um das eigene Arbeitsverhalten über einen längeren Zeitraum zu reflektieren, Arbeitsstrategien und -methoden auszuwerten und Zeitpläne zu überprüfen, ist es sinnvoll, ein Journal zu führen. Das Journal ist überhaupt ein guter Studienbegleiter. Es ist ein Zwischending zwischen Notiz- und Tagebuch. Schreiben Sie auch alles hinein, was Ihnen zu den Themen Ihres Studiums einfällt (von Werder 1993, 139 ff.) (vgl. II.3, III.3 und III.6). Je nach Vorliebe können Sie es als Kladde oder auch als Datei führen. Es hilft Ihnen, sich selbst und Ihr Studium als wichtige Lebensphase ernst zu nehmen.

Viel Erfolg!

Beate Selders

II.5 Das Wesentliche erkennen –
Schreiben als Denk- und Selbstcoaching-Methode

»Ich habe schon 17 Artikel und drei Bücher quergelesen. Mein Kopf ist voll, aber ich habe den Überblick verloren. Was ich eigentlich schreiben wollte, weiß ich längst nicht mehr.« Marc, der nach einem Seminar zum wissenschaftlichen Schreiben mit mir redete, wirkte frustriert und erschöpft. Er arbeitete an seiner Bachelorarbeit und kam nicht mehr voran. Ähnliches höre ich immer wieder von Seminarteilnehmenden und KlientInnen.

Wissenschaftliche Arbeiten und Klausuren schreiben, Texte lesen und verstehen, immense zeitliche Anforderungen bewältigen: Als Bachelor-StudentIn müssen Sie lernen, eine Fülle von Informationen auszuwerten, in das eigene Denken zu integrieren und den eigenen Standpunkt zu finden. Zugleich werden Sie von kleinen und großen Aufgaben des Lebens herausgefordert, etwa bei der Kommunikation und Beziehungsgestaltung mit DozentInnen und KommilitonInnen, bei Fragen zu Ihrer Zukunft, bei den Versuchen, Praktika, Job und Studium unter einen Hut zu bringen und Zeit für Freunde und Familie zu erübrigen.

In diesem Beitrag erfahren Sie, wie Sie Schreiben als Lern- und Selbstcoaching-methode nutzen können und dabei vielfach gewinnen: Sie denken komplexer und konzentrierter, generieren neue Ideen und lernen, die eigenen Gedanken schneller und unverbauter zu formulieren. Schreiben hilft Ihnen dabei, den wohl wichtigsten Kompass für Fokussierung zu finden: den eigenen Standpunkt. Auch als Selbstcoachingmethode lässt sich Schreiben nutzen: um Probleme des Alltags zu begegnen, sie tiefer zu verstehen, sich selbst Fragen zu beantworten und Lösungen auch ohne fremde Hilfe zu finden. Beispiel Selbstmotivation: Viele gehen ihre Schreibaufgaben auf den letzten Drücker und mit Nächte-Durcharbeiten an. Diese »Aufschieberitis« verhindert ausgereifte Gedanken und Texte. Zugleich leiden viele Schreibende daran. Mit Schreiben können Sie auf neuen Wegen versuchen, das Vermeidungsverhalten zu verändern.

Vielleicht bekommen Sie mit den Übungen Lust auf ein Schreiben jenseits des Zwangs, es müsse ein perfekter Text entstehen. In meinen Seminaren und Coachings erlebe ich immer wieder, wie begeistert die Teilnehmenden sind, wenn sie zum ersten Mal systematisch Techniken des reflektierenden Schreibens anwenden: »Das hatte ich nicht erwartet, dass ich so schnell drauflosschreiben kann und trotzdem was Gutes dabei rauskommt«, sagte ein Student, der sich schwertat, überhaupt mit dem Schreiben zu beginnen. »Das macht ja direkt Spaß«, äußerte eine andere Seminarteilnehmerin. Und Marc, den ich eingangs erwähnte, begann durch diese Art des Schreibens, seine Überforderung Schritt für Schritt abzubauen. Ich spreche auch aus eigener Erfahrung. Als Autorin von Fach- und Sachbüchern nutze ich das reflektierende Schreiben mit großem persönlichem und beruflichem Gewinn – eine starke Motivation für mich, diesen Ansatz zu verbreiten.

Schreibdenken – die andere Denkmethode

Der US-amerikanische Autor Edward Albee hat einmal gesagt: »Ich schreibe, um herauszufinden, worüber ich nachdenke!« Das Zitat bringt auf den Punkt, wie man Schreiben als Denkmethode einsetzt: Durch Schreiben werden die eigenen Gedanken in konkrete Worte gefasst, man sieht sich quasi selbst beim Denken zu. Aber Schreiben als Denkmethode bedeutet mehr, als das eigene Denken zu erkennen und zu dokumentieren. Denn »Writing shapes thinking and thinking shapes writing« – so hat es die finnische Schreibforscherin Kristi Lonka formuliert: Nicht nur dokumentieren wir schreibend unser Denken, sondern das Denken verändert sich wiederum durch das Schreiben.

Diese Art des Schreibens gibt es schon lange. Neuere Wurzeln reichen bis zum Ende des 19. Jahrhunderts in die Psychologie zurück. Das »automatische Schreiben« wurde schon damals angewandt, um durch freies Assoziieren Unbewusstes zu Tage zu fördern. In den 1960er Jahren kam im Kontext der Hochschuldidaktik der Begriff des »Freewriting« auf.

Ich habe nach einem Wort gesucht, das die Aspekte des Schreibens und Denkens auf griffige Weise vereint. Durch Bezeichnungen wie entdeckendes Schreiben, schreibend lernen, automatisches Schreiben oder reflexives Schreiben bin ich schließlich auf den Begriff »Schreibdenken« gekommen, den ich im Weiteren verwende. Er bezeichnet sowohl den Prozess des Weiterdenkens beim Schreiben als auch die Methoden, die dabei helfen.

Vielleicht nutzen Sie längst Techniken des Schreibdenkens, möglicherweise, ohne sich darüber bewusst zu sein?

Anregung: Ideen beim Schreiben entwickeln

Kennen Sie Situationen, in denen Sie während des Schreibens plötzlich auf neue Ideen gekommen sind? Wann geschieht das? Vielleicht, wenn Sie gerade eine E-Mail oder Tagebuch schreiben oder wenn Sie sich Notizen zu einem wissenschaftlichen Text machen? Beobachten Sie sich in der nächsten Zeit einmal selbst dabei, wie Ihre Gedanken sich verhalten, wenn Sie schreiben und wann dabei etwas Neues entsteht.

Solche Situationen können Sie auch bewusst herbeiführen. Z. B., indem Sie sich mit KommilitonInnen zu einem fachlichen Austausch per E-Mail verabreden oder indem Sie Ihre Notizen zu einem wissenschaftlichen Text besonders ausführlich aufschreiben.

Denkprozesse sind kompliziert und lassen sich nicht so leicht nachvollziehen, obwohl wir ohne Unterlass damit beschäftigt sind. Zwei weitere Denkmethoden setze ich deshalb in Beziehung zum Schreibdenken: das »klassische« Nachdenken allein und ohne äußere Hilfsmittel sowie das Denken im Gespräch.

Denken ohne Hilfsmittel

Das Denken ohne Hilfsmittel geht oft im lautlosen inneren Dialog vonstatten. Eine faszinierende und jedem vertraute Form des Denkens. Doch sind diese Gedanken mitunter äußerst wankelmütig: Sie springen assoziativ von einem Thema zum anderen. Somit ist ein deutlicher Vorteil des Denkens zugleich sein größter Nachteil: Es geht so schnell und leicht, dass es oft schwer fällt, mit einem Gedankengang auf Kurs zu bleiben.

Denken im Gespräch

»Über die allmähliche Verfertigung der Gedanken beim Reden« heißt ein berühmt gewordener Aufsatz des deutschen Dichters Heinrich von Kleist, den er um 1805 verfasst hat. Darin beschreibt er, wie sich während des Redens mit einem anderen Menschen, der einfach zuhört, »verworrene Vorstellungen« nach und nach »zur völligen Deutlichkeit« ausprägen, und sich schließlich eine Erkenntnis entwickelt, die zuvor nicht da war. Neues Wissen wird geboren. Das Weiterdenken im Gespräch ist eine großartige Möglichkeit, um Ideen voranzubringen und zu neuen Erkenntnissen zu gelangen.

Denken beim Schreiben

Doch unter bestimmten Bedingungen kann das Schreibdenken die bessere Option für das Denken sein. Bevor Sie also erfahren, wie Schreibdenken funktioniert, lesen Sie hier, wann Schreiben als Denkmethode passt:

- Wenn Sie auf neue Ideen zu einem Thema, zu einer Frage kommen möchten.
- Wenn Sie ins Schreiben kommen wollen, obwohl Sie gerade mit Ihren Gedanken woanders sind.
- Wenn Sie keine/n GesprächspartnerIn haben – denn als Schreibende/r können Sie sich selbst aufmerksam zuhören.
- Wenn Sie eher introvertiert sind und das gemeinsame Nachdenken im Gespräch sie verunsichert, anspannt und von Ihren Gedanken entfernt – beim Schreiben können Sie unbewertet denken.
- Wenn sich Ihre Gedanken im Kreis drehen, leicht abschweifen und nichts Neues dabei entsteht: Methoden des Schreibdenkens helfen Ihnen, in tiefere Denk- und Bewusstseinsschichten vorzudringen.
- Wenn Sie komplexe Denkanforderungen vor sich haben: Schreiben hilft, konzentriert bei einer Sache zu bleiben und viele Aspekte zugleich im Blick zu behalten.

Wie Schreibdenken geht

Die Grundhaltung bei der Anwendung von Schreibdenk-Methoden ist von einer Neugier darüber geprägt, was sich auf das Papier schreiben wird. Es geht um die Gedanken, die noch nicht fertig im Kopf bereitliegen. Das Schreiben geschieht assoziativ. Jeder Satz, jedes Wort kann einen neuen, vorher nicht erahnten Gedanken hervorrufen, der es wert ist, aufgeschrieben zu werden.

Deshalb ist es wichtig, dass Sie schnell und unzensiert schreiben, dass Sie sich erlauben, alles, wirklich alles aufzuschreiben, was Ihnen durch den Kopf schießt. Die Möglichkeiten der bewussten – oder öfter sogar unbewussten – Selbstzensur sind jedoch mannigfaltig. Viele Schreibende müssen das Nicht-Zensieren regelrecht trainieren. Schreibdenken sollte deshalb immer privat geschehen. Das Textprodukt ist nie ein öffentlicher Text.

Mit der folgenden Übung probieren Sie eine Variante des Freewriting aus, das fokussierte Freewriting. Sie konzentrieren sich dabei auf ein bestimmtes Thema, kommen ins Schreiben und aktivieren dazu Ihr Wissen. Sie bringen Zusammenhänge unzensiert auf Papier oder Festplatte und dringen so immer weiter zu dem vor, was Ihnen an einem Thema oder einer Fragestellung das Wichtigste ist. Als letzten Schritt halte ich es für sehr wichtig, das Ergebnis mit einem Kernsatz festzuhalten, der Sie auf das Wesentliche Ihres Textes fokussiert und durch den Sie auch später auf einen Blick erkennen können, wohin Sie das Freewriting geführt hat.

> Übung: Fokussiertes Freewriting
>
> 1) Überlegen Sie sich ein Thema, zu dem Sie etwas Neues oder einen wichtigen Punkt herausfinden wollen. Das kann ein wissenschaftliches Thema sein oder auch eine persönliche Frage.
>
> 2) Formulieren Sie eine Überschrift als Frage auf einem Blatt Papier oder in einer neuen Textdatei. Z. B.: »Was ist mein wichtigstes Argument für die Hausarbeit?« oder »Wie gelingt es mir, mit mehr Spaß für das Studium zu lernen?«
>
> 3) Nun schreiben Sie fünf Minuten lang. Stellen Sie sich dafür ruhig einen Wecker, so vermeiden Sie ausuferndes Schreiben. Dokumentieren Sie beim Schreiben möglichst eins zu eins Ihre Gedanken. Schreiben Sie so schnell wie möglich: Sie lassen die Hand nicht ruhen. Sie lesen nicht zurück. Sie achten nicht auf Rechtschreibung oder Zeichensetzung.
> Wenn Sie merken, dass Sie abdriften oder dass Ihnen nichts mehr einfällt, dann wiederholen Sie das letzte Wort, schreiben die Überschrift nochmals auf oder schreiben Sie »Mir fällt gerade nichts ein«, oder: »Was noch?« – und schon gehen die Gedanken weiter.
>
> 4) Nach dem eigentlichen Schreiben kommt ein ebenso wichtiger Arbeitsschritt, die Auswertung: Sie lesen Ihren Text noch einmal durch und markieren intuitiv, was Ihnen am bedeutsamsten erscheint – einen Satz, ein paar Wörter oder nur ein Wort.
>
> 5) Anschließend nehmen Sie dieses Material zur Grundlage für einen zusammenfassenden Kernsatz – einen griffigen, kurzen Satz, den Sie unter Ihren Text schreiben.

Clara, eine Studentin im zweiten Semester, begann täglich solche kurzen Schreibdenktexte zu schreiben – mit dem Ergebnis, dass sie immer mehr darüber herausfand, was Ihr das Wichtigste war, worüber sie schreiben wollte. Bald verspürte sie einen enormen Motivationsschub und zunehmend Lust zum Schreiben. Bei ihr war das geschehen, was beim Thema Schreibmotivation regelmäßig eintritt: Motivation entsteht durch Tun. Das funktioniert schon mit nur fünf Minuten täglich. Oder fünf Minuten dreimal die Woche. Probieren Sie es zwei Wochen lang aus!

Schreibdenken als Selbstcoaching-Methode

Gehören Sie auch zu dem Gros der Menschen, die das Schreiben so lange wie möglich aufschieben und erst auf den letzten Drücker Ihre Texte zu Papier bringen? Oder beginnen Sie gut motiviert und bleiben mittendrin hängen, weil Sie mit einem inhaltlichen Problem nicht weiterkommen? (Vgl. II.4).

Wenn ja, dann könnte es ein kleiner Trost sein, dass Sie sich damit in guter Gesellschaft befinden: Es gibt kaum WissenschaftlerInnen, JournalistInnen oder SchriftstellerInnen, die nicht schon einmal Texte vor sich hergeschoben oder sich damit gequält hätten. Hugo von Hofmannsthal beschrieb, dass ihm die Worte wie modrige Pilze im Mund zerfielen. Gustave Flaubert, ein anderer Dichter, strich so viele Worte aus, wie er schrieb, und Virginia Woolf dokumentierte ihre Schreibblockaden ebenso eindringlich wie Sigmund Freud (vgl. III.7).

Was auch immer Sie ablenkt, hemmt oder blockiert: Mit Methoden des Schreibdenkens können Sie versuchen, für sich allein nach Ursachen und Lösungsansätzen zu forschen. Z.B., indem Sie sich mit einem fokussierten Freewriting nach den Gründen für das Aufschieben fragen: »Warum habe ich es letzte Woche nicht geschafft, die Hausarbeit zu schreiben, obwohl ich es mir vorgenommen hatte?«

Jan, ein Klient von mir, kam durch ein solches Freewriting auf die Idee, dass seine Tendenz zum Aufschieben mit seinem Arbeitsplatz zusammenhängen könnte: Er schrieb seine wissenschaftlichen Arbeiten in der Bibliothek, weil er in seiner Wohngemeinschaft keine Ruhe zum Arbeiten fand. Doch aufgrund seiner Introvertiertheit war auch die Bibliothek viel zu ablenkend für ihn. Schließlich zog er sich für konzentriertes Arbeiten in das Dachzimmer im Haus seiner Eltern zurück. Dort konnte er sich bei Bedarf verpflegen lassen und fand die absolute Ruhe, die er zum Schreiben dringend benötigte.

Die Perspektive wechseln

Eine weitere Möglichkeit, sich mit Schreibdenken selbst zu coachen, ist der Perspektivwechsel. Damit können Sie neue Standpunkte einnehmen und auf Ideen kommen, die Ihnen in Ihrer Ich-Rolle eher nicht einfallen würden. Susanne stellte z.B. fiktiv ihrem Betreuer die Frage, was er ihr raten würde, um weniger vom Thema abzuschweifen. Der Betreuer, den sie sehr bewunderte, dem sie aber diese Frage im realen Leben nie zu stellen gewagt hatte, antwortete ihr in seinem Text geradeheraus, dass er vermute, sie drücke sich vor Entscheidungen und wolle deshalb alle inhaltlichen Aspekte einbauen, anstatt weniger Wichtiges wegzulassen. Nach der Perspektivwechsel-Schreibübung war Susanne selbst verblüfft, dass sie nicht schon früher darauf gekommen war. Nun konnten wir gemeinsam überlegen, warum sie diese Entscheidungsschwäche hatte und wie sie zu verändern wäre.

> **Perspektivwechsel**
>
> Überlegen Sie sich eine Frage, ein Thema, ein Problem, mit dem Sie weiterkommen möchten. Schreiben Sie dies als Überschrift auf.
>
> Nun überlegen Sie, von wem Sie in dieser Sache etwas lernen könnten: Wer ist für Sie in dieser Frage ein Vorbild?
>
> Versetzen Sie sich in diese Vorbild-Person und schreiben Sie aus deren Perspektive einen kurzen Rat gebenden Text an sich selbst als Ratsuchende, etwa so:
>
> »Lieber …, ich an deiner Stelle würde ganz anders an diese Sache herangehen. Nämlich …«

Wenn Sie den Text fertig geschrieben haben, markieren Sie das Wichtigste und halten es in ein oder mehreren Kernsätzen fest.

Mit dieser Übung haben Sie einen Perspektivwechsel hin zu einer anderen Person vollzogen. Ebenso können Sie auch Ihre eigene Perspektive in die Zukunft verlegen: Was würden Sie sich selbst aus dem Blickwinkel in fünf, in zehn Jahren oder am Ende Ihres Lebens raten?

Den inneren Kritiker zu Wort kommen lassen

Der Dialog mit dem inneren Kritiker ist eine weitere Möglichkeit für Selbstcoaching. Meist führen wir einen stummen gedanklichen Dialog mit ihm. Diesen aufzuschreiben heißt, ihn sich bewusst zu machen – um ihn dann auch verändern zu können. Der Kritiker ist häufig ziemlich streng, demotivierend und abwertend. Gerade beim Schreiben wird er oft laut und störend.

Verena etwa wurde durch das Aufschreiben dieser Dialog erst richtig bewusst, während sie im Beratungsgespräch kaum einen Zugang zu kritischen Selbstbewertungen fand. Dadurch, dass sie im Alltag in einem Notizbuch festhielt, was ihr innerer Kritiker äußerte, konnte sie in der Beratung darüber sprechen und herausfinden, woher diese abwertende Stimme kam. In weiteren Schreibübungen setzte sie der Stimme positive Argumente entgegen und entkräftete ihre Wirkung. Irgendwann war sie nur mehr eine produktive Begleitung, die ab und zu ihre legitime Funktion erfüllte – und ansonsten schwieg.

Schreibdenken mit Text-Bild-Kombinationen

Die bisher vorgestellten Methoden sind orientiert an Worten, an Sätzen, an Sprache. Es gibt aber auch andere Formen des Schreibdenkens – etwa mit Text-Bild-Kombinationen. Wenn Sie Text mit Bildelementen verbinden, erhöhen sie damit Ihre Denkleistung, denn sie aktivieren verschiedene Areale des Gehirns. Zudem brechen Sie aus ihrer Schreib- und Denkroutine aus. Schon allein dadurch schaffen Sie günstige Möglichkeiten für Problemlösung, Fokussierung und kreatives Denken.

Es gibt dazu ein schönes Beispiel von Charles Darwin: »I think«, schrieb er 1837 in sein Notizbuch, begann einen kleinen unscheinbaren Stammbaum zu zeichnen und ihn mit Text zu beschriften. Als Leitmotiv seiner gesamten späteren Evolutionstheorie wurde diese Notizseite schließlich berühmt. Sie finden seine Denkskizze im Internet: Charles Darwin (1837): »Tree of Life«, im ›Notebook B‹.

Weitere Text-Bild-Kombinationen sind die Methoden Clustering und Mindmapping.

Cluster

Bei einem Cluster schreiben Sie ein zentrales Wort in die Mitte eines Blattes und bilden davon ausgehend Assoziationsketten. Ist eine Kette fertig, beginnen Sie mit der nächsten, wiederum ausgehend vom Kernwort. Es entsteht in wenigen Minuten ein Textbild zu einem Thema, das einen bildhaften Eindruck hinterlässt und auf anderen Denkwegen entstanden ist als etwa eine linear verfasste Assoziationsliste.

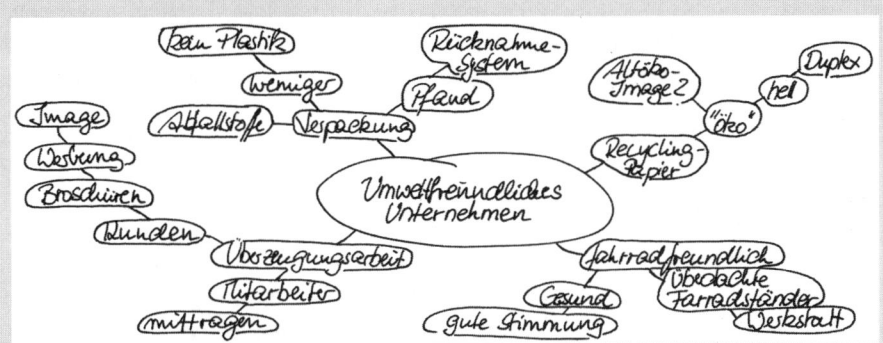

Beispiel für ein Cluster, Scheuermann 2009

Mindmap

Bei einer Mindmap notieren Sie – ähnlich wie beim Cluster – von einem Kernwort in der Bildmitte ausgehend auf Haupt- und Nebenästen Schlüsselwörter. Die Äste verzweigen sich immer weiter nach außen. Hier entsteht im Gegensatz zum Cluster bereits eine Hierarchie durch die Anordnung auf Ästen verschiedener Ordnung.

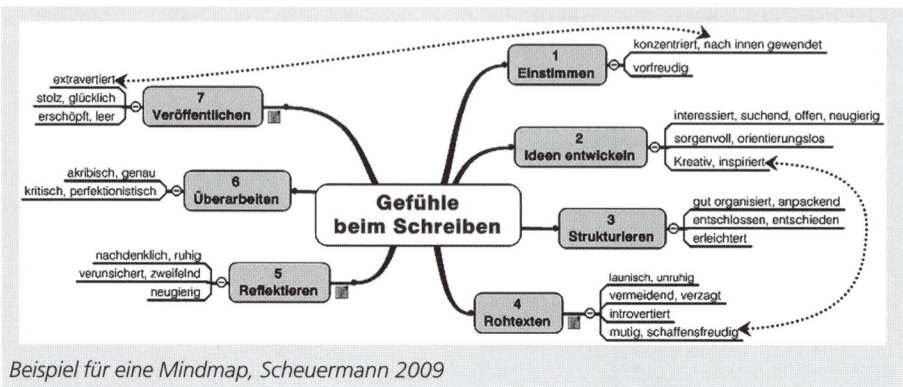

Beispiel für eine Mindmap, Scheuermann 2009

Schreiben mit Tastatur, Stift oder Diktiergerät?

Gerade beim Schreibdenken spricht vieles dafür, das gute alte Notizbuch und einen Stift für das Schreiben zu nutzen. Diese Schreibausrüstung ist in der Regel schneller zur Hand, auch in Momenten, in denen Sie nicht am Computer sitzen. Und Sie können damit leichter schnelle Denkskizzen anfertigen. Eine weitere Möglichkeit für das schnelle Festhalten wichtiger Gedankenblitze ist der Einsatz eines Diktiergerätes – auch viele Handys verfügen inzwischen über diese Funktion. So müssen Sie nicht beim Überqueren einer Ampel oder beim Joggen Ihren Stift zücken. Die meisten sind später froh, dass der gute Gedanke nicht weg ist, denn Ideen haben die Angewohnheit, gerade dann aufzutauchen, wenn man nicht am Schreibtisch sitzt.

Nutzen Sie das reflektierende Schreiben, um damit weiter und tiefer zu denken. Denn wenn Sie Schreiben als Denkmethode konsequent verwenden, denken Sie lustvoll und kreativ, eignen sich Wissen leichter an und fokussieren sich auf das Wesentliche. Und apropos »Motivation entsteht durch Tun«: Wie wäre es mit fünf Minuten Schreibdenken – jetzt gleich?

Ulrike Scheuermann

II.6 Wenn die Uni fremdes Terrain ist – Studieren in der ersten Generation

Zahlen sind etwas Schönes, Zahlen sind handfest und machen Verhältnisse sichtbar. Nach der letzten Sozialerhebung des Deutschen Studentenwerks (Isserstedt et al. 2010) kommen von zehn StudentInnen nur zwei aus Familien ohne akademische Tradition. Während die vielen anderen in die Fußstapfen ihrer Eltern treten, betreten sie Neuland. Das heißt in dem Fall, sich von der sozialen Herkunft weg in einen neuen sozialen Raum zu bewegen, der geprägt ist von einem fremden Habitus. Das kann Unsicherheit erzeugen: Wie diese erlebt wird, beschreibt Vivien Salome Hinz, Mentorin bei ArbeiterKind.de, sehr plastisch: »Ich wollte ja nur studieren, aber ich dachte, ich falle auf jeden Fall auf, allein indem ich den Mund aufmache. Ich dachte, bei mir steht Assi auf der Stirn. Obwohl ich gut angezogen war.«

Kinder aus »bildungsfernen« Familien, »kleinen Verhältnissen«, Arbeiter- und Gastarbeiterkinder, aber auch die aus der nicht-akademischen Mittelschicht haben an diesem Punkt ähnliche Ankunftsschwierigkeiten im akademischen Milieu. Nur dass die StudentInnen mit dem sogenannten Migrationshintergrund noch mehr in der Minderheit sind: weniger als ein Zehntel schafft es an die Hochschule.

Seit den 70er Jahren wird mit der einen oder anderen Maßnahme mal mehr, mal weniger beherzt versucht, die Quote der Universitäts-Neulinge zu heben. Auch die Bologna-Reform hat eine »soziale Dimension«, das heißt den Anspruch, Ungleichheiten beim Zugang zu Bildung zu nivellieren. Der Wissensgesellschaft fehlen die qualifizierten Fachkräfte. In Deutschland soll die Akademikerquote von derzeit 21 Prozent auf 40 Prozent pro Jahrgang steigen – in anderen, vergleichbaren Industrieländern wie den Niederlanden, Dänemark und Großbritannien ist sie längst so hoch (OECD-Studie 2009). Dafür werden seit 2009 verstärkt Mittel bereit gestellt. Die Bundesregierung hat den sogenannten Begabtenförderwerken 20 Millionen Euro zusätzliche Stipendiengelder zugesprochen und das BAföG soll angehoben werden.

Studienfinanzierung

Dass die Studienfinanzierung das größte Problem für Studierende nicht-akademischer Herkunft ist, bestätigt Katja Urbatsch. Sie gründete vor gut eineinhalb Jahren das Portal ArbeiterKind.de, um Nicht-Akademikerkindern den Zugang an die Hochschule zu erleichtern. Diese würden häufig nicht einmal BAföG in Anspruch nehmen wollen, so Katja Urbatsch, da es in Familien, die keine hohe Einkommenserwartung haben, nicht üblich sei, Schulden zu machen.

Stipendien

Die Chancen auf ein Stipendium stehen besser als jemals zuvor. Lassen Sie sich nicht von dem Wort »Begabtenförderungswerke« abschrecken. Mit Begabtenförderungswerken sind die zwölf staatlich finanzierten Stiftungen gemeint, die Studierende fördern. Was die Wenigsten wissen:

Stipendien werden nicht nur nach Schul- und Studiennoten vergeben. Wenn Ihre Noten mindestens im Zweier-Bereich liegen, lohnt eine Bewerbung auf jeden Fall. Es zählt immer der sogenannte »Gesamteindruck«. Besonders gut stehen die Chancen auf ein Stipendium, wenn Sie als erste oder erster in Ihrer Familie studieren. Mittlerweile gibt es auch einige Stipendienprogramme für Menschen mit Migrationshintergrund. Die großen, staatlich unterstützten Förderwerke mit ihrer jeweiligen gesellschaftlichen Ausrichtung finden Sie auf den Seiten des Bundesministeriums für Bildung und Forschung: »Stipendium Plus – Begabtenförderung im Hochschulbereich«, www.begabte.de. Auf der Plattform www.arbeiterkind.de finden Sie Erfahrungsberichte von StipendiatInnen aller Förderwerke.

BAföG

Ausführliche Informationen über das BAföG bieten das Internetportal www.dasneue-bafoeg.de des BMBF sowie die Internetseite Studis-online.de, die auch den BAföG-Rechner www.bafoeg-rechner.de bereitstellt. Das BAföG ist elterneinkommensabhängig und muss nach dem Studium zur Hälfte zurückgezahlt werden. Wenn das Studium mit sehr guten Noten oder besonders schnell abgeschlossen wird, belohnt dies der Staat mit einem Nachlass. Lassen Sie sich von den BAföG-ExpertInnen Ihres lokalen Studentenwerks beraten.

Initiativen

ArbeiterKind.de

Die seit Mai 2008 bestehende Initiative ArbeiterKind.de ermutigt SchülerInnen nicht-akademischer Herkunft zum Studium und unterstützt Studierende auf ihrem Weg zum erfolgreichen Studienabschluss. Sie hat bereits zahlreiche Preise erhalten und macht auf bisher einzigartige Weise die breitere Öffentlichkeit auf Missstände im deutschen Bildungssystem aufmerksam. Hauptziel ist es, mehr SchülerInnen zum Studium zu bewegen, Ihnen Möglichkeiten der Studienfinanzierung vorzustellen und Studierende durch ein MentorInnenprogramm zu unterstützen. In bereits 70 Städten finden regelmäßige Ortsgruppen-Treffen statt, zu denen jede/r mit seinen/ihren Fragen hingehen kann. Im April 2010 waren bereits 1300 MentorInnen für ArbeiterKind.de aktiv.

Als bundesweit erste Hochschule stellte die Justus-Liebig-Universität Gießen der Initiative im März 2010 einen Raum zur Verfügung, um eine Beratungsstelle für Studieninteressierte und Studierende aus hochschulfernen Elternhäusern direkt vor Ort einzurichten. Ob es davon in Zukunft noch mehr geben wird?

FiKuS

»FiKuS – Das Referat für finanziell und kulturell benachteiligte Studierende« an der Uni Münster ist das erste und bislang einzige Referat für studierende Arbeiterkinder an einer Hochschule in Deutschland. Das Referat verfügt über einen Etat und eine kleine Bibliothek mit Literatur zum Thema Bildungsbenachteiligung von Arbeiterkindern. Vor Ort arbeitet es mit der Münsteraner Gruppe von ArbeiterKind.de zusammen. Zweimal im Jahr wird das Journal »The Dishwasher« herausgeben.

Ankommen im akademischen Milieu

Was sind typische Ankommens-Probleme und wie lassen sie sich meistern? Ich habe Gespräche mit »Arbeiterkindern« geführt und typische Momente, in denen die ungleichen Ausgangslagen besonders stark wahrnehmbar sind, zu Anregungen oder konkreten Tipps verarbeitet:

Herzlichen Glückwunsch!

Zuallererst: Sie haben es geschafft, ein Studium zu beginnen. Womöglich als Erste oder Erster in Ihrer Familiengeschichte. Herzlichen Glückwunsch! Das ist großartig und eine gute Grundlage für Selbstsicherheit und Zuversicht. Machen Sie sich das immer wieder bewusst und vertrauen Sie auf Ihre Stärken, denn Sie haben vermutlich einige Hürden überwinden müssen, um so weit zu kommen. Eigentlich sollte Ihre Hochschule eine Willkommensfeier für Sie veranstalten. Da das nicht der Fall ist: Überlegen Sie, wie und mit wem Sie diesen Schritt feiern möchten.

Finanzierung/Job

Wenn Sie zu wenig Geld für Ihr Studium haben und sich noch nicht ausreichend über BAföG oder Stipendien informiert haben, dann ist es dafür noch nicht zu spät!

Wenn Sie neben dem Studium arbeiten müssen, könnten Sie vielleicht eine Tutorenstelle oder eine Stelle als studentische Hilfskraft einnehmen. Das schafft neben dem Gelderwerb sehr gute Kontakte zu Lehrenden oder KommilitonInnen und eine intensivere Bindung an die Hochschule. Genau über diese Kontakte verfügen »Arbeiterkinder« in der Regel nicht. Passen Sie auf bei Jobs, die Sie nur wegen des Geldes machen. Wenn Sie dafür viel Zeit und Kraft brauchen, aber weder gute Kontakte knüpfen noch besondere Kompetenzen erwerben, sollten Sie überprüfen, ob es wirklich dieser Job sein muss.

Soziales Klima

Wenn Sie unter dem sozialen Klima an Ihrer Hochschule leiden, Ihnen die Sprache fremd bleibt und Sie sich auch nach den ersten Semestern nicht wohlfühlen, dann überprüfen Sie, ob es Möglichkeiten der Vernetzung gibt, die Sie noch nicht genutzt haben: Suchen Sie sich Gleichgesinnte. Kontakte zu KommilitonInnen entstehen an Hochschulen leicht über die Zusammenarbeit in Referats- oder Arbeitsgruppen, Mitwirkung in den Fachschaften oder anderen Studierenden-Initiativen sowie über Zugehörigkeiten, etwa in politischen oder kulturellen Organisationen.

Vergessen Sie nicht, dass alle anderen auch zum ersten Mal an der Uni sind und auch nicht alles wissen. Sprechen Sie auch mit Studierenden aus höheren Semestern, am Besten auch mit solchen, die einen ähnlichen Hintergrund haben wie Sie. Kontakte zu Lehrenden entstehen oft durch positive Begegnungen in der Sprechstunde und/oder dadurch, dass Sie ihnen in Lehrveranstaltungen auffallen.

Akademische (Fremd-)Sprache

Wenn Sie ungern an Diskussionen teilnehmen, selten Fragen stellen oder selten Fragen von Lehrenden beantworten, kann es helfen, dies in einem kleineren Kreis von KommilitonInnen auszuprobieren (vgl. III.4). Sehr empfehlenswert sind Rhetorik- oder Schauspiel-Kurse (z.B. beim Career Center, der Volkshochschule), um sich im Reden vor Publikum zu stärken (vgl. III.8). Betrachten Sie die akademische Sprache ruhig als Fach- oder Fremdsprache, die Sie erlernen wollen, und nutzen Sie dafür die Techniken des Fremdsprachenlernens wie Wortschatzarbeit, Rollenspiele usw. Überprüfen Sie auch Ihren Anspruch: Wollen Sie verdammt klug wirken? Oder lieber verstanden werden? In Bezug auf die sogenannte Wissenschaftssprache herrscht im deutschsprachigen Raum leider nach wie vor sehr viel Unsicherheit. In der Schreibdidaktik gilt schon lange die Devise: Alle noch so komplizierten wissenschaftlichen Zusammenhänge lassen sich einfach bzw. verständlich formulieren. Dies gilt erst recht für die mündliche Kommunikation.

Studienbewältigung

Haben Sie Schwierigkeiten mit der Studienbewältigung, beim Lernen, Schreiben, oder der Erstellung eines realistischen Stundenplans? Zögern Sie nicht lange und fragen Sie um Rat, wenn Sie nicht weiterkommen. Betrachten Sie Ihre Bereitschaft, sich beraten zu lassen, nicht als Beweis Ihrer Inkompetenz oder Defizit Ihrer Herkunft, sondern als intelligente Lösungsstrategie (vgl. II.3).

Vergessen Sie nicht, dass Studierende mit akademischem Hintergrund ihre Familien oder deren Bekanntenkreis um Rat fragen können. Institutionelle Beratungsangebote sind ein guter Ersatz für mangelnde Unterstützung dieser Art und an jeder Hochschule zahlreich gegeben: Studienberatung, Studienfachberatung, Schreibberatung, Fachschaften, Studentenwerke, Studierenden-Initiativen oder -Vereine, MentorInnenprogramme und Alumni-Netzwerke, Frauenbeauftragte, Psychologische Beratung u. a. Nutzen Sie sie, denn dafür sind sie da (vgl. III.9)!

Kontakte knüpfen für die wissenschaftliche Laufbahn

Haben Sie Geschmack an einer wissenschaftlichen Laufbahn gefunden? Bringen Sie sich in das Bewusstsein von ProfessorInnen und möglichen MentorInnen und fragen Sie auch nach Projekten in Wissensgebieten, für die Sie sich besonders interessieren. Wenn Sie sich nicht richtig trauen: Suchen sie nach WissenschaftlerInnen, die eine ähnliche Biografie haben. Das hilft, die Hemmschwelle herabzusetzen.

Kontakte knüpfen für den Berufseinstieg

Vergessen Sie nicht, dass die Zeit an der Hochschule nur ein kleiner Ausschnitt Ihres Lebens ist. Beim Übergang auf den Arbeitsmarkt kann Sie das Career-Center Ihrer Hochschule unterstützen und beratend begleiten. Wenn Ihre Eltern TaxifahrerInnen, FabrikarbeiterInnen oder VerkäuferInnen sind, dann haben sie in der Regel nicht die Kontakte, die Ihnen auf Ihrem beruflichen Weg als AkademikerIn weiterhelfen können. Deshalb ist es umso wichtiger, sich ein gutes Netzwerk unter KommilitonInnen zu schaffen. Kontakte in der von Ihnen bevorzugten Branche können Sie durch Praktika, den Besuch von Berufsinformationsveranstaltungen oder Job-Messen knüpfen (vgl. IV.2).

Fremdheitsgefühle und Klischees abbauen

Fühlen Sie sich bei Ihrer Familie immer weniger zu Hause? Kann sie nichts mit Ihrem Fach anfangen? Wird Ihnen vorgeworfen, dass Sie plötzlich so komisch sprechen? Von solchen und anderen Erfahrungen berichten »Arbeiterkinder«. Eventuell lohnt es sich, für die anderen Brücken zu bauen: Beschreiben Sie den Alltag an Ihrer Hochschule, wofür Ihr Studienfach gut ist, womit sich die Forschung beschäftigt und was das für Auswirkungen auf das Leben außerhalb des Elfenbeinturms haben kann. Lassen Sie die anderen teilhaben an Ihrer Begeisterung, Ihren Zweifeln und Ihren Schwierigkeiten.

Andersrum können Sie auch mal versuchen, »Akademikerkindern« oder DozentInnen von Ihrem Spagat zwischen den Welten zu berichten. So beschreibt etwa Zakaria Korte, ein deutsch-ägyptischer Student aus dem Berliner Stadtteil Wedding und Stipendiat der Friedrich-Ebert-Stiftung in SPIEGEL ONLINE am 17.12.2008: »Meine Mutter ist Hausfrau mit sechs Kindern, mein Vater Taxifahrer, wir leben im Wedding. Wenn ich das erzähle, werde ich angesehen wie vom anderen Stern. Viele Leute aus Bildungsbürgerhaushalten haben so jemanden wie mich noch nie getroffen.«

Begegnungen und Gespräche dieser Art finden viel zu selten statt, würden aber die Wahrnehmung und Sensibilisierung für die Problematik schärfen und helfen, Klischees abzubauen -und zwar auf beiden Seiten.

Selbstcoaching

Eine Methode, die ich in meiner Praxis als Schreib-Coach anwende, hat sich besonders bewährt: man schreibt auf einen Zettel, woran man sich jeden Tag erinnern will. Durch die Wiederholung des täglichen Lesens kann es im Bewusstsein verankert werden (vgl. II.4). Meistens handelt es sich dabei um die Arbeit an negativen Glaubenssätzen. So wird etwa »Das schaffe ich nie« zu »Ich gehe meine Aufgaben zuversichtlich Schritt für Schritt an und erreiche auf diese Weise mein Ziel.« (Vgl. II.2 und II.5) Was ist der für Sie wichtige Tipp bzw. positivierte Glaubenssatz? Was sind Gedanken oder Haltungen, die es sich lohnen würde abzulegen?

Aus Viviens Annahme: »Mir steht Assi auf der Stirn geschrieben.« wurde mittlerweile die selbstbewusste Aussage: »Ich mag meinen Berliner Dialekt und ich stehe dazu – selbst in der akademischen Welt.« Trauen Sie sich Ihren Weg zu gehen!

Rosaria Chirico

II.7 Service-Teil

Anlauf- und Beratungsstellen, Kurs- und Serviceangebote

AStA (Allgemeine Studierendenausschuss): Anlaufstelle für hochschulpolitische Fragen mit Beratungsangebot. Studentische Studienberatung, Rechts- und Sozialberatung, BAföG- und allgemeine Studienfinanzierungsberatung, Beratung in allen anderen Fragen des studentischen Alltags, oft auch Lernberatung. Größere ASten bieten Computerkurse, Rhetorikkurse u. v. m. an. Mit Hilfe Schwarzer Bretter besteht die Möglichkeit, von Mitfahrgelegenheiten bis zu Lerngruppen Kontakte zu finden.

Bibliotheken: Die Universitätsbibliotheken bieten Führungen an, oft auch Schulungen zu Themen wie Organisation und Durchführung von Recherche in Katalogen und Datenbanken (auch fachspezifisch), Bewertung von Quellen, Zitierregeln, Anwendung von Literaturverwaltungsprogrammen, Datensicherung. In manchen Universitäten gibt es auch Computerkurse.

Deutsches Studentenwerk: In jeder Universitätsstadt gibt es ein Studentenwerk. Ursprünglich aus studentischer Selbsthilfe entstanden haben die meisten heute den Status einer Körperschaft des öffentlichen Rechts. Studentenwerke betreiben Mensen, Cafeterien, Wohnheime und oft auch Kinderkrippen. Sie bieten psychologische Beratung und Begleitung, Sozial- und Rechtsberatung, Beratung zur Studienfinanzierung (BAföG, Studienabschlusskredite), oft auch Gesundheitsberatung. Größere Studentenwerke haben eine Jobbörse und diverse weitere Beratungs- und Bildungsangebote wie: Lernberatung, Schreibberatung, Kurse und Workshops zum Thema Rhetorik, Bewältigung von Prüfungsangst, Arbeitstechniken, Stressbewältigung, manchmal Computerkurse etc. In manchen Städten gibt es auch die Möglichkeit der Begleitung durch Prüfungsphasen, und oft die Vermittlung von Lernpartnern bzw. Arbeitsgruppen.

Fachschaft: StudentInnen-Vertretung an einem Institut, einem Fachbereich oder einer Fakultät. Angeboten wird eine studentische Studienfachberatung, speziell auch zum Thema Studien- und Prüfungsordnung, Rat und Unterstützung bei Problemen und Konflikten im Fachbereich, Erstsemester-Einführungsveranstaltungen.

Frauenbeauftragte – Gleichstellungsbüro: Die Frauenbeauftragten beraten Studierende und Universitäts-Beschäftigte bei der Umsetzung geschlechterpolitischer Zielsetzungen sowie in Fällen von Diskriminierung und sexueller Belästigung, und sie moderieren in Konfliktsituationen. Sie bieten außerdem häufig eine Studienverlaufsberatung für Studentinnen, oftmals auch Kurse (Rhetorik, Arbeitstechniken) an.

Schreibzentren: Einen Überblick über Schreibzentren an deutschen Hochschulen finden Sie auf den Seiten der Viadrina Universität Frankfurt/Oder: www.euv-frankfurt-o.de/de/campus.

(Pfad: > Hilfe rund ums Studium > Schreibzentrum > Links und Materialien > Schreibzentren und Schreibberatung an deutschen Universitäten).

Wer kommerzielle Schreibberatungsangebote in Anspruch nehmen möchte, sollte darauf achten, dass sich die AnbieterInnen explizit von Ghostwriter-Serviceangeboten abgrenzen. Haben die AnbieterInnen einen schreibdidaktischen Hintergrund, z. B. Mitgliedschaft in Netzwerken wie dem Arbeitskreis Schreibdidaktik; der European Association for Teaching

Academic Writing (EATAW), oder eine schreibdidaktische Ausbildung? Wer selbst eine wissenschaftliche Arbeit verfasst hat, ist nämlich nicht automatisch in der Lage, das Schreiben anderer zu fördern.

Zentrale Studienberatung. Angebote: Information über organisatorischen Ablauf, Studien- und Prüfungsordnung, Beratung bei Studienfachwahl, Orts- oder Studienfachwechsel. Häufig auch Workshops und Trainingskurse zum Thema Arbeitstechniken u. a. und Vermittlung von LernpartnerInnen und Argbeitsgruppen. Psychologische Beratung (meist nur an größeren Hochschulen) mit Einzelberatung, Gruppen zu Prüfungsangst, Stressbewältigung und oftmals auch Angebote zur Unterstützung in der Prüfungs- und Abschlussphase.

Downloads und nützliche Links

www.ArbeiterKind.de: viele nützliche Informationen zur Studienfinanzierung, AnsprechpartnerInnen und MentorInnen, Erfahrungberichte von StipendiatInnen aller Förderwerke.

www.bafoeg-rechner.de: BAföG-Rechner von Studis-online.de

www.begabte.de: Stipendium Plus – Begabtenförderung im Hochschulbereich, auf diesen Seiten des Bundesministeriums für Bildung und Forschung präsentieren sich alle 12 Begabtenförderwerke.

www.das-neue-bafoeg.de: Internetportal des Bundesministeriums für Finanzen.

www.studis-online.de: bietet umfangreiche Informationen zu allen Fragen des Studiums und stellt einen BAföG-Rechner bereit.

Literaturempfehlungen

Es gibt eine unüberschaubare Menge an Ratgebern. Die folgenden Titel stellen nur eine kleine Auswahl empfehlenswerter Literatur dar.

Frank, Norbert (1998): Fit fürs Studium. Erfolgreich reden, lesen, schreiben. München.

Meer, Dorothee (2003): Sprechstundengespräche an der Hochschule.»Dann jetzt Schluss mit der Sprechstundenrallye«. Ein Ratgeber für Lehrende und Studierende. Baltmannsweiler.

Stock, Steffen / Schneider, Patricia / Peper, Elisabeth / Molitor, Eva (Hrsg.) (2009): Erfolgreich studieren. Vom Beginn bis zum Abschluss des Studiums. Berlin, Heidelberg.

Stock, Steffen / Schneider, Patricia / Peper, Elisabeth / Molitor, Eva (Hrsg.) (2009): Erfolg bei Studienarbeiten, Referaten und Prüfungen. Alles, was Studierende wissen sollten. Berlin, Heidelberg.

Wagner, Wolf (2007): Uni-Angst und Uni-Bluff heute. Wie studieren und sich nicht verlieren. 2. Auflage der Neuausgabe. Berlin.

Alle Checklisten aus diesem Buch und zusätzliche Materialien finden Sie als Dateien zum Download unter www.utb-mehr-wissen.de

III Mittendrin

III.1 Der Computer als Werkzeug

Anja und Benjamin sitzen in der Mensa und erzählen sich Abschlussarbeits-Horror-geschichten. Bei Anjas großer Schwester beispielsweise brach kurz vor dem Abgabe-termin der Laptop zusammen. Ein fieser Computervirus hatte das System korrum-piert. Nur dank eines findigen Freundes und großen Arbeitseinsatzes – inklusive Laptop aufschrauben, Ausbauen der Festplatte und einiges mehr – konnte die Datei der Abschlussarbeit noch vollständig geborgen werden. Sicherheitskopien hatte die Schwester nur ab und zu auf einem USB-Stick abgespeichert. Das letzte Mal, bevor sie in langen Tages- und Nachtaktionen alles fertig geschrieben hatte.

Speichern und Sicherheitskopien

Das ist das A und O beim Arbeiten mit dem Rechner: Legen Sie regelmäßig Sicher-heitskopien an. Speichern Sie nach jedem größeren Arbeitsschritt (oder täglich am Ende der Arbeitszeit) ihre Datei mit dem aktuellen Datum versehen ab. Dafür nut-zen Sie den Menüpunkt »Speichern unter« und geben Arbeitstitel und Datum in die Speichermaske ein, etwa: »Arbeitstitel27082010.doc«. So können Sie auf diese später einfach zurückgreifen, beispielsweise wenn Sie in der weiteren Ausarbeitung Ihrer Gedanken eine falsche Richtung eingeschlagen oder einen Textteil gelöscht haben, den Sie später doch noch benötigen.

    Benjamin: »Wirklich viel Ahnung von Computern habe ich nicht, das interessiert mich einfach nicht so. E-Mails-Schreiben, Surfen, Musik hören, Filme gucken – kein Problem. Ansonsten ist so eine Maschine eher ein Buch mit sieben Siegeln für mich. Etwas einzustellen oder zu installieren, traue ich mich nicht wirklich; ich habe Angst, etwas kaputtzumachen. Neulich habe ich mir ein kleines Netbook gekauft, um es mit in die Bibliothek nehmen zu können. Hauptsächlich arbeite ich aber an meinem Desktop-PC. Der steht fest an meinem Schreibtisch und hat ein Windows-Betriebssystem. Manchmal fahre ich auch zu meinen Eltern, dann werde ich mein Netbook mitnehmen und dort arbeiten – die haben allerdings kein Internet.«

Jemand wie Benjamin braucht eine Lösung, die ihm das Arbeiten an seinem Dokument auf verschiedenen Rechnern ermöglicht. Und eine, die sicher ist, auch wenn er seine Dateien nicht im Netz hochladen kann.

In so einem Fall:

- Speichern Sie die Dateien oder Ihren Projektordner auf einem USB-Stick oder auf einer Speicherkarte, falls Sie einen Kartenleser in ihrem Rechner haben; jedenfalls auf einem Medium, dass Sie getrennt vom Rechner aufbewahren.
- Wenn Sie – wie Benjamin – im Regelfall Verbindung zum Internet haben, können Sie eine Mail an Ihre eigene E-Mail-Adresse schreiben, an die Sie die Datei anhängen (Attachment). Das funktioniert bei allen gängigen E-Mail-Anbietern. Die Datei liegt dann recht sicher bei dem E-Mail-Dienstbetreiber, z. B. bei GMX, auf der Festplatte eines Servers irgendwo in einem Rechenzentrum. In Ihrem Posteingang können Sie dann immer auf die aktuellste Sicherheitskopie zugreifen.

Aber Achtung: Falls Sie ein E-Mail-Programm benutzen, wie Outlook Express, Apple Mail oder Thunderbird, müssen Sie die Einstellungen bzw. Optionen des Programms ggf. ändern, sonst funktioniert diese Sicherung nicht. Es gibt eine Einstellung, bei der die Mails zwar z. B. von Thunderbird abgerufen werden, aber als Kopie auf dem Server, also dem Rechner des Dienstanbieters, verbleiben – andernfalls wird ja die extra hochgeladene Datei gleich wieder heruntergeladen und auf dem Server gelöscht. Die genauen Einstellungen sind von Programm zu Programm verschieden.

Rechenzentren

Als guter Anlaufpunkt für Fragen rund um den Computer dürfte das Rechenzentrum Ihrer Hochschule dienen. Dort werden in der Regel Einführungen und Kurse zum Arbeiten am Computer oder mit speziellen Programmen angeboten. Sie können sich dort meist auch eine universitäre E-Mailadresse besorgen; vielleicht auch Speicherplatz im Netz (Webspace) sowie vergünstigt Software erhalten.

Netzlaufwerk

Anja, die recht viel Zeit am Rechner verbringt und ab und zu auch mit dem Betriebssystem Linux herumexperimentiert, beschreibt ihre Herangehensweise so: »Ich werde nur mit meinem Laptop an der Arbeit schreiben. Ich habe mir das freie OpenOffice installiert. Ab und zu werde ich mir eine Kopie meiner Arbeit auf einen

USB-Stick ziehen. Aber sonst lege ich mir ein Backup auf einem Netzlaufwerk an; online bin ich ja faktisch immer«.

Das Netzlaufwerk, vom dem Anja hier spricht, ist eine praktische Sache. Dienste wie Dropbox oder ZumoDrive bieten Ihnen nach einer Registrierung kostenlos ein Gigabyte Speicher an – ausreichend für eine Menge Text, andere Dokumente und Bilder sowie Audiodateien, etwa von Interviewmitschnitten (in mp3-Format).

Der Clou solcher Dienste ist, dass Sie sich einen Ordner auf Ihrem Rechner als Netzlaufwerk einrichten können: Das heißt die Daten, die Sie lokal auf ihrem Computer haben, werden automatisch im Hintergrund auf eine Festplatte des Dienstanbieters gespiegelt. Sobald Sie online sind, werden Ihre Daten synchronisiert. Selbst wenn Ihr Rechner zerstört ist oder sie auf der anderen Seite der Erdkugel sind – über einen Internetbrowser können Sie auf die Daten zugreifen.

Mindmap – und Planungssoftware

Neulich skizzierte Anja Benjamin mal das Thema ihrer Arbeit. Sie zeigte ihm auf ihrem Laptop eine Mindmap. »Das ist eine großartige Art, mit sich selbst oder anderen zusammen Brainstorming zu betreiben«, versucht Anja ihren Kommilitonen von der Methode zu überzeugen.

Es gibt zahllose Mindmap-Programme; manche sind kostenlos und puristisch in ihrer Funktionalität; andere umfangreich. Sie lassen z. B. die Umwandlung von Mindmap-Texten in doc-Dateien zu, andere sind auch mit Mobiltelefonen wie dem iPhone zu nutzen. Allen ist gemein, dass sie sich einfach bedienen lassen und sich gut dafür eignen, schnell Gedanken zu strukturieren. Aber auch dafür, die Gliederungen eines Textes oder Buches zu erfassen, etwa um ein Exzerpt zu erstellen. Das gilt selbstverständlich auch für die Gliederungen Ihrer eigenen Arbeit. Manche nutzen die »Gedankenkarten« auch ausgedruckt als Vortragskonzept für Referate, andere fürs Projektmanagement. Man kann auch online von mehreren Rechnern aus als Team daran arbeiten.

Darüber hinaus existiert ein umfangreiches Angebot an Planungs- und Produktivitäts-Software: So gibt es To-do-Listen, Outliner, Projektmanagmentsoftware nach dem »Get-Things-Done«-Prinzip (GTD) usw.

Überblick

Um nicht den Überblick zu verlieren, sollten Sie einen zentralen Ordner auf der Festplatte einrichten, in dem Sie alle für ein Projekt relevanten Dateien ablegen. Neben den Versionen ihrer Abschlussarbeit beispielsweise pdf-Dateien, die Sie aus dem Internet herunterladen etc. Praktischerweise können Sie für diesen Ordner einen Shortcut auf dem Desktop anlegen. Einen Shortcut oder Alias erzeugen Sie, wenn Sie per Rechtsklick das »Kontextmenü« einer Datei und darin die entsprechende

Option aufrufen (Win, Mac). Im selben Menü können Sie diesen Ordner mit einem zip-Programm auch »packen«, d. h. komprimieren. So lässt er sich als Anhang an eine Mail verschicken.

Tastaturkürzel

»Vor kurzem habe ich damit angefangen, Tastaturkürzel zu verwenden«, erinnert sich Anja. »Am Anfang war das etwas umständlich – mittlerweile ist es mir völlig in Fleisch und Blut übergegangen und spart enorm Zeit.«

Es ist nur eine Handvoll von Kürzeln, die Sie sich einprägen sollten. Sie werden dadurch pro Arbeitsstunde vielleicht nur eine Minute sparen – das klingt wie eine Lappalie. Doch hochgerechnet auf Jahrzehnte von Arbeit mit und am Computer kann sich das auf mehrere Wochen eingesparter Zeit summieren. Es sind grundlegende Arbeitsschritte, die Sie immer wieder benötigen, und die sonst per Mausklick und Kontextmenüs erledigt werden. Schneller geht es mit folgenden »Shortcuts« oder Befehlen, die sich mit der linken Hand erledigen lassen, ohne rechts die Maus loslassen zu müssen:

Strg+c – Kopieren (markierter Text, Bilder usw.)
Strg+v – Einfügen
Strg+a – Alles markieren (in einem Dokument, auf einer Website)
Strg+z – Rückgängig machen
Strg+s – Speichern

Strg (= Steuerung) kann auf der Tastatur auch mit Ctrl (= Control) abgekürzt sein; auf Apple-Rechnern nutzen Sie für die Befehle die Apfel-Taste (CMD = Command Taste).

Dateiformat

»Das ist mir schon so oft passiert«, klagt Benjamin, »ich bekomme eine Datei als E-Mail-Anhang und kann sie nicht in meinem Textverarbeitungsprogramm öffnen.«

Es gibt zahlreiche Schreibprogramme, die ihre eigenen Dateiformate haben, denn auf ein einheitliches Format haben sich die Software-Entwickler nicht einigen können. Das ist ein Problem: z. B. wenn Sie jemandem zur Korrektur Ihr Dokument per E-Mail schicken. Oder Sie bekommen eine Korrektur zurück und können die Datei nicht öffnen.

Als Standard gilt das doc-Format, das von Microsoft Word genutzt wird. Das können alle gängigen Textverarbeitungsprogramme wie OpenOffice und Pages (Mac) öffnen. Mit anderen Formaten gibt es Schwierigkeiten: Das neue docx-Format von Word z. B. können Sie mit Pages und OpenOffice oft nicht öffnen – andersherum kann Word keine odt-Dateien von OpenOffice und kein Pages-Format von

Mac nutzen. Wenn Sie ihr Dokument speichern, können Sie im Menü das Dateiformat einstellen; wählen Sie also am Besten .doc aus.

Textverarbeitung

Textverarbeitungsprogramme ermöglichen es, die Arbeit mit langen Texten zu vereinfachen. So bietet es sich an, Formatvorlagen zu nutzen (die finden sich meistens links neben dem Schriftarten-Menü); d. h. Sie können ein vorgegebenes Erscheinungsbild (spezifische Schriftgröße, eine Kursivsetzung) per Klick auf den jeweiligen Formatnamen zuordnen: Etwa für Überschriften, Unterüberschriften, Quellenangaben oder Zitate. Mittels der Formatvorlagen lassen sich auch automatisiert Inhaltsverzeichnisse (Menüpunkt »Index«) erzeugen; z. B. lässt sich festlegen, dass alle Überschriften mit einem bestimmten Format als Einträge im Index mit Seitenzahl angegeben werden. Wenn Sie später noch die Reihenfolge der Kapitel umstellen oder sie umbenennen, kann man das Inhaltsverzeichnis mit zwei Klicks neu anpassen.

In der Regel gibt es von Ihrer Hochschule, der Fakultät oder dem Fachbereich klare Vorgaben, wie eine Abschlussarbeit formatiert werden solle. In Ihrem Textverarbeitungsprogramm können Sie unter dem Menüpunkt »Format« diese Einstellungen vornehmen: Ränder, Zeilenabstand, Laufweite der Schrift (Abstand der einzelnen Buchstaben) usw.

Bevor Sie mit Ihrer Arbeit beginnen, machen Sie sich mit der Software vertraut – immerhin werden Sie einige Zeit mit diesem Werkzeug arbeiten. Erkunden Sie die Menüpunkte, probieren Sie Sachen aus. Schauen Sie etwa, wie Sie Fußnoten und Seitenzahlen einfügen und wie »Änderungen verfolgen« (Korrekturmodus) funktioniert. Überlegen Sie sich, ob die Rechtschreibprüfung schon während des Schreibens angestellt sein soll oder ob Sie das zu sehr ablenkt. Scheuen Sie sich auch nicht, die Hilfsfunktion des Programms zu nutzen. Und schließlich können Sie selbstredend auch um Rat bei einer Suchmaschine im Internet fragen, etwa eingeben: »Seitenzahlen einfügen openoffice«. Die Frage haben schon viele vor Ihnen gestellt – mehr oder minder gut erklärte Anweisungen werden Sie dort finden.

Quellen und Literatur

Benjamin hat viel Material für seine Arbeit zusammengetragen: »Zum Glück hat mich Anja auf so eine Literaturverzeichnissoftware aufmerksam gemacht. Anfangs war es nervig, immer alles so akribisch einzutragen; dafür kann ich mir jetzt auf Knopfdruck meine Quellen und das ganze Literaturverzeichnis ausgeben lassen.«

Damit Sie nicht erst kurz vor Abgabe Ihrer Arbeit das Literaturverzeichnis zusammentragen müssen, empfiehlt es sich, jede Quelle, die Sie gelesen haben, aufzuschreiben. Das können Sie entweder in einem Textdokument machen oder aber Sie nutzen beispielsweise die freie Software Litlink von der Universität Zürich (Win,

Mac). Diese Datenbank ist sogar mit Bibliotheken gekoppelt, importiert automatisch Literaturangaben, gibt sie in der gewünschten Zitationsweise aus und vieles mehr. Die Einarbeitung in die umfangreiche Software ist ein wenig aufwändig, lohnt sich bei einem großen Quellenapparat aber sicherlich – und ist auch für spätere wissenschaftliche Arbeiten weiter nutzbar.

Für die Dokumentation oder Kommentierung von Online-Rechercheergebnissen jenseits von Google (vgl. III.2) gibt es auch diverse praktische Anwendungen. Das Angebot dafür ist schier unüberschaubar; eine kleine Auswahl finden Sie am Ende des Kapitels.

Rechner-Tuning

Neulich hat Anja zum Schraubenzieher gegriffen: »Eine Kommilitonin von mir hatte mir den Tipp gegeben. Mein Laptop reagierte immer so behäbig. Manchmal musste ich eine halbe Minute warten, bis ein Programm gestartet war. Sie riet mir, einfach den Arbeitsspeicher des Rechners zu erweitern. Das ist heute nicht mehr teuer und hat meiner alten Kiste echt einen Schub gegeben. Ich musste nur den Akku rausnehmen und eine Schraube lösen und konnte den Speicher einbauen.«

Als Arbeitsumgebung spielt der Computer, den Sie nutzen, eine zentrale Rolle. Um ihren Arbeitsprozess, den »Workflow« zumindest auf technischer Seite nicht zu behindern, kann es sich lohnen 20 bis 30 Euro in eine Aufrüstung des Arbeitsspeichers, dem »Kurzzeitgedächtnis« eines Computers, zu investieren. Typ des Speichers und Einbauanleitung dürften Sie im Handbuch zu Ihrem Rechner finden. Oder suchen Sie unter der Typenbezeichnung des Computers im Internet nach Hinweisen. In vielen Fällen bringt eine Verdoppelung des Arbeitsspeichers, etwa von einem zu zwei Gigabyte, eine spürbare Erleichterung.

(Daten-)Sicherheit

Anja: »Nach den ganzen Debatten um Datenschutz, Bundestrojaner, virtuelle Hausdurchsuchung usw. bin ich vielleicht ein bisschen paranoid geworden. Aber da ich qualitative Interviews und einige sensible Daten in meiner Arbeit verwende, habe ich mich entschlossen, ein Teil meiner Daten zu verschlüsseln. Mit zwei meiner Interviewpartnerinnen kommuniziere ich auch nur mit verschlüsselten E-Mails – per PGP.«

Wenn Sie wie Anja ihre Forschungsergebnisse und andere Informationen auf Ihrem Rechner schützen wollen, bietet sich ein einfach zu bedienendes und sicheres Programm an: »TrueCrypt«. Diese Verschlüsselungssoftware liegt für alle gängigen Betriebssysteme kostenfrei vor. Mit ihr lässt sich eine ganze Festplatte – dauert sehr lange – oder nur ein Ordner verschlüsseln. In letzterem Fall »schließt« man ihn zu Beginn der Arbeit am Rechner auf und kann mit den Dateien arbeiten. Zum Schluss muss man den Ordner wieder »verschließen«; in weiten Teilen lassen sich diese Arbeitsschritte automatisieren. Solch verschlüsselte Ordner lassen sich auch auf einen USB-Stick oder ein Netzlaufwerk kopieren.

Paranoia hin oder her, Anja hat insofern recht, als Daten, die online übertragen werden, recht einfach abgefangen und mitgelesen werden können. Pretty Good Privacy – PGP – ist ein Verschlüsselungsverfahren für E-Mails, das sich in Programmen wie Thunderbird, Apple Mail und Outlook Express nutzen lässt. Es ist bei richtiger Anwendung faktisch unknackbar. Es ist leider nicht ganz einfach zu installieren; im Netz finden sich aber gute Anleitungen (siehe unten).

Zu guter Letzt sei an das eigentlich Selbstverständliche erinnert: Wenn Sie an Windows-Rechnern arbeiten, müssen Sie sich, anders als Apple- und Linux-NutzerInnen, unbedingt gegen Computerviren schützen. Es gibt gute kostenlose Anti-Viren Software, etwa AntiVir und Firewalls wie Sunbelt und ZoneAlarm. Halten Sie diese Software auf dem Laufenden und gehen Sie generell nicht zu offenherzig mit zugeschickten Dateien oder fremden USB-Sticks um – überprüfen Sie diese vor dem Öffnen auf Viren. Dann verhindern Sie, dass Ihnen nicht kurz vor Abgabe Ihrer Arbeit eine Katastrophe droht – so wie im Fall der eingangs erwähnten großen Schwester von Anja.

Folgende aufgeführte Programme sind kostenlos nutzbar:

Allgemein:
- www.learnersgarden.com (Sammlung von freien Software-und Netzwerkzeugen)

Textverarbeitung:
- www.openoffice.org (Win, Mac, Linux)
- www.neooffice.org angepasstes OpenOffice für Mac

Netzlaufwerk:
- www.dropbox.com (Engl.)
- www.zumodrive.com (Engl.)

Literaturverwaltung:
- www.litlink.ch (Win, Mac)
- www.citavi.com (Win)
- www.jabref.sourceforge.net (Win, Mac, Linux)

Web-Recherche:
- www.zotero.com (Legt Verzeichnisse von im Netz gefundener Literatur oder Webseiten an. Erweiterung (Ad-on) für Browser Firefox, Engl.)
- www.delicious.com (Online, Bookmarks mit Verschlagwortung, Engl.)
- www.diigo.com (Online, Notizen an Websites anbringen, Engl.)
- www.laterloop.com (Online, Kurzzeit-Ablage für Website-Links, Engl.)

Verschlüsselung:
- www.truecrypt.org (Win, Mac, Linux; Engl.)
- www.gnupg.org (PGP, E-Mailverschlüsselung, siehe Enigmail, Engl.)
- http://enigmail.mozdev.org/ (PGP-Integration für Mailsoftware)

Antivirensoftware:
- www.free-av.com (Win, Linux)
- www.zonealarm.com (Firewall, Win, Mac)

Mindmap
- http://freeplane.sourceforge.net (Win, Mac, Linux)
- http://freemind.sourceforge.net (Win, Mac, Linux)
- www.mindmeister.com (Online-Mindmap, auch für kolloboratives Arbeiten)

Lorenz Matzat

III.2 Erst mal googeln, dann mal schau'n? – Wissenschaftliche Recherche im Internet

Wenn es in meinen Seminaren zum wissenschaftlichen Arbeiten zum Thema »Recherche im Internet« kommt, frage ich als Erstes, wer »Google« nutzt. Alle melden sich. Nächste Frage: »Wer recherchiert noch auf andere Weise?« Zögern. Gespannte Stille. Endlich zeigt ein Finger nach oben: »Ich nutze auch Google Books.«

Recherche im Internet ist heute hochschulweite Wirklichkeit und zunehmend auch Notwendigkeit, werden doch immer mehr fachliche Beiträge ausschließlich in elektronischen Medien veröffentlicht. Bei der Suche nach wissenschaftlichen Dokumenten im Internet ist für viele Studierende Google die erste und nahezu einzige Adresse – eventuell noch ergänzt durch Ausflüge zu Yahoo oder Bing oder dem Online-Lexikon Wikipedia. Unbestritten sind dies leistungsstarke Suchmaschinen und Portale, und es ist nicht verwunderlich, dass Google und Wikipedia längst die klassischen Lexika abgelöst haben, wenn es darum geht, schnell etwas nachzuschlagen. Wissenschaftliche Recherche ist jedoch nicht »schnelles Nachschlagen« und »zufälliges Finden«, sondern eine gezielte, sorgfältige und vertiefte Suche.

Was ist eine gezielte wissenschaftliche Recherche?

Ein Grundproblem der Recherche ist, dass sich viele auf Quellensuche begeben, ohne genau zu wissen, wonach sie eigentlich suchen. »Ich muss doch erst noch lesen und mich orientieren, um mein Thema eingrenzen zu können«, sagt Paul und verbringt für seine schriftlichen Hausarbeiten viel zu viel Zeit mit unstrukturiertem Suchen im Netz. Manchmal stößt er zufällig auf etwas, was ihm bei der Fokussierung seines Themas hilft. Aber meistens ist das Gegenteil der Fall, und er kommt nicht voran, obwohl er doch so viele Einträge zu seinem Thema gefunden hat.

Wenn Ihr Thema z. B. »Demografischer Wandel« lautet, dann können Sie sich natürlich alles Mögliche ansehen, was hierzu veröffentlicht wurde. Wenn Sie aber eine Eingrenzung definieren, die Sie interessant finden, wenn Sie z. B. wissen wollen, ob der demografische Wandel für die Opernhäuser in Deutschland eine Rolle spielt oder ob sich die Textilindustrie in Ostdeutschland hinsichtlich ihrer Personalpolitik mit dem demografischen Wandel beschäftigt, dann können Sie die Recherche gezielt eingrenzen. Sie würden dann neben »demografischer Wandel« auch »Opernhäuser« und »Deutschland« als Suchbegriffe eingeben, bzw. »Textilindustrie«, »Personalpolitik« und »Ostdeutschland« und dadurch deutlich weniger, aber genauere Treffer erhalten (vgl. III.6).

Was ist eine seriöse Quelle?

Weiter gehört zur wissenschaftlichen Recherche, dass Sie Quellen suchen, die nicht nur irgendwie im Zusammenhang mit Ihrem Thema stehen, sondern die seriös und daher auch zitierfähig sind. Als Kriterium der Seriosität zählen dabei
- die eindeutige Identifikation eines Verfassers oder verantwortlichen Herausgebers,
- der Informationswert sowie
- die Verlässlichkeit der Quelle.

Dies ist einer der Gründe, warum die meisten Lehrkräfte an Hochschulen Wikipedia als Quelle nicht akzeptieren. Denn öffentliche Wikis – deren bekanntestes das Lexikon Wikipedia ist –, Diskussionsforen, Blogs etc. lassen keine gesicherten Rückschlüsse auf Ihre VerfasserInnen oder die verantwortlichen HerausgeberInnen zu. Viele Lehrkräfte bemängeln, dass man im Moment des Zugriffs auf eine Seite keine Garantie haben könne, dass das, was da stehe, auch richtig sei. Sie assoziieren daher Wikipedia mit mangelnder Seriosität, obwohl die Qualität gerade des deutschsprachigen Wikipedia allgemein als sehr hoch eingeschätzt wird. Eine redaktionelle Selbstverwaltung der Wikipedia-Community sorgt nämlich dafür, dass nicht einfach jede/r alles eintragen kann. Dennoch, wenn nicht gerade das Phänomen »Wikipedia« der Gegenstand Ihrer Untersuchung ist, sollten Sie Wikipedia-Seiten besser nicht zitieren. Schauen Sie sich lieber die jeweils am Ende von Wikipedia-Seiten angegebenen Links und Literaturhinweise an. In der Regel finden Sie hier die Quellen für den Wikipedia-Text.

Ähnlich ist es mit Foren und Blogs. Sie können nicht wissen, wer sich z. B. hinter dem Nickname »honeymoon17« verbirgt. Auch wenn sein oder ihr Eintrag für Ihr Thema noch so aufschlussreich ist, zitieren sollten Sie honeymoon nur dann, wenn Sie etwa über die Diskussionsstruktur in Internetforen arbeiten.

Und noch eine beliebte Quelle ist nach wissenschaftlichen Gesichtspunkten nicht tauglich: die Seminararbeiten, die Sie auf hausarbeiten.de finden. Abgesehen davon, dass man alle angebotenen Arbeiten dort kaufen muss, sind Seminararbeiten zwar mit wissenschaftlichen Methoden erarbeitet, doch handelt es sich um Werkstücke der akademischen Ausbildung. Erst Doktorarbeiten können Sie sicher als seriöse Quellen nutzen.

Im Internet recherchieren – aber richtig!

Die Hauptziele wissenschaftlicher Recherche im Internet sind zwei verschiedene Trefferkategorien:
- bibliografische Verweise auf Quellen, die man sich dann an entsprechender Stelle – in Bibliotheken, Archiven oder Sammlungen – zur Ausleihe oder zur Lektüre vor Ort bestellen kann, und

- Quellen, die man direkt – wie im Internet dargestellt – nutzen kann, also Volltexte, Bilder, Grafiken, Tabellen.

Zur letzten Kategorie gehören Quellen, die ausschließlich im Netz existieren wie die Internetzeitschriften »Akademische Blätter Online« (Online Zeitschrift des Verbandes der Vereine Deutscher Studenten), »JurPC« (Internet-Zeitschrift für Rechtsinformatik und Informationsrecht), »PhyDid« (Internet-Zeitschrift zu Physik und Didaktik in Schule und Hochschule) und viele andere. Akademische und wissenschaftliche Magazine also, von denen es gar keine gedruckte Version gibt. Oder auch die Online-Versionen gedruckter Quellen, wie z.B. die ins Netz gestellten Broschüren, Berichte, Kataloge etc., die als pdf-Datei jede Seite so abbilden wie sie auch in der gedruckten Fassung aussieht.

Eingrenzungsmöglichkeiten bei Google

Wenn Sie einen oder mehrere Suchbegriffe bei Google eingeben, erhalten Sie in der Regel eine riesige Anzahl von Treffern. Bei manchen können Sie direkt erkennen, dass sie keine wissenschaftliche Relevanz haben. Bei anderen brauchen Sie unter Umständen viel Zeit, um zu dem gleichen Ergebnis zu kommen. Es kann aber bei einer Recherche, für die Sie einen begrenzten zeitlichen Rahmen zur Verfügung haben, nicht darum gehen, auf gut Glück die zufällige und meist vollkommen unspezifische Trefferquote einer allgemeinen Suchmaschine durchzuarbeiten.

Erweiterte Suche

Um die Suche effizienter zu machen, bieten Suchmaschinen Eingrenzungsmöglichkeiten an. Bei Google findet man diese im Menü der »erweiterten Suche«. Der entsprechende Link befindet sich auf der Google-Startseite rechts neben dem Eingabefeld. Wenn man darauf klickt, öffnet sich ein Fenster, welches eine Maske enthält, in der man verschiedene Kriterien der Suche spezifizieren und damit eingrenzen kann. Besonders interessant sind neben der Möglichkeit, Suchbegriffe zu kombinieren, die zwei Suchfunktionen zum »Dateiformat« und zur »Domain«.

Dateiformat
Hier kann es äußerst sinnvoll sein, »pdf« einzugeben. Denn pdf-Formate, die Sie im Internet finden, sind häufig die elektronischen Abbilder (oder auch Vorlagen) von Printmedien wie Broschüren, Flyern, Jahresberichten oder Pressemitteilungen, die digital ins Netz gestellt wurden. In diesem Fall haben Sie häufig die Möglichkeit, diese Quellen wie Printquellen zu zitieren, während Sie ansonsten Internetquellen immer in der etwas umständlichen Form unter Angabe der mitunter zwei Zeilen langen URL (»Uniform Ressource Locator« – oder umgangssprachlich: die Internetadresse) angeben müssen.

Domain

Angenommen, Sie arbeiten über Allianzen im Luftverkehr und wollen sich einen Überblick darüber verschaffen wie die Lufthansa AG ihre internationalen Allianzen darstellt und bewertet, dann können Sie in der »erweiterten Suche« die Domain »lufthansa.com« eingeben. In Verbindung z. B. »mit der genauen Wortgruppe«: »Star Alliance« zeigt Ihnen Google dann ausschließlich Internetseiten der Lufthansa AG an, auf denen von der »Star Alliance« die Rede ist. Sie müssen sich also nicht mühsam bei »lufthansa.com« durchklicken, sondern lassen dies die Suchmaschine für Sie machen. Das funktioniert auch mit »auswärtige Kulturpolitik« und »goethe.de« (für das Goethe-Institut), mit »Cellular Microbiology« und »mpiib-berlin.mpg.de« (für Max-Planck-Institut Berlin), sowie allen möglichen anderen Domains.

Allerdings kann es passieren, dass die Trefferzahl immer noch so hoch ist, dass Sie die Ergebnisse weiter eingrenzen sollten, z. B. indem Sie Domain und Dateiformat kombinieren und die Suchbegriffe weiter präzisieren.

Aktualität

Nicht alle Möglichkeiten der erweiterten Suche bei Google sind in gleichem Maße zielführend. Suchen Sie beispielsweise nach den jüngsten Veröffentlichungen zu Ihrem Thema, dann hilft Ihnen die Einstellung unter »Datum« im Menü der »erweiterten Suche« bei Google wenig. Den Befehl »im letzten Monat« bezieht Google nämlich darauf, wann die Seite ins Netz gestellt wurde. Wenn eine Seite, die seit vier Jahren besteht, letzte Woche mit einem neuen Bild versehen und neu hochgeladen wurde, dann findet Google sie als »im letzten Monat« gesichtet. Der Text auf dieser Seite ist aber schon vier Jahre alt.

Google Books: http://books.google.de

Google Books ist ein spezielles Angebot von Google, für das Vereinbarungen mit einer Reihe von Verlagen und Bibliotheken getroffen wurden. Es kann so auf Bücher hinweisen, Vorschauen und Auszüge anzeigen und bei manchen Büchern und – hauptsächlich US-amerikanischen – Zeitschriften sogar den Volltext. Doch kann Google Books aus urheberrechtlichen Gründen zum einen eine Vielzahl Bücher und Artikel gar nicht anzeigen, sodass es nicht systematisch sondern zufällig erscheint, welche Treffer man bei Google Books erzielen kann. Und zum anderen zeigt es von vielen Büchern aus demselben Grund nur eine begrenzte Auswahl von Seiten an. Natürlich kann man (das wenig wahrscheinliche) Glück haben und auf den dargestellten Seiten genau das finden, was man braucht. Aber meist haben diese Darstellungen große Lücken, springen z. B. von Seite 31 zu Seite 75 eines Buches und dann muss man doch versuchen, das Buch in einer Bibliothek zu bekommen.

Finden, was Google nicht findet

Alle Google-NutzerInnen machen zwei grundlegende Erfahrungen:
1. Bei vielen Suchbegriffen ist die Trefferzahl so hoch, dass man unmöglich alle Seiten ansehen kann. Man beschränkt sich also auf die ersten zwei oder drei Seiten und hat doch nur eine zufällige Auswahl, in denen der Suchbegriff auftaucht, wahrgenommen.
2. Die Reihenfolge, in der die Treffer angezeigt werden, hat nichts mit der inhaltlichen Relevanz oder wissenschaftlichen Seriosität der Seiten zu tun. Sie leitet sich vielmehr von der Anzahl der Verlinkungen dieser Seite, der Verweise auf diese Seite, der dieser Seite unterlegten Schlüsselwörter und anderen Kriterien ab. Wissenschaftlich relevante Quellen sind daher in der Menge der Treffer nur schwer auszumachen.

Der wichtigste einschränkende Umstand für eine wissenschaftliche Recherche aber ist der, dass Sie mit Google und vergleichbaren Suchmaschinen bei weitem nicht alles finden oder öffnen können, was es im Netz gibt. Angenommen, Sie finden bei Google den Hinweis, dass es vor einem Jahr zu Ihrem Thema einen Artikel in einer Fachzeitschrift gab. Sie gehen auf den Link, landen auf der Seite der Zeitschrift und sehen sich nun der Möglichkeit gegenüber, entweder die betreffende Nummer der Zeitschrift bestellen oder den Artikel aus dem Online-Archiv der Zeitung herunterladen zu können – beides natürlich kostenpflichtig. In diesem Fall kaufen Sie gewissermaßen die Katze im Sack, denn bevor Sie den Artikel nicht angeschaut haben, können Sie nicht wissen, ob er wirklich relevant ist für Ihre Arbeit. Da ist es besser, Sie prüfen in Ihrer Bibliothek, ob es diese Zeitschrift dort oder über Fernleihe gibt und leihen sich die entsprechende Nummer aus.

Das heißt, sämtliche Seiten kostenpflichtiger Archive (z. B. von Tageszeitungen oder Fachzeitschriften) wie auch kostenfreie Seiten, in die man sich jedoch einloggen muss, kann Google entweder nicht finden oder Sie können sie über Google nicht öffnen. Aufgrund dieser fehlenden Zugriffsmöglichkeiten auf das sogenannte »Deep Web« können Sie mit Google & Co. keine vertiefende wissenschaftliche Recherche im Internet durchführen.

www.springerlink.de

Einen Suchdienst speziell für wissenschaftliche Publikationen bietet die Suchmaschine Springer-Link des deutsch-luxemburgischen Wissenschaftsverlags Springer. Hier werden Bücher und Fachartikel angezeigt, zum Teil eine Zusammenfassung gegeben und eine oder mehrere Seiten als Vorschau dargestellt. Die hier angezeigten präzisen bibliografischen Angaben machen es leicht, diese Titel in der Bibliothek zu finden.

Datenbanken und andere Suchmaschinen

Heute gibt es für nahezu alle wissenschaftlichen Disziplinen spezielle Datenbanken und Dokumentenserver, die nicht nur fachrelevante Publikationen – Bücher, Aufsätze, Artikel und elektronische Veröffentlichungen – bibliografisch erfassen, sondern die darüber hinaus häufig auch Abstracts oder sogar Volltexte dieser Publikationen zum Download zur Verfügung stellen.

So ist beispielsweise *Medline* (www.medline.de) eine bibliografische Datenbank für Medizin, in der Sie nicht nur weitere spezifizierte Datenbanken finden, sondern auch Abstracts einer Fülle von Artikeln zu verschiedensten Themen. In den meisten Fällen können Sie dank des Abstracts entscheiden, ob der Beitrag für Sie relevant ist und ob es sich lohnt, die entsprechende Zeitschrift in einer Bibliothek zu entleihen bzw. zu bestellen.

Ein anderes Beispiel ist *wiso wissenschaften* (www.wiso-net.de), eine Datenbank, die ein großes Angebot deutschsprachiger Literatur aus den Wirtschafts- und Sozialwissenschaften bietet, u. a. die Volltexte aus über 340 für diese Fächer relevanten Zeitschriften. Damit können Sie erheblich gezielter und effektiver recherchieren als in einer allgemeinen Suchmaschine, die zudem keinen Zugriff auf die Volltexte dieser Zeitschriften hat.

Die Nutzung von Datenbanken, die Volltexte zur Verfügung stellen, ist in der Regel nicht kostenfrei, da es sich um urheberrechtlich geschützte Werke handelt. Viele Bibliotheken übernehmen aber diese Gebühren und ermöglichen MitarbeiterInnen und Studierenden einen kostenfreien Zugang zu diesen Datenbanken. Manche Hochschulen bieten sogar die Möglichkeit, über ein Passwort von zu Hause aus kostenpflichtige Datenbanken zu nutzen. Fragen Sie in Ihrer Fachbibliothek nach speziellen Datenbanken für Ihr Fachgebiet. Sollte die Bibliothek keinen kostenfreien Zugang ermöglichen, sehen Sie sich auf der Homepage der Datenbank die Liste der Institutionen (manchmal »Kunden« genannt) an, die einen freien Zugang anbieten. Manchmal ist dies in einer anderen Hochschule Ihrer Stadt gegeben.

Wissenschaftliche Suchmaschinen: Google Scholar und BASE

Google Scholar (http://scholar.google.de) ist eine spezielle wissenschaftliche Suchmaschine, die das Unternehmen Google 2004 startete. Für Google Scholar wurden Vereinbarungen mit Bibliotheken, Archiven, Verlagen etc. getroffen und so die Genehmigungen erwirkt, in deren digitalen Bibliografien und Archiven zu suchen, dort also, wo die allgemeine Google-Suche nicht hingelangen kann oder darf. Das Spektrum der indexierten, d. h. gefundenen Dokumente reicht bei Google Scholar von Fachartikeln in Zeitschriften oder elektronischen Medien über Buchpublikationen, Beiträgen in Sammelwerken und Konferenzberichten bis hin zu Seminar- und Abschlussarbeiten.

Eine besondere Stärke von Google Scholar ist dabei, dass die über Ihre Suche gefundenen Dokumente gruppiert werden. Zu jedem Treffer werden weitere Quellen angezeigt, in denen dieses Dokument vollständig oder teilweise enthalten ist, etwa als ein Vorabdruck, ein Zeitschriftenartikel, ein Konferenzbeitrag oder als Text auf der Homepage des Autors. Zum anderen werden Quellen angezeigt, in denen das gefundene Dokument zitiert wird. Dies führt nicht nur zu interessanten Verweisen, sondern sagt auch etwas über die Relevanz der Quelle aus.

Die Anzahl der Zitationen und Links auf eine betreffende Quelle spielen eine maßgebliche Rolle für das Ranking in den Trefferlisten der Suchmaschinen. Ältere Dokumente, die mehrfach zitiert wurden, erscheinen deshalb automatisch weiter oben als jüngere Veröffentlichungen, die aber für Sie aufgrund ihrer Aktualität meist von größerem Interesse sind. Ein weiterer Kritikpunkt ist der, dass Google Scholar im Gegensatz zu Datenbanken nicht transparent macht, wo genau es sucht. Daher haben die Treffer bei Google Scholar trotz der Fokussierung auf wissenschaftlich relevante Quellen immer auch einen Hauch von Zufälligkeit.

Auch bei Google Scholar kann es passieren, dass man auf Treffer stößt, die zu öffnen oder herunterzuladen kostenpflichtig ist. Das spricht nicht gegen die Qualität von Google Scholar, denn Datenbanken oder das Herunterladen bestimmter Treffer in Datenbanken sind in der Regel ebenfalls kostenpflichtig. Aber weil es über viele Hochschulbibliotheken die Möglichkeit eines kostenfreien Zugangs gibt, sind Datenbanken hier oft die bessere Alternative.

Es gibt zudem eine Reihe von vergleichenden Untersuchungen, bei denen die Qualität von Google Scholar mit der von fachspezifischen Online-Datenbanken verglichen wird. Das Fazit ist bisher immer ähnlich: Mit Google Scholar kann man durchaus sehr gute Treffer erzielen und auch eine Vielzahl von Volltexten erreichen, es kann dennoch bei weitem nicht die Vollständigkeit fachspezifischer Datenbanken bieten.

> **BASE**
> Eine starke Alternative zu Google Scholar stellt derzeit die von der Bielefelder Uni-Bibliothek entwickelte Suchmaschine BASE – Bielefeld Academic Search Engine (http://base.ub.uni-bielefeld.de) – dar. In einer 2009 veröffentlichten Studie zur Qualität von fünf wissenschaftlichen Suchmaschinen, darunter auch Google Scholar, wird festgestellt, »BASE besitzt mit gut 10 Mio. indexierter Dokumente die kleinste Datenbasis, bietet aber mit Abstand die größte Zahl frei im Volltext zugänglicher Dokumente.« (Pieper / Wolf 2009, 373)

Wissenschaftliche Suchmaschinen und fachspezifische Online-Datenbanken sind die Instrumente für die wissenschaftliche Recherche im Internet, denn sie bieten Treffermöglichkeiten, auf die allgemeine Suchmaschinen wie Google oder Yahoo keinen Zugriff haben. Doch sollte man sich nicht auf ein Portal allein verlassen, da die Treffer – insbesondere die auf der ersten Seite angezeigten Treffer – durch die verschiedenen Suchweisen und indexierten Quellen häufig ganz verschieden sind und kaum Überschneidungen aufweisen. Den größten Erfolg und die größte Reichweite erhält man daher durch die gezielte und kombinierte Nutzung mehrerer wissenschaftlicher Internet-Suchangebote.

10 Gründe dafür, in die (Fach)Bibliothek zu gehen

Online-Datenbanken, wissenschaftliche Suchmaschinen und Open-Access-Dokumentenserver ermöglichen es, das Internet gezielt für die wissenschaftliche Recherche zu nutzen. Dennoch kann dieser Weg die Nutzung einer Bibliothek nicht vollständig ersetzen. Lesen Sie hier zehn Gründe dafür, in die Bibliothek zu gehen:

1. In Bibliotheken wartet ausgebildetes Fachpersonal auf Sie, welches Ihnen bei Ihrer individuellen Recherche gerne behilflich ist.
2. In vielen Bibliotheken werden Schulungen zur Internetrecherche angeboten.
3. Viele Bibliotheken bieten kostenfreie Zugänge zu speziellen Fach-Datenbanken an.
4. In vielen Bibliotheken können Sie über Fernleihe Quellen bestellen, die nicht im Bestand dieser Bibliotheken sind. So erhalten Bibliotheken eine immense Spannweite über den jeweils eigenen Bestand hinaus.
5. Es ist leichter, in der Bibliothek ein Buch durchzublättern und hineinzulesen, um zu prüfen, ob es für Ihr Thema relevant ist, als in der Internetversion eines Buches am Bildschirm zu scrollen.
6. Nur in der Bibliothek Ihrer Hochschule finden Sie sicher Diplom-, Bachelor- und Masterarbeiten, die in Ihrem Fach an Ihrer Hochschule geschrieben wurden. Es ist nicht unwahrscheinlich, dass sie darunter aktuelle Arbeiten zu Ihrem Thema oder einem Teilbereich Ihres Themas finden. Dann kann das Quellenverzeichnis dieser Arbeiten für Sie eine Fundgrube mit Recherchehinweisen auf aktuelle Beiträge zu Ihrem Thema darstellen.
7. In (Fach-)Bibliotheken finden Sie kostenfrei die umfangreichen Nachschlagewerke, Kompendien, Lose-Blatt-Sammlungen und all die vielen Basiswerke Ihres Fachs, die Sie ansonsten entweder teuer kaufen oder im Internet kostenpflichtig herunterladen müssten.
8. Bibliotheken verschlagworten ihre Bestände ausgesprochen sorgfältig und präzise, was die Effektivität Ihrer Suche erhöht.
9. So wie Google Scholar »ähnliche Artikel« um den gefundenen Treffer herum gruppiert, so stehen in einer Bibliothek neben einem Buch, welches Sie bei Ihrer Recherche ausfindig gemacht haben, weitere Publikationen zu demselben Fach- oder Themengebiet. Es lohnt sich häufig, sich auch diese einmal anzusehen.
10. Die Bibliothek ist für viele Menschen ein besserer Arbeitsort als der eigene Schreibtisch – aus unterschiedlichen Gründen: die ruhige Atmosphäre fördert eine konzentrierte Arbeitshaltung; man sitzt nicht den ganzen Tag allein in einem Zimmer; gerade bei zeitlich sehr aufwendigen wissenschaftlichen Projekten kann der Gang zur Bibliothek strukturgebend sein (vgl. II.4).

Sven Arnold

III.3 Prüfungsvorbereitung mit System

Bei einer Befragung von 22.000 StudentInnen an 150 deutschen Hochschulen antworteten auf die Frage »Was bereitet Ihnen am meisten Probleme im Studium?« 56 Prozent der Befragten, dass ihnen die Prüfungsvorbereitung besonders schwer fiele. Damit steht die Vorbereitung von Prüfungen an erster Stelle der Liste der größten Probleme – gefolgt von der Schwierigkeit, sich an Diskussionen zu beteiligen (47 Prozent) und schriftliche Arbeiten anzufertigen (44 Prozent) (Bargel et al. 2008). Warum ist das so?

Mit Einführung der Bachelorstudiengänge ist in den meisten Fächern die Zahl der Klausuren und mündlichen Prüfungen stark gestiegen. Es gibt Hinweise auf konzeptionelle Mängel der Studiengänge, vor allem dort, wo der Irrglaube herrscht, dass der Stoff aus den Magister- und Diplomstudiengängen nun – in weitaus weniger Zeit – in die Bachelorstudiengänge gepresst werden müsse. Das Ergebnis ist eine Masse an Informationen, die überfordernd und demotivierend wirkt.

Der andere Grund liegt bei den StudentInnen selbst: Viele haben nie gelernt, systematisch zu lernen oder sie haben es – nach einigen Jahren der Berufspraxis – wieder vergessen. Dieser Beitrag stellt Lern-Methoden und einen Fahrplan für Prüfungsvorbereitungen vor.

Grundvoraussetzungen für effektives Lernen

Carlotta ist müde, ihr Nacken schmerzt, der Magen knurrt. Sie hat nur noch zwei Tage Zeit, um sich auf die nächste Prüfung vorzubereiten. »Aber ich kann doch jetzt keine Pause machen«, denkt sie. Sie blickt auf die vielen Fotokopien, Exzerpte und Bücher. »Wie soll ich das alles in zwei Tagen in mein Hirn kriegen?« Dabei hatte sie sich extra die letzten zwei Wochen Zeit genommen für diese eine Prüfung. »Warum bloß habe ich nicht früher mit dem Lernen begonnen?« wirft sie sich vor, und: »Das schaffe ich nie!«

> **Mit guter Stimmung lernen!**
> Versuchen Sie während einer Prüfungsvorbereitung Selbstvorwürfe und negative Gedanken möglichst abzubrechen. Oft beschleichen einen solche Gedanken, wenn man müde wird. Machen Sie dann lieber eine Pause, und versuchen Sie, sich mit frischer Energie aufzuladen: durch Bewegung an frischer Luft, Entspannungsübungen, Schlaf oder ein gutes Essen. Wenn Sie Sport treiben, im Chor singen oder tanzen, verfügen Sie über hervorragende Möglichkeiten zur Entspannung und Reduktion von Stresssymptomen. Sie dürfen nur nicht den Fehler machen, während der Prüfungsvorbereitung diese Hobbys einzuschränken. Im Gegenteil! Je intensiver Sie lernen, desto mehr sollten Sie auf eine Balance zwischen Anspannung und Entspannung achten (vgl. II.2 und II.4).

Carlotta ist relativ unerfahren in Sachen Prüfung und kann die Anforderungen nicht einschätzen. Deshalb denkt sie, sie müsste so viel wie möglich wissen, um auf alle möglichen Fragen vorbereitet zu sein. In den letzten 12 Tagen hat sie also vor allem zu ihrem Prüfungsthema recherchiert, Material fotokopiert, ausgeliehen und durchgelesen. Teilweise hat sie Dinge markiert und sich etwas auf Zettel geschrieben. Nun liegen all die Materialien vor ihr und sie weiß nicht, was sie damit machen soll.

Gestern rief eine Freundin an und fragte nach den wichtigsten Punkten ihres Themas. Da fiel Carlotta nichts ein. Sie war schockiert. Nichts war in ihrem Kopf hängen geblieben. Dabei hatte sie doch so viel gelesen. »Hast du dir denn keine Übersicht gemacht? Oder mit jemandem gesprochen, der die Prüfung schon bestanden hat?« Nein, das hatte sie nicht.

> **Erfahrungen nutzen!**
> Fragen Sie KommilitonInnen, sprechen Sie mit Leuten, die die Prüfung bereits abgelegt haben. Fragen Sie in der Fachschaft nach den inhaltlichen Prüfungsanforderungen und nach den Gewohnheiten der PrüferInnen. Vielleicht existieren sogar Prüfungsaufgaben aus den Vorjahren. Teilen Sie Ihre Befürchtungen mit und stellen Sie Fragen. Je genauer Sie Bescheid wissen, desto weniger brauchen Sie sich den Kopf darüber zu zerbrechen, was während der Prüfung geschehen wird.

Carlottas größtes Problem: Sie weiß nicht, was sie mit dem gelesenen Stoff anfangen soll. Er ist so umfangreich, dass Lesen – auch wiederholtes Lesen – allein nicht ausreicht, um sich den Stoff einzuprägen. Sie braucht eine Art Struktur, an der sie sich halten kann, das hat sie jetzt verstanden. »Hast du dir denn keine möglichen Prüfungsfragen aufgeschrieben nach denen du lernen kannst?«, hatte die Freundin gestern gefragt. Nein, auch das hatte sie nicht.

Spulen wir die Zeit doch einfach zurück. Carlotta hat wieder zwei Wochen Zeit für ihre Prüfungsvorbereitung und macht alles anders. Sie hat nämlich schon während des Semesters mit Leuten darüber gesprochen, was sie in dieser Prüfung zu erwarten hat. In der Fachschaft hat sie Prüfungsfragen aus den letzten drei Semestern erhalten und auch Informationen zu ihrem Prüfer. Sie weiß jetzt, dass ihre diffuse Angst davor, dass dieser sie »fertigmachen« könnte, unberechtigt ist. Carlotta weiß jetzt auch:

Lernen kann man lernen

Man kann sein Gehirn viel besser nutzen, wenn man weiß, dass seine Struktur mit einem Netz vergleichbar ist. Alles, was an Neuigkeiten auf uns einströmt, verknüpft das Gehirn – ohne das wir dies steuern würden – mit bestehendem Wissen. Insofern ist es wichtig, sich beim Lernen nicht zu früh auf spannende Details zu konzentrieren, sondern zunächst die wesentlichen Grundbausteine eines Themas zu erarbeiten. So kann das Hirn hinzukommendes neues Wissen dem Grundwissen automatisch zuordnen.

Was die Lernpsychologie auch gezeigt hat: Für effektives Lernen ist es günstig, möglichst alle Sinne zu beteiligen, denn dadurch werden verschiedene Wahrnehmungsfelder im Gehirn aktiviert und es entstehen gedankliche Verknüpfungen. Versuchen Sie also, sich den Lernstoff über möglichst viele Sinneskanäle einzuprägen.

Lernen fängt schon beim Zuhören an

Carlotta hat schon zu Beginn des Semesters ein paar MitstudentInnen gefragt, ob sie zusammen für die Prüfung lernen sollen. Daraus hat sich eine fünfköpfige Lerngruppe ergeben, die sich regelmäßig trifft und in der über die Inhalte der Vorlesung heiß diskutiert wird (Vgl. III.4). Durch diesen Austausch hat Carlotta viel von dem Stoff vertieft und einige Punkte überhaupt erst richtig verstanden. Sie weiß jetzt auch, wie wichtig gute Mitschriften von Lehrveranstaltungen für das Lernen sind, denn hier markiert sie bereits Punkte, die sie mit den anderen besprechen will – weil sie ihr besonders wichtig erscheinen, unklar sind oder über die sie gern mehr erfahren würde.

Aktiv Zuhören

Aktives Zuhören während der Lehrveranstaltungen ist ein guter Anfang für jede Prüfungsvorbereitung, denn beim aktiven Zuhören setzen Sie sich mit dem neuen Lernstoff auseinander, hinterfragen und kommentieren ihn. Damit leiten Sie direkt den Verstehens- und Lernprozess ein.

Worauf ist beim Mitschreiben zu achten?

- Versuchen Sie nicht, alles wörtlich mitzuschreiben, sondern sich auf das Wesentliche zu konzentrieren. Das können die Schwerpunkte der Vorlesung sein oder Inhalte, die sprachlich oft durch Formulierungen wie: »Das sollten Sie sich merken« eingeführt werden.
- Wenn Sie etwas für wichtig erachten, es aber nicht verstehen, dann stellen Sie ruhig eine Frage. Meistens gibt es dazu am Ende der Vorlesung die Gelegenheit. Manche DozentInnen sammeln auch Fragezettel ein und beantworten diese beim nächsten Mal. DozentInnen freuen sich über zuhörende StudentInnen und ihre aktive Teilnahme!
- Gewöhnen Sie sich an, nicht nur das Gehörte wiederzugeben, sondern es auch mit Ihren eigenen Gedanken, Fragen und kritischen Bemerkungen zu versehen. So setzen Sie sich aktiv mit dem neuen Stoff auseinander, was die beste Form ist, neues Wissen zu verfestigen!

Journalführen als Methode des aktiven Zuhörens

Das Journalführen ist eine simple Methode, neues Wissen mit eigenen Gedanken zu kombinieren. Malen Sie sich dafür zwei Spalten auf Ihre Din-A4-Bögen. In die linke Spalte schreiben Sie auf, was während der Veranstaltung gesagt wird (die klassische »Mitschrift«), in der rechten Spalte schreiben Sie eigene Bemerkungen oder Fragen dazu auf.

Lernstile

Carlotta und Ihre Freunde aus der Lerngruppe treffen sich regelmäßig zur Nachbereitung ihrer Veranstaltungen. Lernen tut allerdings jede/r für sich allein, denn die Art und Weise wie sie den aufgearbeiteten Stoff »pauken« ist sehr individuell: Carlotta läuft z. B. mit ihren Aufzeichnungen durchs Zimmer und spricht dabei laut vor sich hin. Pietro lernt mit Musik. Deva malt sich große Plakate für die Wände, Nina lernt nachts, wenn alle anderen in ihrer WG schlafen und Fatih nach dem Sport im Ruheraum seines Fitnessstudios.

Jeder Mensch lernt anders. Am zuverlässigsten finden Sie Ihren individuellen Lernstil heraus, in dem Sie Ihr Lernverhalten beobachten:

Auf welche Art und Weise haben Sie bisher die größten Lernerfolge erzielt? Mit welcher Lernart sind Sie weniger zufrieden? Eventuell lohnt es sich, neue Methoden auszuprobieren und das Lernen kreativer zu gestalten. Dabei muss sich die Lernmethode auch danach ausrichten, *was* und *wofür* Sie lernen.

Lernen nach Plan

Carlotta und ihre Freunde haben keine Angst vor der nächsten Prüfung, denn sie haben sich während des Semesters regelmäßig über den Lern- bzw. Prüfungsstoff ausgetauscht. Dadurch ist er nie in Vergessenheit geraten. Ganz im Gegenteil. Die gemeinsame Aufarbeitung hat sie neugierig auf die nächste Vorlesung gemacht. Ihre Motivation und aktive Mitarbeit sind dadurch gestiegen, denn nun können sie das Wissen aus den verschiedenen Veranstaltungen besser miteinander in Beziehung setzen.

Wenn man dieses ständige Auffrischen und Verankern von neuem Wissen während des Semesters versäumt, muss man vor einer Prüfung alles auf einmal lernen. Dabei ist es hilfreich nach einem Plan vorzugehen:

Lernen in drei Phasen

1. Stoff sammeln und lesen

2. Stoff aufarbeiten und strukturieren

3. Stoff einprägen und wiederholen

Diese Schritte hängen eng miteinander zusammen, denn wer nicht über die nötigen Inhalte verfügt und sie nicht aufgearbeitet hat, kann sie auch nicht lernen. Nehmen Sie sich für alle drei Schritte ungefähr gleich viel Zeit. Achten Sie auch darauf, dass Sie die Phasen wirklich beenden und nicht ständig hin und her springen, indem Sie beispielsweise in der Einpräg-Phase neues Material hinzufügen.

Beim Planen sind einige wichtige Dinge zu beachten (vgl. II.3 und II.4). Für das Erstellen eines Lern-Plans gilt insbesondere: Planen Sie unbedingt Pausen ein, achten Sie auf die Balance zwischen Anspannung und Entspannung (vgl. II.2 und II.4) und lernen Sie nicht bis zum letzten Tag.

Intensives Lernen

Mehr als 6 bis maximal 8 Stunden pro Tag kann man nicht lernen! Unterteilen Sie Lerntage in 90 bis 120-minütige Lern-Blöcke. Nach jedem Lernblock sollten Sie eine Pause von 10 bis 30 Minuten machen. Sorgen Sie dabei für Bewegung, frische Luft und gesunde Ernährung.

Vorsicht vor »falscher« Entspannung wie Zeitung lesen oder fernsehen. Ihr Geist braucht eine Pause, in der er keine weiteren Informationen aufnehmen muss. Nach spätestens 2 Lernblöcken sollten Sie sich eine Pause von ein bis zwei Stunden gönnen.

Achten Sie beim Planen darauf, dass der Tag vor der Prüfung »lernfreie« ist: Zeit, in der sich das Erlernte setzen kann.

Stoff sammeln und lesen

Der Prüfungsstoff ist meistens durch die Inhalte einer Vorlesung oder eines Seminars oder – wenn es um die Abschlussprüfung geht – durch die vorab besprochenen Prüfungsthemen vorgegeben. Sie haben also Ihre Skripte, müssen aber trotzdem überprüfen, ob Sie über die wichtigste Literatur verfügen und bei ergänzender Recherche darauf achten, nicht zu viel und nicht zu lange mit der Suche und der Organisation des Materials zu verbringen. Sprechen Sie sich gut mit Ihren PrüferInnen ab.

Was ist zu tun? Die eigenen Skripte aus Vorlesungen oder Seminaren sichten, Fragen klären, ergänzende Literatur organisieren, lesen und exzerpieren.

Lesen ist oft der erste Schritt beim Lernen. Betrachten Sie Lesen daher nicht als bloßes Wahrnehmen von Wissen, sondern als wichtige Etappe im Verstehensprozess. In der Literatur findet man verschiedene Lesemethoden. Bei allen wird mindestens zwischen drei Phasen unterschieden:

Phasen des Lesens

1. Vor dem Lesen: Leseinteresse und -erwartung festhalten (Was weiß ich schon? Wonach suche ich in diesem Text?).
2. Lesen und sich Notizen machen, Stellen markieren.
3. Nach dem Lesen: neue Informationen und eigene Kommentare festhalten (Was habe ich Neues gelernt? Was ergibt sich daraus?).

Wichtig ist, dass Sie das Gelesene immer schon in Zusammenhang mit möglichen Prüfungsfragen oder Schwerpunkten der Prüfung bringen.

Ein anderer wichtiger Punkt beim Lesen ist die Lesegeschwindigkeit bzw. die Leseart (vgl. III.6). Sie können Texte

- orientierend/global lesen (überfliegen und entscheiden, ob Sie weiterlesen werden: Worum geht's?)
- kursorisch lesen (grobes Erfassen der Hauptinhalte und der Gesamtstruktur: Was ist das Wesentliche?)
- selektiv lesen (Auswahl und Konzentration auf bestimmte Textteile: Wo steht, was ich wissen will?)
- total/verweilend lesen (Lesen des gesamten Textes, Erfassen aller Informationen: Wort für Wort lesen)

In Ihrem Bachelor-Studienalltag werden Sie vermutlich selten in den Genuss des verweilenden Lesens kommen. Sollte Ihnen während der Prüfungsvorbereitung aber ein Text auffallen, den Sie gerne gründlich lesen würden, dann sollten Sie dies unbedingt zu einem späteren Zeitpunkt nachholen – vielleicht als Belohnung?

Stoff aufarbeiten und strukturieren

In dieser Phase geht es darum, den Stoff in einen vernetzten Zusammenhang zu bringen. Wenn es mehrere Unterthemen gibt, muss man verstehen, wie diese zusammenhängen, um Informationen vernetzt behalten zu können. Nur dann vermeiden Sie, einen Haufen Details im Kopf zu haben, die Sie einzeln abrufen müssen. Auch Prüfungsfragen können als Strukturierungshilfe dienen.

> Was ist zu tun? Den bereits gelesenen Lernstoff strukturieren bzw. in sinnvolle kleine Lerneinheiten zerlegen: durch das Erstellen potentieller Prüfungsfragen, Lern-Mindmaps oder Karteikarten.

Generell ist es wichtig, dass der Lernstoff in Einheiten geordnet wird, damit Sie sich später – beim Einprägen – von einer Einheit zur nächsten bewegen können. Beim Erstellen eigener Kriterien setzen Sie sich intensiv mit dem Stoff auseinander und *be-greifen* ihn: Sie machen den Stoff handhabbar! Es lohnt sich, für diese eigenständige Organisation und Strukturierung viel Zeit zu investieren.

> Der Schlüssel zum effektiven Lernen liegt darin, sich auf das Wesentliche – die Grundbausteine des Prüfungsgebiets – zu konzentrieren, anstatt sich in Details zu verbeißen.

Stoff einprägen

Grundsätzlich gilt: Verstehendes Lernen ist besser als Auswendiglernen. Je aktiver Sie sich das Wissen erschließen, desto mehr erschließen sich Ihnen auch Zusammenhänge. Dadurch prägt sich das Wissen automatisch besser ein. Versuchen Sie auch in dieser Phase, mehrere Kanäle für das Wiederholen des Stoffes zu nutzen und die Methoden miteinander zu kombinieren. Es gibt viele Möglichkeiten, dem Gehirn die Aufnahme und Verankerung von Informationen zu erleichtern.

Was ist zu tun? Den bereits aufgearbeiteten Stoff wiederholen, ihn einordnen und sein Wissen überprüfen, z. B. durch Probeprüfungen.

Natürlich spielen auch die Prüfungsart und der Prüfungsstoff eine Rolle bei der Entscheidung, auf welche Art und Weise man sich auf eine Prüfung vorbereitet. Fakten- und Zahlenwissen kann man gut mit Merkhilfen, den sogenannten Mnemotechniken und Karteikarten lernen. Wenn es sich um komplexere Zusammenhänge handelt, eignen sich Mindmaps, um Strukturen zu visualisieren (vgl. II.5).

Wenn Sie abstrakte Begriffe lernen müssen, ist es sinnvoll, diese mit visuellen Informationen zu verknüpfen, denn Bilder sind für das Gehirn wesentlich besser abrufbar als abstrakte Begriffe und Zusammenhänge. Suchen Sie also bewusst nach Grafiken oder erstellen Sie selbst Skizzen. Nutzen Sie das bildhafte Erinnern, indem Sie z. B. kleine Filme – also bewegte Bilder – im Kopf entstehen lassen: Übersetzen Sie dafür Ihre Informationen in ein reales Geschehen etwa ein Fallbeispiel oder stellen Sie sich eine kleine Filmszene vor.

Probe-Prüfungen

Vor schriftlichen Prüfungen ist es sinnvoll wenige Tage vorher Texte zum Prüfungsthema oder einzelnen Schwerpunkten zu schreiben. Ihr Gedächtnis speichert einmal formulierte Sätze so gut ab, dass es diese beinahe Wort für Wort reproduzieren kann.

Bei mündlichen Prüfungen sollten Sie mündliches Präsentieren üben und sich von Ihrer Lerngruppe oder FreundInnen potentielle Prüfungsfragen stellen lassen. Üben Sie klares Sprechen, ruhiges Atmen und Strategien für Situationen, in denen Ihnen auf Anhieb zu einer Frage nichts einfällt (vgl. II.2 und III.8).

Carlotta ist ausgeschlafen und entspannt. In zwei Tagen steht die nächste Prüfung an. Gleich wird Sie mit ihren Mindmaps und Karteikarten in den Park gehen. Da steht alles drauf, was sie sich jetzt noch einprägen muss. Am frühen Abend trifft sie sich mit ihrer Lerngruppe. Sie wollen die mündliche Prüfung üben, jede/r wird befragt. Für Fatih muss Carlotta noch zwei Prüfungsfragen und die entsprechenden Antworten vorbereiten. Fatih ist der »Beste« in der Gruppe, deshalb muss sie sich sehr schwere Fragen überlegen.

Nach der Probe-Prüfung wollen sie Pizza essen gehen, als Belohnung, und morgen – dem Tag vor der Prüfung – wird Carlotta sich ausruhen, damit sich all das Wissen setzen kann. Das heißt: wenig Ablenkung durch neue Informationen. Sie wird die innere Spannung aushalten, indem sie sich körperlich und geistig entspannt. Beim Zurechtlegen ihrer Kleidung für den morgigen Tag passiert es, dass es plötzlich in ihrem Hirn eine Alarmmeldung gibt: Ein wichtiger Fachbegriff ist ihr entfallen. Carlotta schaut schnell nach und legt sich zufrieden in ihr Bett: Alles ist erledigt, jetzt reicht's! Genug ist genug. Sie kann mit einem guten Gefühl einschlafen bevor sie morgen etwas aufgeregt – aber gut vorbereitet – in ihre Prüfung geht.

Rosaria Chirico, Beate Selders

III.4 Lernen in Gruppen

An der Technischen Universität Berlin wird der Erwin-Stephan-Preis für besonders gute und schnelle Studienabschlüsse verliehen. »Die Preisträger werden häufig gefragt: Was ist das Geheimnis Ihres Erfolges?«, berichtet die Studienberaterin Claudia Cifire. »Die Antwort darauf ist in der Regel: Meine Arbeitsgruppe. Sie haben sich zu dritt oder fünft zusammengetan und sich ausgetauscht. In vielen Mathematik-Lehrveranstaltungen z.B. muss jede Woche eine Hausarbeit abgegeben werden. Da gilt: Allein machen sie dich ein!«

Oh nein, werden Sie vielleicht denken, nicht noch einen Termin! Und ist es wichtig, in der kürzesten Zeit das beste Studium hinzulegen? Sicher kann man Ehrgeiz auch anders sinnvoll einsetzen! Aber es sind nicht nur die Superguten, die auf Lern- oder Arbeitsgruppen schwören. In der pädagogischen Forschung ist schon lange nachgewiesen, dass Lernen in Gruppen effektiver ist als alleine.

Genau genommen geht es hier nicht um Arbeitsgruppen, sondern um Lerngruppen, auch wenn im studentischen Alltag die Begriffe oft synonym verwendet werden. Eine Arbeitsgruppe ist ein Team, das in der Regel ein gemeinsames Produkt erarbeitet, bei Lerngruppen ist das Weiterkommen der Einzelnen das gemeinsame Ziel.

Lerngruppen oder Lernpartnerschaften?

Gruppen bieten immer dann Vorteile, wenn es um große Stoff- oder Literaturmengen geht, um Verständnisfragen und das Vertiefen von Wissen, oder, – wie im nachfolgenden Text über Schreibgruppen dargestellt –, um gegenseitige Unterstützung durch Feedback.

Lernpartnerschaften zu zweit, auch Tandems genannt, liegen manchen aber mehr als Gruppen. Der Vorteil liegt in der größeren Flexibilität und Verbindlichkeit. Der Nachteil ist, dass sie einen kleineren Wissenspool bilden und Sie weniger Anregungen bekommen.

Es gibt verschiedene Gründe dafür, dass kooperatives Arbeiten so effektiv ist.

Motivationssteigerung
Lernzeiten gewinnen an Verbindlichkeit und der soziale Aspekt wertet das Lernen auf. Das gilt nicht nur für Lerngruppen, die gemeinsam an einem Thema arbeiten, sondern auch für Verabredungen zum Einzel-Arbeiten an einem gemeinsamen Ort wie der Bibliothek. Hängern, Frustrationen und Ängsten ist man nicht alleine ausgeliefert, die Gefahr der Verselbstständigung negativer Gefühle ist deshalb nicht so groß. Der Austausch über den Stoff oder über Arbeitsstrategien macht das Lernen außerdem lebendig.

Überprüfen des eigenen Wissens in der Gruppe
Oft merkt man erst durch Nachfragen, ob man etwas verstanden hat oder nicht, allerdings meistens erst in der Prüfung. In der Lerngruppe erfährt man es rechtzeitig. Hier können Missverständnisse entdeckt und geklärt werden.

Verbesserung von Verstehen und Erinnern
Der Austausch fördert das Verständnis und das Erinnern des Lernstoffs. Die Redaktion der Zeitschrift für MedizinstudentInnen Via Medici befragte 2008 eine Gruppe von LeserInnen zur Effektivität von Lerngruppen. 61 Prozent sagten, sie könnten sich in Lerngruppen erfolgreicher auf Prüfungen vorbereiten als alleine. »Wir haben seit zwei Jahren eine Lerngruppe von vier Leuten«, heißt es in einer der Begründungen, »und uns ist allen schon aufgefallen, dass man während einer Prüfung immer wieder eine Eingebung hat, weil man sich daran erinnert, dass es einer von uns in der Lerngruppe erklärt hat. Ich finde es also sehr sinnvoll, besonders, weil jeder einen anderen Zugang zum Stoff hat und eine andere Lernstrategie benutzt.«

Sicherheit im Studium
Lerngruppen erleichtern den Einstieg ins Studium. Es ist die einfachste Möglichkeit, erste verbindliche Kontakte zu knüpfen. Manche StudentInnen verabreden sich schon vor dem Studienbeginn in Online-Foren mit anderen Erstsemestern zur Bildung von Lerngruppen, um sich den Anfang bewusst zu erleichtern. So schafft die Lerngruppe soziale Sicherheit in der anonymen Institution Hochschule.

Sicherheit gewinnt man aber auch durch die Simulation von Prüfungssituationen. »In einer Lerngruppe kann man mies abgefragt werden – so wie es in einer Prüfung eben immer wieder vorkommt«, heißt eine andere Begründung für den Erfolg von Lerngruppen in der Via-Medici-Umfrage.

Tipps zur erfolgreichen Gestaltung von Lerngruppen

Voraussetzung für den Erfolg von Lerngruppen ist die Bereitschaft aller Mitglieder zur Kooperation, zum Austausch, zur gegenseitigen Unterstützung. Vertrauen darauf ist die Basis der Zusammenarbeit.

Man muss aber nicht befreundet sein. »Freunde zu haben ist gut, eine Lerngruppe zusätzlich zu haben ist klug«, schreibt der Jurastudent Jens Ferner auf seiner prämierten Webseite Jurakopf. »Ich habe in jeder Phase des Studiums immer eine neue Lerngruppe aufgebaut – und die alten Kontakte halbwegs aufrecht erhalten. Somit vergrößert sich der Kreis der Ansprechpartner stetig, aber es steht in der aktuellen Lerngruppe immer das Lernen im Vordergrund.« (http://www.jurakopf.de/grundet-lerngruppen / am 20.2.2010)

Die Voraussetzungen für eine rege und ausgewogene Beteiligung sind in Gruppen von drei bis fünf Personen optimal. In größeren Gruppen nimmt oft die Gruppendynamik zu viel Raum ein und Terminabsprachen werden schwierig.

Vereinbaren Sie verbindliche, am besten regelmäßige Termine, wenn möglich am gleichen Ort. Um Abschweifungen zu verhindern, ist es wichtig, bei jedem Treffen das Lern- oder Arbeitsziel zu definieren und einen Zeitplan festzulegen.

Wie findet man sich?

Es gibt immer mehr Institute, die ihre StudentInnen bei der Suche nach Lerngruppen oder Lernpartnerschaften organisatorisch unterstützen. Z. B. die Psychologischen Institute der Uni Freiburg und Konstanz. Der Bedarf wird auch andernorts gesehen. Am Institut für Informatik der Uni Ulm wird derzeit ein Lerngruppen-Organizer-Programm namens LEO getestet.

Sinnvoll ist in jedem Fall die Suche über studentische Foren. Eröffnen Sie einen Thread »Gründung einer Lerngruppe im Fach xy« oder »Wer macht mit bei einer Lerngruppe für die Schmidt-Klausur« und Sie werden sehen, dass viele begeistert antworten.

Außerdem befinden sich vor dem AStA-Büro und vor dem Raum der Fachschaftsvertretung in der Regel Mitteilungsbretter, auf denen per Aushang Lerngruppen-PartnerInnen gesucht werden können.

Virtuelle Lerngruppen

Wenn Sie virtuelle Gruppen bevorzugen oder aus organisatorischen Gründen darauf zurückgreifen müssen, können Sie sich bei der technischen Umsetzung vom Rechenzentrum oder der E-Learning-Einrichtung Ihrer Universität unterstützen lassen.

Zur Nachahmung empfohlen

Die Tatsache, dass gemeinsames Arbeiten die Motivation fördert, brachte Katrin Girgensohn und ihr Team auf eine geniale Idee. Das Schreibzentrum an der Frankfurter Viadrina veranstaltete im März 2010 die bundesweit erste »Lange Nacht der aufgeschobenen Hausarbeit«. Drei Wochen nach Beginn der Winter-Semesterferien, als bei vielen die Druckgefühle und das schlechte Gewissen wegen liegen gebliebener Hausarbeiten lähmend zu werden drohte, blieb das Schreibzentrum eine Nacht lang geöffnet und lud zum Arbeiten ein. Wer kam, notierte zunächst das persönliche Arbeitsziel für die Nacht auf eine Karte und pinnte sie auf eine »Zielwand«. Dann ging's los:

Mit Kaffee, Keksen und Tütensuppen versorgt, nur unterbrochen durch gemeinsame Pausen mit Schreibtisch-Yoga, Konzentrationsspielen und kleinen Nachtspaziergängen, arbeiteten zwei Dutzend StudentInnen bis morgens um 6 Uhr an ihren Texten. Schreibdidaktisch geschulte TutorInnen standen ihnen bei Problemen und Fragen zur Seite. In dieser Nacht wurden Schreibblockaden überwunden, ein Anfang oder der nächste wichtige Schritt gemacht. SPIEGEL online schrieb über diesen Event von »surrender Ruhe konzentrierten Arbeitens« und Erinnerungen an »Pyjama-Partys«.

Leider gibt es nur wenige Schreibzentren im deutschsprachigen Raum. Gemeinsame Arbeitsnächte oder Arbeits-Sonntage könnten aber auch in einem anderen Rahmen und in jedem Fachbereich motivationsfördernde kooperative Events werden.

Beate Selders

III.5 Peer-Feedback in Schreibgruppen

Dilek und Paul müssen zum Semesterende Hausarbeiten schreiben, doch tun sich beide damit schwer. Dilek meint, schreiben liege ihr nicht, deshalb hätte sie solche Schwierigkeiten. Auch gute Noten ändern an ihrer Selbsteinschätzung nichts. Paul dagegen dachte bisher, er könne gut schreiben, seine Texte werden aber oft schlecht bewertet, was ihn sehr verunsichert.

Während der Semesterferien sitzen zwar beide alleine an ihrem Schreibtisch, sie befinden sich aber im selben Boot, denn beide wissen nicht so richtig, wie das geht, das wissenschaftliche Schreiben. Ihre Fragen können sie niemandem stellen, sich nicht über ihre Ideen und Schwierigkeiten austauschen und niemand gibt ihnen eine ausführliche Rückmeldung auf ihre Texte.

Pauls und Dileks Situation ist unter anderem die Folge eines strukturellen Mangels deutscher Hochschulen. Während an US-amerikanischen Hochschulen Schreibkurse jedes Studium begleiten, bieten hierzulande nur wenige Universitäten Veranstaltungen zum wissenschaftlichen Schreiben an oder haben ein Schreibzentrum, das die Schlüsselkompetenz Schreiben fördert. Außerdem haben DozentInnen oft zu wenig Zeit, um ihre Studierenden ausführlich beim Schreiben zu betreuen. Fragen möchten Dilek und Paul ihre DozentInnen auch nicht. Es ist ihnen unangenehm, weil beide denken, wer eine Universität besucht, müsse doch wissen, wie man eine Hausarbeit schreibt! Die Schreibkompetenz, die man in der Schule erwirbt, reicht aber nicht aus, um umfangreichere wissenschaftliche Schreibprojekte zu bewältigen, und die Anwendung der Regeln wissenschaftlichen Schreibens erlernt man nicht durch das Lesen von Anleitungen.

Geht es Ihnen ähnlich wie Dilek oder Paul, dann möchten wir Ihnen Folgendes mitgeben:

- Gute Texte verfassen zu können, ist keine Frage der Begabung, es ist ein Handwerk, das man lernen und trainieren kann.
- Alle Studierenden müssen sich der Herausforderung des wissenschaftlichen Schreibens stellen.

Wir möchten Sie ermutigen, mit Ihren Fragen beim Schreiben nicht *allein* zu bleiben. Schließen Sie sich mit KommilitonInnen in Schreibgruppen zusammen, setzen Sie sich bewusst mit Ihrem Schreiben auseinander, diskutieren Sie Ihre Schwierigkeiten, lassen Sie die anderen Ihre Texte lesen und holen Sie sich Feedback.

Peer-Feedback und Peers

Bevor wir auf die Schreibgruppen eingehen, möchten wir Ihnen zuerst erklären, was Feedback ist, da dies ein wesentlicher Bestandteil der Gruppentreffen ist.

In der Schreibdidaktik heißt Feedback Rückmeldung auf alle möglichen Ergebnisse und Arbeitsschritte während des gesamten Schreibprozesses zu erhalten und zu geben (vgl. Bräuer o. J.).

Beim Peer-Feedback geben sich Menschen Rückmeldung, die sich auf gleicher Augenhöhe (sogenannte Peers) befinden, wie z. B. Studierende. Dabei geht es um das hierarchie- und angstfreie Sprechen über das Schreiben und über die eigenen Texte.

Feedback folgt klar definierten Regeln. Sie einzuüben ist nicht nur sinnvoll für die studienbegleitende Gruppenarbeit. Sie trainieren damit auch ein Gesprächsverfahren, das im Berufsalltag häufig angewandt wird, etwa in der Teamarbeit oder der Personalführung.

Feedback ist immer
– konstruktiv / beschreibend statt wertend
– konkret / subjektiv / sachlich.

Für die Reaktion auf Feedback gelten die Regeln:
– ausreden lassen
– sich nicht rechtfertigen oder verteidigen
– nur Verständnisfragen stellen
– danken

Was sind Schreibgruppen?

Eine Schreibgruppe setzt sich aus Studierenden zusammen, die zur selben Zeit an einem Schreibprojekt arbeiten. In der Gruppe können Sie sich miteinander über alles austauschen, was zum wissenschaftlichen Schreiben gehört: Ihre Texte, Schreibideen, Fragestellungen und Gliederung besprechen, Ihre Arbeitsprozesse und Zeitpläne thematisieren sowie Schreibübungen ausprobieren und sich gegenseitig Tipps geben. Im Austausch über Arbeits- und Schreibstrategien können Sie sich Ihre Arbeitsweise bewusst machen und sich weiterentwickeln. Außerdem ist Ihre Schreibgruppe ein echtes Publikum, das mit Wohlwollen Ihre Texte liest und diese konstruktiv kritisiert.

Wer gehört zu Ihrer Schreibgruppe?

Sie können sich überlegen, ob Sie eine fachinterne oder eine fächerübergreifende Schreibgruppe bilden wollen.

Fachinterne Gruppen: Alle arbeiten an Schreibprojekten für das gleiche Seminar, oder die Gruppe setzt sich aus Studierenden zusammen, die in verschiedenen Seminaren und Semestern sind, aber am gleichen Thema arbeiten.

In solchen Gruppen kann sich das Feedback auch auf den fachlichen Inhalt der Schreibprojekte beziehen, und die Verständigung ist leichter als in fächerübergreifenden Gruppen: Sie haben einen gemeinsamen Wissensstand, müssen Grundannahmen und Herangehensweisen, Begriffe und Theorien nicht gesondert erklären.

Fächerübergreifende Schreibgruppen: Es arbeiten Studierende verschiedener Fachrichtungen zusammen. Hier kommt das Feedback aus einer Außenperspektive. Die Anforderungen an Verständlichkeit sind deshalb höher und Sie können üben, für ein breiteres wissenschaftliches Publikum zu schreiben. Auch sonst haben Sie in der Regel ein kritischeres Publikum, denn wer in ein Thema nicht eingearbeitet ist, dem fällt oft schneller auf, was unverständlich, nicht ausreichend erklärt, unstrukturiert oder missverständlich formuliert ist. In solchen Gruppen fehlt zwar das spezifische Wissen zu Ihrem Thema, Sie können aber trotzdem vom Fachwissen der anderen profitieren: Vielleicht wollen Sie ein Interview in Ihre Arbeit einbinden, wissen aber nicht, mit welchen Methoden Interviews ausgewertet werden. In Ihrer Gruppe ist jemand, der oder die Erfahrung damit hat. Oder jemand in Ihrer Gruppe ist ExpertIn für ein Thema, das in Ihrer Arbeit nur eine untergeordnete Rolle spielt, und kann Sie an diesem Punkt auf fachliche Mängel aufmerksam machen.

Wie organisieren Sie die Gruppentreffen?

1. Die Gruppe sollte nicht mehr als fünf Mitglieder haben, damit die Zeit ausreicht, jedem Gruppenmitglied ausführliches Feedback zu geben.
2. Vereinbaren Sie feste, verbindliche und regelmäßige Termine. Das motiviert und so kommen Sie schneller mit ihrem Schreibprojekt voran! Dabei ist es wichtig, dass die Zeitabstände zwischen den Treffen nicht zu groß sind.
3. Schaffen Sie eine vertrauensvolle und angenehme Arbeitsatmosphäre. Suchen Sie sich einen schönen Ort, an dem beides, laute Gespräche und konzentrierte Arbeit, möglich ist. Sorgen Sie für genügend Platz, Licht und Luft.

Damit die Treffen so produktiv wie möglich werden, sollten Sie sich Ihre Zeit gut einteilen und am Anfang jedes Treffens einen festen Ablauf vereinbaren.

Mit dem folgenden Ablauf von Schreibgruppentreffen haben Studierende an der Europa-Universität Viadrina in Frankfurt/Oder seit einigen Jahren gute Erfahrungen gemacht:

Bevor Sie mit den Treffen beginnen, wählen Sie eine Person, die das Treffen als ModeratorIn leitet und auf die Zeit achtet.

Die Treffen teilen Sie in drei Phasen ein.

Allgemeines Besprechen – individuelle Arbeitszeit – Abschlussrunde

1. Phase: Der Beginn (ein Viertel der Gesamtzeit)

In einer ersten Runde erzählen alle, wie es ihnen gerade geht.

In einer zweiten Runde erhalten alle gleich viel Zeit, um über ihr Schreibprojekt zu sprechen und dazu Fragen zu stellen und Tipps und Feedback von der Gruppe zu erhalten. Alle sollten danach festlegen, woran sie heute arbeiten möchten.

2. Phase: Die Arbeitszeit (zwei Viertel der Gesamtzeit)

Alle TeilnehmerInnen arbeiten nun individuell an ihren Projekten. Jede/r hat Zeit zum Arbeiten am eigenen Text.

Die individuelle Arbeitszeit ist ein wichtiges Element der Gruppentreffen und sehr motivierend. Sie sehen, wie die anderen ebenfalls konzentriert an ihren Schreibprojekten arbeiten und sitzen eben nicht alleine an Ihrem Schreibtisch. Sie können sogar Ihre Pausen mit anderen verbringen. In der Praxis hat sich gezeigt, dass die feste Arbeitszeit in der Schreibgruppe die Schreibprojekte optimal voranbringt.

Wenn Sie während der Arbeitszeit Feedback brauchen, schließen Sie sich zu zweit zusammen und tauschen Sie Ihre Texte aus. Wenn Texte erst während der Gruppentreffen gelesen werden, sollten Sie sich auf 3–4 Seiten beschränken. Längere Texte müssen angekündigt und vorher gelesen werden. (Formen des Gruppen-Feedbacks werden weiter unten beschrieben.)

3. Phase. Die Abschlussrunde (ein Viertel der Gesamtzeit)

Jetzt tauschen Sie sich darüber aus, was Sie während der individuellen Arbeitszeit geschafft haben, was gut gelungen ist und was nicht und welche Fragen aufgekommen sind. Halten Sie am Ende fest, welche Arbeitsschritte Sie bis zum nächsten Treffen machen möchten.

Was ist beim Text-Feedback zu beachten?

Ein wichtiger Teil Ihres Schreibgruppentreffens ist das Geben und Nehmen von Feedback auf Ihre Texte. Sie sollten sich nicht nur Feedback auf fertige, schon überarbeitete Texte, sondern auch auf die ersten Fassungen holen. Das Feedback hilft Ihnen, Ihre Stärken und Schwächen deutlicher zu erkennen und mit den anderen zusammen Lösungswege für Probleme zu erarbeiten. Wenn Sie Feedback geben, profitieren Sie, da Sie durch das aufmerksame Lesen ein Gespür dafür bekommen, was »gute« Texte ausmacht. So lernen Sie viel für Ihre eigene Textkompetenz.

Sie haben in der Gruppe eine optimale Situation: Alle werden sich ernsthaft mit Ihren Texten beschäftigen und sich bemühen, konstruktiv zu kritisieren, weil sie auch von Ihnen konstruktive Anmerkungen erhalten wollen. Wenn Sie außerhalb einer Schreibgruppe eine Einschätzung Ihrer Texte suchen, wenden Sie sich an Personen, von denen Sie konstruktive Rückmeldungen erwarten können.

Sie wollen Feedback erhalten:
- Geben Sie vorher die Informationen, die wichtig sind, um Ihren Text einordnen zu können. Um welche Textsorte handelt es sich? Welches Ziel soll mit dem Text erreicht werden? Welche Funktion nimmt das ausgewählte Textstück im Gesamttext ein? In welcher Schreibphase befinden Sie sich (vgl. III.6)?

- Teilen Sie vor dem Lesen mit, worauf beim Lesen geachtet werden soll. Benennen Sie konkret Punkte, die Ihnen wichtig sind und nur zwei oder drei Aspekte, zu denen Sie gerne eine Rückmeldung hätten (vgl. III.6).
- Hören Sie sich alle Rückmeldungen an bzw. lesen Sie sich alle durch. Fangen Sie nicht an, Ihren Text zu verteidigen, sondern stellen Sie Fragen, wenn Ihnen eine Anmerkung unklar ist. Entscheiden Sie später in Ruhe, welche Anregungen Sie übernehmen wollen. Es ist und bleibt Ihr Text!
- Danken Sie für die Rückmeldungen und sagen Sie auch, was sie bewirkt haben.

Sie sollen Feedback geben:
- Stehen Sie dem Text und der Person, die ihn geschrieben hat offen und wohlwollend gegenüber und richten Sie sich nach ihren Wünschen. Fangen Sie also nicht an, die Rechtschreibung zu korrigieren, wenn sie gebeten wurden, auf die Struktur zu schauen. Wird kein konkretes Anliegen geäußert, können Sie sich an die Grundregel des Überarbeitens halten: das Wichtigste, d.h. die Struktur des Textes, zuerst (vgl. III.6).
- Sagen Sie zuerst, was Ihnen an dem Text gefallen hat und welche Stärken Sie sehen. Konzentrieren Sie sich nicht nur auf die Schwächen des Textes.
- Feedback bedeutet, Sie geben Ihren persönlichen Eindruck wieder. Sie korrigieren weder den Text noch mischen Sie sich in den Inhalt ein. Sie belassen die Verantwortung für den Text bei den AutorInnen. Deshalb sollten Sie Ihre Notizen auf ein Extra-Blatt schreiben und im Text nur Zeichen und Markierungen verwenden. Vorschläge dafür finden Sie im Kasten »mögliche Feedbackzeichen«.
- Ganz gleich, ob Sie Ihr Feedback mündlich oder schriftlich geben, achten Sie darauf, es klar und konkret zu formulieren und hren Eindruck mit Textstellen zu veranschaulichen. Vermeiden Sie dabei Verallgemeinerungen und Vagheiten. Wenn Sie Vorschläge machen wollen, dann formulieren Sie diese auch als Vorschläge und nicht als feststehende Regeln.
- Wenn Sie Textstellen unverständlich finden, stellen Sie Fragen dazu wie z.B. »Was willst du in diesem Abschnitt genau sagen? Was soll die Kernaussage sein?«
- Sie sollen die Texte nicht bewerten. Deshalb ist es wichtig, dass Sie Ihre Anmerkungen subjektiv formulieren. Z.B.: »Diesen Satz empfinde *ich* als zu lang und dadurch schwer verständlich. Da tauchen *meiner Meinung* nach gleich drei wichtige Informationen auf.« Außerdem sollten Sie sachbezogen bleiben und Ihren Eindruck immer begründen, beispielsweise so: »An dieser Stelle schreibst du, es gibt drei Ursachen von …, aber danach nennst du nur zwei und zwar …«

Vereinbaren Sie in Ihrer Schreibgruppe Symbole, mit denen Sie Texte kommentieren. Mögliche Feedback-Zeichen:

Log	=	Logik	☺ =	find ich gut
St	=	Stil	⊖ =	es fehlt etwas (Informationen, Argu-
Str	=	Struktur		mentationsschritt)
ugs.	=	umgangssprachlich	? =	unklar
Q	=	Quellenbeleg fehlt	W =	Wissenschaftlichkeit
Z	=	Zitierweise		

Feedback-Methoden

Für Schreibgruppentreffen stellen wir Ihnen nun zwei Möglichkeiten des Gruppenfeedbacks vor: Die Feedback-Konferenz und die Stille Zuhörer-Feedback-Runde.

Für eine Feedback-Konferenz (in Anlehnung an die Schreibkonferenz nach Becker-Mrotzek 2006) bringen alle einen eigenen Text von zwei bis vier Seiten Länge mit. Die TeilnehmerInnen setzen sich an einen Tisch, reichen ihren Text nach links weiter und bekommen von rechts einen fremden Text.

- Sie lesen sich den ersten Text durch und geben dazu unter einem bestimmten Gesichtspunkt Feedback (s. u.).
- Ihre Anmerkungen schreiben Sie auf ein Extra-Blatt, vermerken Ihren Namen dazu und klammern das Blatt an den Text. So bekommen die AutorInnen am Ende gebündeltes Feedback und bei Bedarf können Sie Fragen dazu stellen. In den Text selbst können Sie zuvor vereinbarte Feedbackzeichen schreiben.
- Nach jeder Feedbackrunde geben Sie den gelesenen Text und Ihr Feedback dazu nach links weiter. Von rechts erhalten Sie erneut einen fremden Text und die nächste Feedbackrunde beginnt.

Möglicher Ablauf der Feedback-Runden bei fünf TeilnehmerInnen:

1. Feedbackrunde: Schreiben Sie auf das Extra-Blatt, was Ihnen an diesem Text gut gefällt. Dann geben Sie Text und Feedback nach links weiter, von rechts erhalten Sie einen neuen Text.
2. Feedbackrunde: Achten Sie auf die Struktur und Verständlichkeit des zweiten Textes, auf den Aufbau des gesamten Textes und die Logik einzelner Textabschnitte. Schreiben Sie Ihr Feedback auf ein neues Extra-Blatt. Wieder geben Sie Text und Feedback nach links weiter, von rechts erhalten Sie einen neuen Text.
3. Feedbackrunde: Schauen Sie sich nun den Stil des Textes an und vermerken Sie Ihr Feedback auf dem Extra-Blatt. Jetzt geben Sie Text und Feedback nach links weiter, von rechts erhalten Sie einen neuen Text.
4. Feedbackrunde: Achten Sie darauf, ob wissenschaftliche Standards wie Quellenbelege eingehalten wurden und notieren Sie wieder das Feedback auf einem Extra-Blatt. (vgl. III.6). Erneut reichen Sie Text und Feedback nach links weiter, von rechts erhalten Sie einen neuen Text.

5. Feedbackrunde: Lesen Sie sich den letzten fremden Text und die Anmerkungen der anderen durch und kommentieren Sie diese oder schreiben weitere Bemerkungen dazu auf.

Wenn die Texte nach der 5. Runde weitergegeben werden, halten alle ihren eigenen Text wieder in den Händen. Nun lesen Sie sich die Rückmeldungen dazu durch. Dann legen Sie eine Reihenfolge fest, nach der jede/r Fragen dazu stellen kann.

Einigen Sie sich auf ein zeitliches Limit, das für alle Runden gilt. Bestimmen Sie eine Person, die darauf achtet und die jeweils nächste Runde ankündigt. Die Zeit für die anschließenden Fragen sollte genauso lang sein, wie die für die Feedbackrunden und sich auf alle Schreibgruppenmitglieder gleich verteilen.

Stille Zuhörer-Feedback-Runde

Hierzu bringt jedes Gruppenmitglied ausreichend viele Kopien eines Textes (2 bis 4 Seiten) mit. Jede/r liest alle Texte und macht sich dazu Notizen. Danach wird eine Reihenfolge festgelegt, in der die Texte besprochen werden. Das Feedback verläuft dann folgendermaßen:

- Die Gruppe tauscht sich über einen Text aus und versucht gemeinsam, Antworten auf offene Fragen zu finden, Verbesserungsvorschläge zu entwickeln usw. Alle halten sich dabei an die Feedback-Regeln. Der oder die AutorIn hört dem Gespräch zu und macht sich Notizen, darf aber weder kommentieren noch Fragen stellen.
- Nach dem Gruppengespräch kann der/die AutorIn Fragen stellen und Unklarheiten erklären (aber sich nicht verteidigen!). Dann wird der nächste Text besprochen.

Diese Variante unterstützt durch den Austausch die konstruktive Seite des Feedbacks. Eindrücke, Fragen und Kritikpunkte müssen genau formuliert und erklärt werden. Austausch und Diskussion des Textes zeigen den AutorInnen, wie unterschiedlich ihr Text wirken kann und sie erhalten verschiedene Lösungsvorschläge für schwierige Textstellen.

> TIPP
> So können Sie sich schnell Texte erschließen, wenn Sie auf die Struktur und den Argumentationsaufbau achten sollen:
>
> Lesen Sie den Text einmal durch.
>
> Beim zweiten Lesen markieren Sie die Kernaussagen und die Argumentationsstruktur des Textes:
>
> *Inhaltliche Gliederung*
> Fassen Sie mit Leitwörtern den Inhalt eines Abschnittes zusammen und schreiben Sie diese als Notiz an den Außenrand des Textes.

Logische Gliederung

Verzeichnen Sie in der gleichen Form die Funktion eines Abschnittes. Wird eine These aufgestellt oder eine Begründung erläutert? Ein Sachverhalt historisch hergeleitet, ein Hintergrund beschrieben? Ein Pro- oder Contra-Argument dargestellt, eine Schlussfolgerung gezogen?

Textaufbau visualisieren

Wenn Sie den Aufbau des Textes untersuchen wollen, übertragen Sie die Notizen in eine Mindmap oder einen Strukturbaum, um zu sehen, ob die Struktur logisch und die Argumentation stringent ist.

Dieses Vorgehen hat sich allgemein für Texterschließung, also auch der Texte, die Sie für Ihr Studium lesen, bewährt.

Raus aus der Einsamkeit. Bildet Schreibgruppen!

Lernen und wissenschaftliches Arbeiten sind auch soziale Prozesse, denn Wissen entstand und entsteht fast immer nur im Austausch mit anderen und miteinander. Auch das vermeintlich so einsame Schreiben sollte in einem aktiven und sozialen Prozess stattfinden. Das haben Dilek und Paul auch erkannt. Sie sitzen nicht mehr allein am Schreibtisch und verzweifeln an ihren Texten. Sie treffen sich regelmäßig in ihrer Schreibgruppe, tauschen sich über ihre Texte und Arbeitsweisen aus und lernen mit- und voneinander.

Franziska Liebetanz / Nora Peters

III.6 Hausarbeiten schreiben: Schritt für Schritt

Ganz gleich, was Sie studieren, früher oder später werden Sie Ihre erste wissenschaftliche Arbeit schreiben. Dafür gibt es bewährte Arbeitsstrategien. Auch wenn sie vor allem für StudienanfängerInnen wichtig sind, die vorgestellten Arbeitsschritte gelten für jede Form der Textproduktion und somit auch für jede Studienphase.

Wozu überhaupt Hausarbeiten?

Hausarbeiten sind eine gute Gelegenheit, um das Schreiben im Studium zu trainieren, damit Sie nicht erst mit der BA-Arbeit vor dieser Aufgabe stehen. Wissenschaftliches Schreiben lernt man nämlich nur dadurch, dass man regelmäßig Texte verfasst, ihre Wirkung erprobt und die Konventionen der Wissenschaft einübt.

Die Hausarbeit bzw. Seminararbeit wurde Ende des 18. Jahrhunderts an einzelnen deutschen Universitäten eingeführt und setzte sich im Laufe der Zeit immer stärker durch. Der Grund war zunächst nicht die Leistungskontrolle, wie es heute manchen erscheinen mag. Hausarbeiten sollten vielmehr eigenständiges Forschen ermöglichen. Hausarbeiten im Studium sind also ein Überbleibsel aus der »guten alten Zeit« vor den Bologna-Reformen. Sie sind manchmal die letzten Freiräume im oftmals überreglementierten BA-Studium und erlauben es Studierenden, kreativ zu werden, eigene Fragen zu entwickeln und neue Perspektiven zu finden.

Was heißt »wissenschaftliches« Schreiben?

Stellen Sie sich eine erkenntnisorientierten Debatte vor. In einem solchen Gespräch beziehen sich alle auf die Informationen und Argumente ihrer VorrednerInnen und stellen ihre Meinung dazu nachvollziehbar dar. Genau das geschieht in der Wissenschaft, nur verständigt man sich hier fast ausschließlich schriftlich durch Texte. Die Gesamtheit dieser Texte und die Bezüge, die WissenschaftlerInnen zwischen ihnen herstellen, bilden die sogenannten *Diskurse*.

Für wissenschaftliche Diskurse gelten bestimmte Spielregeln (s. u.). Es dauert eine Weile, bis man diese beherrscht. Seien Sie geduldig mit sich! Durch das Schreiben von eigenen Arbeiten und das damit verbundene Lesen und Recherchieren lernen Sie auch die Diskurse Ihres Studienfaches kennen. Sie lernen, selbst so zu schreiben, dass Sie daran teilnehmen können.

Vielleicht hilft Ihnen die Einstellung, dass es sich dabei tatsächlich um ein *Spiel* handelt. Denn schließlich werden studentische Texte nur selten veröffentlicht. Sie müssen sich also vorstellen, Sie seien eine wissenschaftliche Autorin oder ein Autor, obwohl Sie wissen, dass Sie nur für Ihre DozentInnen schreiben. Lassen Sie sich auf dieses Spiel ein und nehmen Sie es so ernst, wie auch jeder Schachspieler seine Partie ernst nimmt – im Bewusstsein, dass Sie von Arbeit zu Arbeit besser werden. Suchen Sie sich zudem von Anfang an viele LeserInnen für ein Feedback und zur Steigerung der Motivation (vgl. III.5).

Spielregel 1: Selbst denken und mutig sein

Das Wissen, das Sie sich erarbeitet haben, stellen Sie in Ihrem Text so zusammen, dass die Schlüsse, die Sie daraus ziehen, nachvollziehbar sind. Wissenschaftliches Schreiben ist also ein Offenlegen des eigenen Denkens. Das erfordert Mut!

Spielregel 2: Verweisen

Wissenschaftliche Texte bauen immer auf dem Wissen anderer auf.

Als oberstes Gebot gilt: Geben Sie immer genau an, woher welche Informationen und Gedanken stammen! Entweder durch direkte Zitate oder durch indirekte Wiedergabe (»Paraphrasen«) mit entsprechenden Verweisen. Die Quelle müssen Sie so angeben, dass LeserInnen mühelos die entsprechende Stelle im Originaltext finden können. Wie die Quellenangabe formal aussieht, hängt von der geforderten Zitierweise ab. Wichtig ist, dass Sie sich beim Lehrstuhl erkundigen, welche Zitierweise gewünscht wird und dass Sie die einmal gewählte Zitierweise in der ganzen Arbeit durchhalten.

Spielregel 3: Logisch strukturieren und nachvollziehbar schreiben

Wissenschaftliche Texte sind logisch aufgebaut. Damit die Schlussfolgerungen und der Aufbau des Textes für die LeserInnen nachvollziehbar wird, sollten Sie sie an die Hand nehmen und durch den Text geleiten!

Spielregel 4: Sachlich, präzise und verständlich schreiben.

Es ist ein leider weit verbreiteter Irrtum, dass wissenschaftliche Texte schwer lesbar sein müssen. Das Gegenteil ist der Fall: Wissenschaftliche Texte sollten gut verständlich sein, klar strukturiert und präzise formuliert. Deshalb: Stellen Sie sich als LeserInnen Ihre KommilitonInnen vor, um einzuschätzen, wie viel Sie erklären müssen!

Oft werden wir im Schreibzentrum gefragt, ob man in wissenschaftlichen Texten »ich« schreiben darf. Darauf gibt es keine pauschale Antwort. Es hängt vom Fach, sogar von den einzelnen Dozierenden ab. Sie sollten sich also explizit danach erkundigen.

Alle wissenschaftlichen Texte, die Sie in Zeitschriften und Fachbüchern finden, folgen diesen Spielregeln, wobei sprachliche Konventionen, Zitierregeln oder andere Vorgaben von Fach zu Fach variieren können. Innerhalb dieser Spielregeln werden Sie im Laufe der Zeit von allein einen eigenen Stil entwickeln.

Wie geht man vor beim wissenschaftlichen Schreiben?

Das Verfassen wissenschaftlicher Texte ist ein umfangreicher Prozess, der sich nicht auf einen Rutsch oder auf den letzten Drücker erledigen lässt. Sie sollten ausreichend Zeit dafür einplanen und den gesamten Arbeitsprozess in sinnvolle kleinere Schritte einteilen (vgl. II.3). Das Schreiben des eigentlichen Textes, der wissenschaftlichen Arbeit, ist dabei nur ein Schritt neben vielen anderen. Dies veranschaulicht das folgende Modell:

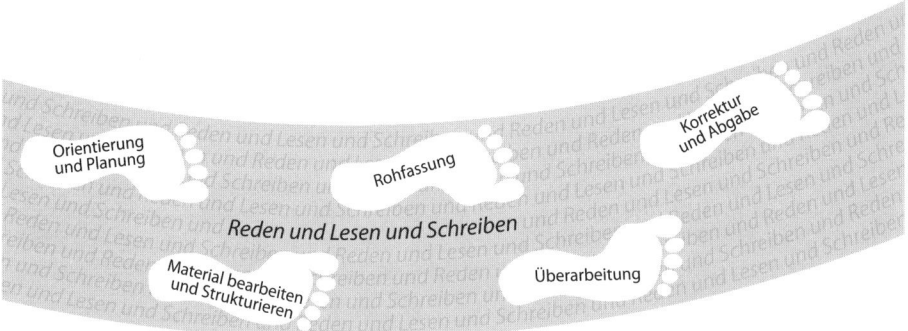

Als Faustregel gilt, dass jeder Schritt ungefähr gleich viel Zeit beansprucht. Wenn Sie also wissen, dass Sie fünf Wochen Zeit haben, um eine Arbeit zu schreiben, darf jeder Schritt nicht länger als eine Woche in Anspruch nehmen.

Sie sehen in der Abbildung, dass Schreiben, Lesen und Reden alle Schritte begleiten. Während Sie lesen, sollten Sie immer auch Ihre Gedanken aufschreiben oder Exzerpte verfassen. In der Schreibphase lesen Sie kritisch den eigenen Text oder vertiefend Textstellen anderer. Und im Gegensatz zur landläufigen Meinung sollte Schreiben keine einsame Tätigkeit sein, sondern immer wieder unterstützt werden durch Gespräche. Wissenschaft entsteht nie im Elfenbeinturm. Am Anfang kostet es Überwindung, unfertige Gedanken oder Texte preiszugeben. Aber es gehört dazu und Sie werden feststellen, dass gerade im Austausch der Reiz des Studiums liegt (vgl. III.5).

Schritt 1: Orientierung und Planung

In dieser Arbeitsphase geht es darum, einen Überblick über das gewählte Thema zu erlangen, den Arbeitsprozess zu planen und schließlich eine Fragestellung zu entwickeln, auf die Ihr Text eine Antwort geben soll.

Recherche

Meistens haben Sie schon erste Anhaltspunkte im Seminar erhalten, in dessen Rahmen Sie die Arbeit schreiben. Vielleicht haben Sie auch schon ein Referat zu Ihrem Thema gehalten (vgl. II.3). Hier sollten Sie mit der Recherche beginnen: Besorgen Sie sich zunächst Literatur anhand der im Seminar ausgegebenen Listen und Hinweise. Da es manchmal dauern kann, bis vorbestellte Bücher in den Bibliotheken wieder verfügbar sind, ist es sinnvoll, diesen Arbeitsschritt frühzeitig anzugehen und nicht erst dann, wenn das Schreiben der Hausarbeit ansteht. Fragen Sie auch Ihre/n DozentIn nach Literatur und nutzen Sie das Internet (vgl. III.2). Wichtig ist, dass Sie in dieser Arbeitsphase die gefundenen Texte erst einmal nur nutzen, um sich einen Überblick zu verschaffen. Dazu lesen Sie den Klappentext, schauen sich das Inhaltsverzeichnis an und überfliegen die Einleitung sowie evtl. einzelne Kapitel (»*kursorisches Lesen*«). Im Literaturverzeichnis finden Sie Hinweise auf weitere Texte. Sie sollten außerdem mit allgemeinen Werken anfangen, also mit Handbüchern und Lexika. Auf diese Weise werden Sie sehen, welche Theorieansätze es zu Ihrem Thema gibt und welche Fachbegriffe in diesem Zusammenhang diskutiert werden.

Ideen sammeln

Das Ziel dieser Orientierungsphase ist zum einen, festzustellen, welche Quellen es gibt und was sie hergeben und zum anderen, innerhalb des Themas Aspekte zu finden, die Sie besonders interessieren. In dieser Phase sollten Sie viel schreiben – nicht schon für die Hausarbeit, sondern für sich. Legen Sie ein *Journal* an, d. h. ein Notizbuch, das sie möglichst immer bei sich tragen (vgl. II.3, II.4 und III.3). Darin können Sie alle Ideen festhalten, die Ihnen zwischendurch kommen. Meistens tauchen Ideen nämlich nicht auf Kommando am Schreibtisch auf, sondern unerwartet irgendwann, weil unser Gehirn sich quasi im Hintergrund immer weiter mit unserem Thema beschäftigt. Das Journal können Sie außerdem systematisch zum Schreibdenken nutzen: Machen Sie sich durch schriftliches Denken klar, was Sie an Ihrem Thema interessiert und worauf Ihre Arbeit hinauslaufen soll (vgl. II.5).

Formulieren einer Fragestellung

Am Ende dieser Arbeitsphase sollte aus dem Thema eine Fragestellung geworden sein. Das ist ein sehr wichtiger und manchmal schwieriger Schritt. Ein zu weit gefasstes Thema führt häufig zu Schreibblockaden und zu Verzögerungen im Schreibprozess. Je kleiner der Ausschnitt ist, den Sie innerhalb Ihres Themas bearbeiten, desto mehr können Sie in die Tiefe gehen und desto besser wird Ihre Arbeit werden. Fragen Sie sich: Was genau will ich wissen? Welcher einzelne Aspekt des Themas interessiert mich? Es gibt gute Ratgeber, die anhand von Beispielen dazu anleiten, Fragestellungen zu entwickeln (Frank et al. 2007 und Pyerin 2001).

> **Schritt 2: Material auswerten und Strukturieren**
> Wenn Sie diese Arbeitsphase beginnen, sollte Ihre Fragestellung oder Hypothese klar sein. Erst wenn Sie wissen, auf welche Frage Ihnen die Texte, die Sie lesen, eine Antwort geben sollen, können Sie wissen, welche Ausschnitte aus den Büchern für Sie relevant sind.

Lesen

Sie müssen nicht jedes Werk, das Sie benutzen, von vorne bis hinten durcharbeiten! In der Wissenschaft liest man mitunter nur die Passagen eines Werkes, die man braucht. Dabei muss man natürlich gut aufpassen, dass man trotzdem den Zusammenhang versteht und auch weiß, in welchem Kontext das Buch steht.

Das wissenschaftliche Lesen ist Arbeit (vgl. III.3). Entsprechend sollten Sie sich dafür einen angenehmen Arbeitsplatz mit Ruhe und gutem Licht suchen und genügend Zeit einplanen, um sich mit einem Text gründlich auseinanderzusetzen. Wissenschaftliches Lesen sollte immer mit Schreiben verbunden werden: Schreiben Sie Exzerpte, das heißt Zusammenfassungen der gelesenen Texte, in Hinblick auf Ihre Fragestellung und nutzen Sie Ihr Journal für Ideen und Fragen, die beim Lesen entstehen.

Exzerpieren

Das Exzerpieren wirkt zunächst sehr zeitaufwändig, doch letztendlich spart es Zeit. Fakten und Argumentationen aus exzerpierten Texten behalten Sie besser im Gedächtnis als wenn Sie nur lesen und markieren oder in Stichworten festhalten. Durch das Formulieren eigener Sätze merken Sie schnell, an welchen Stellen Sie den Text noch nicht verstanden haben (vgl. III.3). Und wenn Sie sorgfältig vorgehen, können Sie Teile der Exzerpte später direkt als Zitate oder Paraphrase in Ihre Hausarbeit einfügen. Ein gutes Exzerpt soll einen Text so zusammenfassen, dass man beim Schreiben der Rohfassung den Originaltext nicht wieder in die Hand zu nehmen braucht.

Zur Unterstützung des systematischen Archivierens von Literatur und Exzerpten wurden verschiedene Computerprogramme entwickelt z.B. Citavi, Bibliographix oder Endnote. Es lohnt sich, von Studienbeginn an damit zu arbeiten (vgl. III.1).

> **Vorgehensweise beim Exzerpieren:**
> 1. Notieren Sie sorgfältig die komplette Literaturangabe auf jedem Blatt oder in der Fußzeile des Dokuments, bei geliehenen Büchern auch den Standort und die Signatur.
> 2. Überfliegen Sie den Text und klären Sie grundsätzliche Verständnisfragen vorab, z.B. durch Nachschlagen von Fachbegriffen in Handbüchern.

3. Teilen Sie den Text in Abschnitte ein.

4. Für jeden Abschnitt formulieren Sie nun eine Überschrift oder eine Frage. Passend zur Überschrift formulieren Sie dann die Hauptaussage des Absatzes in ein bis drei Sätzen.

5. Legen Sie den Text weg und schreiben Sie auf der Basis der Überschriften und Aussagen eine Zusammenfassung. Achten Sie dabei darauf, gleich im Text deutlich zu machen, dass Sie hier die Meinung von jemand anders wiedergeben (»Der Autor sagt …«, »Der Autor ist der Meinung …«, »Die Autorin stellt fest …«).

Tipp: Sie sparen viel Zeit, wenn Sie systematisch exzerpieren und sich darüber hinaus von Studienbeginn an ein vernünftiges Ablage- bzw. Speichersystem für Ihre Exzerpte anlegen.

Strukturieren

In diese Arbeitsphase fällt auch das Strukturieren des Textes, den Sie schreiben werden. Sie erstellen eine Gliederung, die mit der Einleitung beginnt und mit einem Fazit oder Ausblick endet. Diese beiden Textteile bilden den Rahmen der Arbeit und beziehen sich aufeinander. Die Teile dazwischen halten Sie in Kapitelüberschriften und Unterüberschriften fest. Fast immer gibt es unterschiedliche Möglichkeiten, diese Textteile zwischen Einleitung und Fazit zu gliedern. Probieren Sie mehrere Varianten aus und überlegen Sie sich dabei immer, welche Funktion die einzelnen Textteile im Gesamttext haben: Geben Sie Hintergrundwissen? Erläutern Sie unterschiedliche Positionen? Illustrieren Sie einen Sachverhalt?

Ein gutes Hilfsmittel zum Erstellen von Gliederungen sind Mindmaps. Die grafische Darstellung ermöglicht es Ihnen, verschiedene Gliederungsvarianten auszuprobieren (vgl. II.5 und III.1).

Es ist durchaus möglich, dass sich Ihre Gliederung im Laufe des Schreibprozesses noch verändert. Das liegt daran, dass Sie durch das Schreiben selbst neue Zusammenhänge herstellen und weitere Ideen entwickeln. Dennoch sollten Sie unbedingt vor dem Schreiben der Rohfassung eine Gliederung erstellt haben und ungefähr wissen, in welchen Kapiteln Sie sich auf welche gelesenen Texte beziehen.

Schritt 3: Das Schreiben der Rohfassung
Sie haben nun bereits aus Ihrem Erkenntnisinteresse heraus eine Fragestellung entwickelt, haben Texte gelesen und exzerpiert und eine Gliederung erstellt. Jetzt kann das Schreiben der Rohfassung beginnen!

Sie müssen nun aufpassen, dass Sie sich nicht durch Ihre eigenen Ansprüche und Unsicherheiten bremsen lassen. Denn das passiert vielen StudienanfängerInnen: Sie denken, dass jeder Satz perfekt sein soll und der Text von Anfang an so werden muss, wie er später abgegeben wird. Sie beschäftigen sich dann so sehr damit, welche Formulierung die richtige ist oder ob ein Gedanke wirklich stimmig ist, dass sie ständig ihren Schreibfluss unterbrechen, wieder löschen und dann den Faden verlieren (vgl. II.4).

Schreibstrategien

Es ist hilfreich, wenn man sich klar macht, dass man zu diesem Zeitpunkt nur eine Rohfassung schreibt – also eine vorläufige und unfertige Fassung des späteren Textes. Eine Rohfassung sollte zügig geschrieben werden, denn das Schreiben hat auch die Funktion, Zusammenhänge herzustellen und Ideen zu entwickeln (»*heuristische Funktion* des Schreibens«). Das funktioniert nicht, wenn man sich ständig unterbricht (vgl. II.5). Als Hilfsmittel kann man sich sogenannte Stolperzeichen überlegen, mit denen man während des Schreibens Passagen markiert, mit deren Formulierungen man nicht zufrieden ist oder Stellen, die man noch ergänzen will. Man fügt dann an den entsprechenden Stellen z. B. das Zeichen # ein und weiß, dass man sich diese Passage später noch einmal genauer ansehen will.

Sie müssen beim Schreiben der Rohfassung nicht unbedingt vorn anfangen. Sie können auch die Kapitel zuerst schreiben, zu denen Sie am meisten Lust haben. Oft wird die Einleitung einer Arbeit am Ende noch einmal geschrieben – dann nämlich, wenn man durch den Schreibprozess erfahren hat, dass Zusammenhänge sich doch nicht so darstellen lassen, wie vorher gedacht, neue Ideen entstanden sind oder Denkfehler deutlich wurden.

Die einzelnen Kapitel kann man durch strukturierende Standardformulierungen ein- und ausleiten.

Lese-Führung

Mit Standard-Formulierungen wie den folgenden können Sie Ihre LeserInnen durch Ihren Text geleiten – und sich selbst beim Schreiben klarmachen, was Sie gerade tun.

Einleitend:

– Bezug zum vorigen Kapitel: *Nach dem im vorigen Kapitel dargestellt wurde, wie … soll es nun darum gehen, was …*
– Bezug des Kapitels zur Fragestellung: *In diesem Abschnitt wird der Aspekt xy näher betrachtet, um zu veranschaulichen, …*
– Bedeutung des Kapitels in der Gesamtdarstellung: *Das in diesem Kapitel erläuterte Beispiel veranschaulicht die bisher aufgestellten Thesen.*
– Was soll über diesen Gegenstand gesagt werden? Worauf soll der Blick der LeserInnen gelenkt werden? *Ich zeige in diesem Abschnitt, wie sich drei Autoren über XY geäußert haben und möchte damit verdeutlichen, wie unterschiedlich XY von seinen Zeitgenossen wahrgenommen wurde.*
– Welcher methodische Weg in der Darstellung wird dazu eingeschlagen? *Ich gebe zunächst einen Überblick über die verschiedenen Positionen und illustriere sie dann jeweils an Hand eines Zitats.*

Abschließend:

– Zusammenfassung: Was war wichtig in diesem Kapitel? Was sollte deutlich geworden sein, was sollen die Leser/innen behalten? *Wie ich gezeigt habe, … / Es ist deutlich geworden, dass …*

– Evtl. Ausblick: *Im nächsten Abschnitt soll daher genauer betrachtet werden …*

Zusammengestellt nach Kruse (1999) und Mehlhorn (2005).

Am Ende dieser Arbeitsphase sollte der gesamte Text als Rohfassung vorliegen. Suchen Sie nun die Stolperzeichen und ergänzen Sie, wo es nötig ist, Quellen und Textteile. Stilistische Korrekturen können Sie zunächst auf einen späteren Zeitpunkt verschieben. Ideal ist es, wenn man nun ein paar Tage Pause machen kann, um Abstand von dem Geschriebenen zu bekommen.

Stufe 4: Das Überarbeiten der Rohfassung
Sie haben nun einen ersten Text vorliegen und darauf können Sie stolz sein! Nun gilt es, diesen Text adressatengerecht zu machen. Aus der Rohfassung (dem ungeschliffenen Rohdiamanten) muss nun ein für Außenstehende gut leserlicher Text werden (ein polierter Edelstein).

Diesen Schritt zu gehen, erfordert Geduld. Wir sind heute durch das Chatten, E-Mailen und Bloggen daran gewöhnt, dass wir Texte runterschreiben und sofort in die Welt schicken. Aber in der Wissenschaft werden sorgfaltig uberarbeitete Texte erwartet. Deshalb muss für die Überarbeitung unbedingt genügend Zeit eingeplant werden.

Dabei empfiehlt sich ein genauso systematisches Vorgehen wie im gesamten Arbeitsprozess. Sie sollten Ihren gesamten Text mehrmals überarbeiten und zwar jedes Mal unter einem anderen Gesichtspunkt. Dabei ist es sehr wichtig, zuerst übergeordnete Aspekte anzugucken und erst danach eher untergeordnete. Es nützt nämlich wenig, wenn man z.B. mit stilistischen Verbesserungen anfängt, dann aber die Struktur des Gesamttextes verändert oder vielleicht Passagen weg kürzt, die man vorher erst noch mühevoll stilistisch geschliffen hat. Die übergeordneten Aspekte sind Textaufbau, Argumentationsstruktur, Richtigkeit des Inhalts und die Einhaltung der wissenschaftlichen Normen. Die untergeordneten sind Stil, Grammatik, Rechtschreibung und Layout. Unten finden Sie Checklisten, die Sie zum Überarbeiten nutzen können.

Holen Sie sich zu diesem Zeitpunkt auch Feedback von außen, denn man selbst wird leicht betriebsblind, weil man sich nun schon lange Zeit intensiv mit dem Text befasst hat. Aber Achtung! Es ist wichtig, dass Sie genau sagen, worauf Sie eine Rückmeldung haben möchten. Erklären Sie, dass es sich bei dem vorliegenden Text um eine Rohfassung handelt und bitten Sie ihre LeserInnen auch darum, Ihnen mitzuteilen, was sie für gelungen halten, denn es ist auch wichtig, sich über seine Stärken beim Schreiben klar zu werden (vgl. III.5).

Die folgenden Fragen können nicht nur Ihnen bei der Überarbeitung helfen, sondern auch Leitfragen sein, um möglichst konkret zu formulieren, auf was Ihre LeserInnen jeweils achten sollen. Nicht immer lassen sich die einzelnen Aspekte genau voneinander trennen. Doch es ist sehr hilfreich, sich beim Lesen sozusagen verschiedene Brillen aufzusetzen.

Leitfragen zur strukturellen Überarbeitung
- Wird in der Arbeit eingehalten, was in der Einleitung angekündigt wurde?
- Wird im Schlussteil die Fragestellung aufgegriffen und beantwortet?
- Wie fließt der Text? Gibt es einen roten Faden?
- Gibt es Gedankensprünge?
- Ist die Unterteilung des Textes in Absätze logisch nachvollziehbar?
- Könnten noch Übergänge zwischen den Kapiteln oder zwischen einzelnen Abschnitten hinzugefügt werden?
- Wo könnten noch Absätze eingefügt werden?
- Könnten weitere Überschriften und Zwischenüberschriften den Text klarer strukturieren?
- Könnte eine Aufzählung in Listen- oder Tabellenform die Lesbarkeit erhöhen?

Leitfragen zur inhaltlichen Überarbeitung
- Sind Aussagen undeutlich oder unklar?
- Wo fehlt etwas?
- Was ist widersprüchlich?
- Wo könnten Beschreibungen, Fallbeispiele oder Vergleiche den Text anschaulicher machen?
- Wo wiederholen sich Aussagen? Was lenkt von der Beantwortung der Forschungsfrage ab und ist damit unwesentlich?

Leitfragen zur Überarbeitung der wissenschaftlichen Standards
- An welchen Stellen wird etwas behauptet, das belegt werden müsste? (Beispiel: »In Deutschland leben viele Migranten, die sich heimatlos fühlen.« – Eine solche Aussage muss belegt werden durch Verweise auf Literatur oder eigene Untersuchungen. Indikatoren sind Wörter wie »immer«, »viele«, »die meisten« usw.)
- Wo ist unklar, wessen Meinung oder Forschungsergebnis wiedergegeben wird?
- Sind Zitate sinnvoll in den Text eingebunden worden? (»Zitaten-Flickenteppiche« vermeiden!)
- Sind die im Text verwendeten zentralen Begriffe definiert worden?
- Werden Abkürzungen beim ersten Gebrauch erklärt?

Leitfragen zur stilistischen Überarbeitung
- Wurde Umgangssprache vermieden?
- Wurden Schachtelsätze vermieden?
- Wo könnten Sätze noch gekürzt werden? (Für jeden neuen Sachverhalt sollte ein neuer Satz stehen. Generell sollten in Sätzen die wichtigsten Aussagen im Hauptsatz stehen und Nebenaussagen in Nebensätzen).
- Können Wortwiederholungen vermieden werden? (Achtung: Fachbegriffe, die man definiert hat, müssen durchgehalten werden, auch wenn sie sich wieder-

holen. Für andere Wörter kann man Synonyme suchen, z. B. mit der Thesaurus-Funktion am PC).

- Kürzungspotential: Gibt es überflüssige Füllwörter? Wo können Wörter oder Satzteile gestrichen werden, ohne dass sich der Sinn oder die Aussage verändert?

Zusammenstellung der Leitfragen orientiert an Frank et al. 2007, Wolfsberger 2007 und Skripts von Imke Lange

---

Schritt 5: Korrigieren, Layouten, Abgeben
Sie haben nun Ihre Rohfassung überarbeitet und der Text ist fast fertig. Jetzt fehlt nur noch die Endkontrolle.

Generell sollte man die Rechtschreibprüfung des Computers nutzen, dann aber den gesamten Text ausdrucken und ihn auf dem Papier noch einmal Korrektur lesen. Ein ziemlich sicheres Mittel, um Fehler zu finden, die sich durch Verschiebungen oder Löschungen am Computer eingeschlichen haben, ist, sich den Text selbst laut vorzulesen.

Neben Rechtschreibung und Zeichensetzung müssen am Ende noch folgende Punkte überprüft bzw. geklärt werden:

1. Ist die Zitierweise einheitlich?
2. Ist das Literaturverzeichnis vollständig?
3. Stimmen Überschriften im Inhaltsverzeichnis und im Text überein?
4. Stimmen Inhaltsverzeichnis und Seitennummerierung überein?
5. Entsprechen Zeilenabstand, Seitenränder, Schriftart und -größe sowie Zitierweise den geforderten Standards? Diese Vorgaben sollten mit den Dozierenden geklärt werden. Oft findet man Angaben auf der Homepage des Lehrstuhls.
6. Entspricht das Deckblatt den Vorgaben? Müssen Sie eine Eigenständigkeitserklärung abgeben? Gibt es Vorgaben für die Bindung?

Auch für die Schlusskorrektur und Endkontrolle sollte man andere Leute um Hilfe bitten, vor allem, wenn man Schwächen bei der Rechtschreibung und Zeichensetzung hat, was keine Schande ist.

Diese Arbeitsphase ist in der Regel fast genauso lang wie die anderen, weil viele verschiedene Arbeitsschritte koordiniert werden müssen und man entsprechende Zeitpuffer einplanen muss (vgl. II.3 und II.4). Außerdem gelten auch hier leider Murphys Gesetze: Was schief gehen kann, geht oft auch wirklich schief: Der Drucker streikt, die letzte Version der Arbeit verschwindet im Daten-Nirwana und der Copyshop ist wegen Betriebsausflug geschlossen. Zumindest dem Datenverlust kann man systematisch vorbeugen, indem man gewissenhaft Sicherungskopien anlegt (vgl. III.1).

Wenn Sie die Arbeit abgegeben haben, sollten Sie auf jeden Fall die Chance nutzen, von Ihrem wichtigsten Leser oder Ihrer wichtigsten Leserin eine Rückmeldung zu bekommen. Vereinbaren Sie deshalb einen Termin, statt nur den Schein im Sekretariat abzuholen (vgl. II.3).

Katrin Girgensohn

III.7 Tipps gegen Schreibblockaden

Was können Sie tun, wenn das Schreiben stockt? Wenn Sie nicht voran kommen, nicht weiter wissen, sich zu unsicher fühlen?

Zunächst sollten Sie sich klar machen, dass Schreibschwierigkeiten völlig normal sind, denn wissenschaftliches Schreiben *ist* schwierig. »Professionell wissenschaftlich zu schreiben bedeutet nicht, keine Probleme beim Schreiben zu haben. Vielmehr besteht die Könnerschaft darin, die beim Schreiben auftauchenden Schwierigkeiten bewusst wahrzunehmen, anzunehmen und produktiv zu bearbeiten«, meint dazu Gabriela Ruhmann, Pionierin der Schreibdidaktik in Deutschland, auf der Homepage des Schreibzentrums der Universität Bochum.

Schreibschwierigkeiten sind also kein Grund zu verzweifeln oder aufzugeben, sondern sie sind Herausforderungen, an denen Sie wachsen werden (vgl. II.3 und II.4).

Um sie zu meistern, ist es wichtig, herauszufinden, was hinter Ihren Schwierigkeiten steckt. Nutzen Sie dafür die Technik des Schreibdenkens (vgl. II.5) und Gespräche. Nach den Erfahrungen, die wir gesammelt haben, gibt es immer wieder ähnliche Gründe für Schreibschwierigkeiten:

Unsicherheit in Bezug auf die gestellten Anforderungen

Viele Studierende glauben, nicht genug zu wissen oder nicht wissenschaftlich genug zu schreiben. Denken Sie daran: Sie lernen und müssen nicht alles schon können. Nutzen Sie die Sprechstunden der DozentInnen und trauen Sie sich, auch vermeintlich »dumme« Fragen zu stellen. Wir haben oft gehört, dass ProfessorInnen sich wundern, warum die Studierenden die Sprechstunde für ihre Hausarbeiten so wenig nutzen (vgl. II.3).

Zu großes Thema

Das ist in unserer Schreibsprechstunde der Klassiker! Sehr oft scheitern Hausarbeiten daran, dass das Thema nicht richtig eingegrenzt und keine Fragestellung entwickelt wurde. Dann läuft während des Schreibens alles aus dem Ruder, es tauchen immer mehr vermeintlich wichtige Aspekte auf, die noch integriert werden müssen, und dennoch entsteht kein guter Text. Die Motivation sinkt, die Arbeit wird aufgeschoben und am Ende bleibt sie unvollendet. Oft hilft hier nur: Zurückkehren zur Stufe »Orientierung und Planung« und einen einzelnen Aspekt herausgreifen, daraus eine Forschungsfrage entwickeln und sich von manchen bereits geschriebenen

Seiten trennen! Vielleicht lässt sich einiges davon für spätere Arbeiten verwenden? Wenn nicht, dann haben Sie doch zumindest ein Themenfeld erarbeitet und viel gelernt. Aber: Es muss nicht alles in diese Hausarbeit hinein!

Zu viel auf einmal wollen

Gerade StudienanfängerInnen nehmen sich oft viel zu viel auf einmal vor und blockieren sich damit. Meistens wird zu wenig Zeit für die schriftlichen Arbeiten eingeplant, z. B. weil sie zu viele Arbeiten gleichzeitig schreiben, parallel aber noch Praktika und Sprachkurse absolviert werden wollen und der Nebenjob auch nicht unwichtig ist (vgl. II.3). Außerdem soll eine gute Arbeit geschrieben werden, die womöglich nicht nur Ihnen neue Erkenntnisse bringt, sondern auch noch den oder die DozentIn beeindrucken soll. Hier hilft nur: Runter mit den Ansprüchen! Entweder müssen Sie weniger machen oder Sie müssen Ihre inhaltlichen Ansprüche an die Arbeit senken. Machen Sie sich zunächst klar, dass es nicht darum geht, einen originellen Beitrag für Ihr Fach zu erbringen. Nehmen Sie dann die Schritteeinteilung für Ihren Arbeitsprozess (vgl. III.6) und stellen Sie fest, ob Ihre Planung – bei allem Fleiß und guten Willen – überhaupt realistisch sein kann. Wenn Ihnen z. B. nur zwei Tage für die Orientierung und Planung bleiben, dann müssen Sie diese Phase entsprechend früh beenden und dafür vielleicht in Kauf nehmen, dass die Arbeit diesmal nicht so gut wird. Immerhin haben Sie dann gelernt, beim nächsten Mal realistischer zu planen (vgl. II.4).

Perfektionismus

Besonders gerne schlägt er in den Arbeitsphasen »Material auswerten« und »Schreiben der Rohfassung« zu. Dann hören Sie einfach nicht mehr auf damit, Texte zu lesen und immer noch mehr über Ihr Thema zu recherchieren. Oder Sie tippen am Tag nicht mehr als drei Sätze, weil Sie sofort alles wieder löschen, was Ihnen nicht perfekt erscheint. Wenn Sie sich dabei ertappen, kann Ihnen vielleicht inszenierter Druck von außen helfen: Verabreden Sie sich mit KommilitonInnen, um zur gleichen Zeit zu schreiben und hören Sie nicht eher auf, bis Sie eine bestimmte Wortzahl erreicht haben. Oder stellen Sie die Schrift am Bildschirm auf weiß, damit Sie nicht sofort alles lesen können, was Sie tippen (Rechtschreibkontrolle ausschalten!) (vgl. II.4 und III.5).

Der Schreibforscher Ronald Kellog hat festgestellt, dass man ca. 15 Jahre Übung braucht, bis die Schreibkompetenz ein professionelles Niveau erreicht (Kellog 2008). Versuchen Sie also nicht, alles auf einmal zu schaffen!

Motivationsprobleme

Es kommt vor, dass Sie an einem Thema gar nichts interessiert. Dann ist natürlich die Motivation, darüber eine Arbeit zu schreiben, gleich Null. Das macht das Schreiben wirklich schwierig. Fragen Sie sich, ob Sie diesen einen Schein unbedingt brauchen oder ob es nicht vielleicht doch die Möglichkeit gibt, im kommenden Semester einen anderen Kurs zu belegen. Oder versuchen Sie, innerhalb des vorgegebenen Themenrahmens einen Aspekt zu finden, der Sie interessieren könnte. Oft ist der Spielraum viel größer, als man anfangs denkt (vgl. II.3 und II.4). Und wenn gar nichts geht: Augen zu und durch! Werfen Sie Ihre Ansprüche vorübergehend über Bord und nutzen Sie diese Arbeit bewusst als Übungsstück. Versuchen Sie, sich strikt an das Schrittemodell (vgl. III.6) zu halten und in kurzer Zeit ein befriedigendes Ergebnis zu erlangen. Am Ende haben Sie immerhin etwas über den Arbeitsprozess gelernt!

Katrin Girgensohn

III.8 Referate

In der Schreibberatung sitzt Thomas, und ist ziemlich nervös, weil er nächste Woche sein erstes Referat im Studium halten muss.

Die Referate seiner KomilitonInnen haben ihn eher eingeschüchtert: Er hatte den Eindruck, dass die Vortragenden sehr belesen waren und sich sehr akademisch ausdrückten, aber durch die vielen Fremdwörter verstand er nicht ganz, was sie mitteilen wollten.

Er hat jetzt Sorge, ein weniger gutes Referat abzuliefern und sich damit zu blamieren. Die vielen Referate im Studium gefallen ihm nicht besonders; nicht nur, weil er selbst sich davor eher fürchtet, sondern auch, weil er sich oft beim Zuhören langweilt und nicht das Gefühl hat, viel zu lernen. Er berichtet, dass im Anschluss an die Referate so gut wie nie über die Qualität des Vortrags geredet wird, deshalb weiß er eigentlich nicht, was einen guten Vortrag ausmacht.

Vielleicht kennen Sie ähnliche Gefühle wie die von Thomas? Das Halten von Referaten, auch Präsentieren genannt, ist typisch für Seminare an deutschen Hochschulen. Sie als Studierende bekommen damit die Möglichkeit, einen Teil der Sitzungen mitzugestalten, ohne – wie in Vorlesungen üblich – nur den Worten der DozentInnen lauschen zu müssen. Gleichzeitig ist ein Referat in der Regel ein Leistungsnachweis, der für den Erwerb von Credits verlangt und häufig auch bewertet wird: Sie sollen zeigen, dass Sie in der Lage sind, Wissen über ein Thema eigenständig zu strukturieren und in einer mündlichen Präsentation adressatengerecht aufzubereiten. Aus eigener Erfahrung im Studium weiß ich, wie schwierig es sein kann, dabei mit verschiedenen Anforderungen zu jonglieren:

Da muss man sprachliche Mittel zur Vortragsstrukturierung und Zuhörerführung finden, Redeängste überwinden, den Kontakt zum Publikum wahren, auf spontane Fragen eingehen können, und mit Pannen wie nicht funktionierender Technik oder Blackouts umgehen. Inzwischen gebe ich selbst Workshops zum Halten von Referaten und weiß nicht nur aus eigener Erfahrung: Die Aufregung und die Befürchtungen (nicht nur) vor dem ersten Vortrag im Studium sind normal und gehören dazu. Durch jedes einzelne Referat gewöhnt man sich im Laufe des Studiums mehr und mehr daran, vor einer Gruppe von Menschen zu stehen und zu sprechen. Gegen Ende des Studiums stellt sich sogar eine gewisse Routine ein, weil man sich selbst in dieser Rolle kennt und gelernt hat, dass ein Referat nicht perfekt sein muss, um ein gutes Referat zu sein.

Was ist ein gutes Referat?

Sicherlich kennen Sie auch die Situation, im Publikum eines Vortrages zu sitzen und sich gedanklich mehr mit dem Mensaangebot oder den Plänen fürs nächste

Wochenende als mit den vorgetragenen Inhalten zu beschäftigen. Doch woran liegt es, dass die Konzentration bei manchen Vorträgen so schwer fällt, bei anderen dagegen sehr leicht? Die Erfahrung mit vielen schlechten Referaten lehrt: Es sind lediglich ein paar Fragen, die dafür entscheidend sind, dass die Zuhörenden gut folgen können:

- Inhalt: Werden nur die Inhalte präsentiert, die für das Thema relevant und für das Publikum wichtig sind? Ein Beispiel: Sie können davon ausgehen, dass Ihre ZuhörerInnen den Grundlagentext, der zu jeder Seminarsitzung gelesen werden muss, gelesen haben. Allerdings werden ihn nicht alle so tiefgehend wie Sie als VortragendeR verstanden haben. Sie müssen die Inhalte des Textes nicht wiederholen, können die Kernaussagen aber in einigen Sätzen zusammenfassen.
- Struktur: Gibt es eine für das Publikum klare, nachvollziehbare Gliederung? Um eine Struktur für Ihren Vortrag zu schaffen, sollten Sie, genau wie beim Gliedern einer Hausarbeit, überlegen, in welche Unterthemen sich Ihr Thema gliedert. Im Vortrag können Sie diese Gliederung dem Publikum deutlich machen, indem Sie Zwischenüberschriften auf die Folien schreiben oder mündlich darauf hinweisen, wie sich das Unterthema, über das Sie gerade sprechen, in die Gesamtstruktur einbettet (vgl. III.6).
- Sprache: Wird in einfachen, klaren Sätzen gesprochen? Werden nötige Fachwörter genannt, aber keine unnötigen Fremdwörter? Werden Pausen eingebaut, in denen das Publikum kurz verschnaufen kann? Ist das Sprechtempo so langsam, dass das Publikum mitdenken kann? Der beste Weg, diese Aspekte zu trainieren und zu überprüfen, ist, den Vortrag probeweise zu halten und ein Feedback einzuholen.
- Zuhörerorientierung: Wird Blickkontakt mit dem Publikum gehalten? Wird auf Zwischenfragen oder Verständnisschwierigkeiten eingegangen? Dafür ist es wichtig, während des Vortrags aufzublicken und Pausen zu machen, in denen das Publikum eventuelle Fragen stellen kann. Auch das üben Sie am besten durch einen Probevortrag.
- Medieneinsatz: Werden Medien so eingesetzt, dass sie das Gesagte unterstützen? Ist das Handout gut strukturiert und übersichtlich?

Das Referat vorbereiten

Es gibt nicht den einen richtigen Weg für die Vorbereitung eines Referates. Wenn Sie aber an die Referate denken, die Sie bisher (auch in der Schule) gehalten haben, fallen Ihnen bestimmt mehrere Aufgaben ein, die vorher zu erledigen waren. Im Folgenden ein kurzer Überblick über Teilschritte, die Sie vor einem Vortrag in der Regel gehen werden.

Referatsvorbereitung
- Überblick über die Aspekte des Themas verschaffen
- Thema – wenn nötig – eingrenzen

- Rücksprache mit dem/der DozentIn halten
- Absprachen mit den Mitreferierenden treffen
- Ziele des Referats klären: Was soll erreicht werden? Was soll das Publikum am Ende wissen?
- Literatur suchen, auswählen, lesen und verarbeiten
- Inhalte und Struktur des Vortrags festlegen
- Medien auswählen und gestalten: Welche Medien eignen sich zur Präsentation der Inhalte?
- Kernaussagen für Folien auswählen
- Handout entwickeln
- Literaturliste erstellen
- Diskussionsfragen vorbereiten
- Handout überarbeiten
- Redemanuskript erstellen
- Medien (wie Beamer, Overheadprojektor u. ä.) organisieren
- Referat proben (vor FreundInnen, Mitstudierenden, vor dem Spiegel) und auf die Zeit achten

Nehmen Sie diese Liste und erstellen Sie einen eigenen Vorbereitungsplan.

Fallen Ihnen weitere Schritte ein, die für Ihre persönliche Vorbereitung wichtig sind? Gibt es Schritte, die Ihnen unnötig erscheinen? Wenn ja, welche und warum? Und: In welcher Reihenfolge würden Sie die Schritte gehen?

Viele der Schritte sind miteinander verzahnt und voneinander abhängig. Ob das Referatsthema noch eingegrenzt werden muss oder nicht, ist unter anderem abhängig von der Rücksprache mit dem oder der DozentIn. Bei Gruppenreferaten hängt von der Absprache mit den MitreferentInnen ab, welchen Teil der Literatur Sie lesen und auswerten und welchen Teil des Vortrags Sie strukturieren und am Ende präsentieren. Wichtig ist, dass Sie Ihr Gruppenreferat als ein in sich geschlossenes Ganzes betrachten, das eine erkennbare Gesamtstruktur hat und dessen einzelne Teile aufeinander abgestimmt sind. Auch wenn es etwas lästig und zeitaufwändig ist, lohnt es sich, mehrere Treffen mit der Referatsgruppe einzuplanen: Diese haben nicht nur den Vorteil, dass man Vorgehensweisen und Inhalte miteinander abgleichen kann, sondern auch den, dass man sich gegenseitig besser kennen lernt, was zu mehr Sicherheit während des Gruppenvortrags führt (vgl. II.3).

Das Redemanuskript: Eine Stütze für den Vortrag

Sich ein gut durchdachtes Redemanuskript anzulegen, erleichtert den gesamten Vortrag enorm. Ein Redemanuskript kann enthalten (vgl. Franck 2008):
1. Stichpunkte zu den Inhalten, die Sie vermitteln möchten.
2. Überschriften, die Ihren Vortrag gliedern.
3. Eine Mindmap, das die Struktur Ihres Vortrags darstellt.
4. Anweisungen, die Sie sich selbst geben (z. B. »nächste Folie auflegen«, »Begriff an Tafel schreiben«, »Zusammenhang anhand des Modells auf Folie zeigen«).

5. Einige ausformulierte Sätze für Stellen, an denen Sie sich nicht auf Ihr Improvisationstalent verlassen möchten, z. B. für die Einleitung.
6. Hinweise darauf, welche Teile Sie weglassen können, wenn Sie in Zeitnot geraten.

Es ist sinnvoll, als Redemanuskript nummerierte Karteikarten in DIN-A5-Größe zu verwenden: So besteht nicht wie bei DIN-A4-Blättern die Gefahr, dass Sie sich hinter Ihrem Manuskript verstecken oder die Blätter vor Aufregung zerknittern.

> Tipp: Gerade wenn Sie AnfängerIn im Vortragen sind, ist es eine große Hilfe, den Vortrag vor der eigentlichen Präsentation mehrmals laut gesprochen zu haben. Sie können Ihren Vortrag zunächst wörtlich ausarbeiten und aus diesem ausformulierten Manuskript die Stichpunkte herausschreiben, die Sie brauchen, um sich an Ihre Sätze zu erinnern. Oder Sie gehen umgekehrt vor: Sie notieren zuerst Stichpunkte und formulieren daraus – am besten laut – die Sätze, die Sie in Ihrem Vortrag sagen möchten.

Das Referat halten

Beim Halten des Referats selbst gehen Sie wieder viele kleine Schritte:
1. das Publikum begrüßen, sich selbst und die anderen Referierenden vorstellen
2. Interesse für das Thema wecken, einen Einstieg geben
3. Handouts verteilen
4. die Struktur des Vortrags vorstellen
5. die Inhalte des Themas referieren
6. einen Schluss finden bzw. zur Diskussion überleiten
7. Diskussionsfragen stellen
8. die Diskussion moderieren

Vielleicht fallen Ihnen noch weitere Schritte ein, die für das Vortragen in Ihrem Studienfach notwendig sind? Wie schon bei der Vorbereitung ist die Reihenfolge nicht starr festgelegt: Möglicherweise kann es effektvoller sein, noch vor der Begrüßung und Vorstellung einen interessanten Einstieg ins Thema zu geben, beispielsweise durch eine Karikatur, durch ein kurzes Rollenspiel oder durch eine provokante These. Zur Frage, wann Handouts am besten verteilt werden, gehen in meinen Workshops die Meinungen auseinander: Einige StudentInnen finden es gut, während des Vortrags schon etwas in der Hand zu haben und mitlesen zu können, andere sagen, sie würden sich lieber eigene Notizen machen und sich ganz auf das Gesagte konzentrieren. Eine mögliche Lösung ist, das Publikum nach seinen Vorlieben zu befragen.

Das Publikum durch den Vortrag leiten

Ein Referat lebt nicht nur von den Inhalten, die präsentiert werden, sondern auch von sogenannten metasprachlichen Redemitteln. Solche Ausdrücke, die sich nicht auf den Inhalt, sondern auf den Vortrag selbst beziehen, sind das Schmiermittel, das

Ihren Vortrag flüssig macht und das die Kommunikation zwischen Ihnen und Ihrem Publikum herstellt. Im Folgenden ein paar Beispiele für solche Redemittel, die Sie nutzen können:

Das Thema vorstellen:
Ich werde heute über X sprechen.

Sich selbst und die anderen Referierenden vorstellen:
Mein Name ist X, meine Mitreferenten sind Y und Z.

Die Struktur des Referats vorstellen:
Mein Vortrag gliedert sich in X Teile: Zunächst werde ich Y vorstellen, dann gehe ich auf Z ein, dann …

Von einem Teil zum nächsten übergehen:
Ich bin hiermit am Ende von Teil X des Vortrags und werde jetzt in Teil Y darauf eingehen, inwiefern …

Das Ende des Vortrags bekannt geben:
Ich danke euch für eure Aufmerksamkeit und würde jetzt im Anschluss gern offen gebliebene Fragen besprechen.

Zur Diskussion überleiten:
Fragen, die für mich noch unbeantwortet geblieben sind, sind X und Y. Dazu würde ich gerne eure Meinung hören.

Auch nonverbal überzeugen

Sicherlich haben Sie schon einmal gehört, dass gerade beim Vortragen die Körpersprache eine wichtige Rolle spielt (vgl. II.2). Und tatsächlich haben Haltung und Gesten immer eine Wirkung auf Ihr Publikum. Dadurch sollten Sie sich aber keinesfalls verrückt machen lassen, denn die meisten der Gesten, die Sie unbewusst einsetzen, sind durchaus sinnvoll, weil Sie das, was Sie sagen, unterstreichen. Außerdem können Sie sich an ein paar Ratschlägen zum nonverbalen Verhalten beim Vortragen orientieren (in Anlehnung an Händel et al. 2007):

1. Probieren Sie, immer wieder eine Grundhaltung einzunehmen, in der Sie mit beiden Füßen fest auf dem Boden stehen, denn diese Position vermittelt Standfestigkeit und Selbstbewusstsein – dem Publikum und Ihnen (vgl. II.2).
2. Wenn Sie nicht wissen, wohin mit den Händen, können Sie einen Stift oder einen Zettel in die Hand nehmen. Sie sollten lediglich vermeiden, die Arme zu verschränken oder die Hände in den Hosentaschen zu behalten.
3. Sinnvoll ist es, eine Hand frei zu haben, um das Gesagte durch spontane Gesten zu unterstützen.
4. Vielen Vortragenden hilft es, in der Nähe eine Ablage zu haben, um Redemanuskripte oder ähnliches abzulegen.
5. Für das Publikum ist es angenehm, wenn Sie immer wieder Blickkontakt zu möglichst allen ZuhörerInnen aufnehmen. Sie können diesen Kontakt ruhig eine Weile halten, bevor Sie dann wieder auf Ihre Notizen schauen.

Geschickter Medieneinsatz

Während meines Studiums hatte ich manchmal den Eindruck, dass einige meiner Mitstudierenden einen Vertrag mit PowerPoint unterschrieben hatten: Jedes ihrer Referate musste eine PowerPoint-Präsentation sein, und alle nur möglichen Effekte mussten genutzt werden. Das trug allerdings nicht dazu bei, das Referat interessant und seine Inhalte einprägsam zu gestalten. Daher: Es muss nicht immer PowerPoint sein. Alle Medien haben ihre Vorteile (vgl. dazu Franck / Stary 2006): Ich habe schon sehr gute Vorträge gehört, bei denen die Referierenden allein die Tafel genutzt haben. Denn diese ist besonders gut geeignet, das Publikum in das Referat einzubeziehen und gemeinsam mit ihm Inhalte und Ideen zu entwickeln. Das gleiche gilt für die Flipchart, die außerdem den Vorteil hat, dass die Blätter schon im Voraus vorbereitet werden können. Auch Referate, die als einziges Medium den Overheadprojektor nutzen, können gelingen: Ich habe erlebt, dass OHP-Folien, gerade weil die bei PowerPoint üblichen Effekte fehlen, verständlicher werden. Außerdem haben auch sie den Vorteil, dass Vorschläge des Publikums auf den vorbereiteten Folien spontan ergänzt werden können. Natürlich hat aber auch PowerPoint seine Vorzüge, wie z. B. den, dass Sie mehrere Darstellungsformen wie Schrift, Bilder und Graphiken miteinander kombinieren können. Sie sollten nur einige Dinge beachten, um nicht in die Falle der tausend Folien und Effekte zu tappen (angelehnt an Franck / Stary 2006):

Checkliste für PowerPoint-Präsentationen

- Habe ich für jede Folie festgelegt, welche Funktion sie hat (z. B. Interesse des Publikums wecken, einen bestimmten Teilaspekt präsentieren, ein Beispiel zeigen)?
- Habe ich wirklich nur die Kerninformationen auf den Folien festgehalten?
- Ist auf jeder Folie wirklich nur eine überschaubare Menge an Informationen präsentiert, d. h. maximal sieben unterschiedliche Informationen?
- Habe ich überprüft, ob die Schriftgröße groß genug ist, um sie auch in den hinteren Reihen lesen zu können? (Empfohlen wird mindestens Schriftgröße 20!)
- Ist genug Rand sowie genug Abstand zwischen den Zeilen vorhanden?
- Habe ich größtenteils Stichpunkte anstelle ganzer Sätze verwendet?
- Sind meine Folien gut strukturiert, z. B. durch Spiegelstriche, Ziffern, Punkte oder Pfeile?
- Habe ich immer die gleiche Schriftart verwendet?
- Setze ich Farben und unterschiedliche Schriftarten und -größen sowie Effekte wirklich nur ein, um den Inhalt zu unterstützen (d. h. nicht aus Spielerei!)?

Tipp: Es ist sinnvoll, sich erst über die Inhalte klar zu werden, die man seinem Publikum vermitteln möchte und dann die Medien auszuwählen. Es führt zu keinem guten Produkt, wenn man schon PowerPoint-Folien erstellt, während man noch dabei ist, Ideen zu sammeln und zu strukturieren.

Lesefreundliche Handouts

Wenn Sie sich einmal die Handouts Ihrer Mitstudierenden anschauen: Welche gefallen Ihnen? Bei welchen haben Sie das Gefühl, auch nach einigen Semestern das Referat noch nachvollziehen zu können? Warum? Welche gefallen Ihnen dagegen nicht so gut?

Wenn Sie sich klar machen, was Sie selbst von einem guten Handout erwarten, ist das eine gute Grundlage, um selbst ein gelungenes Handout zu verfassen. Außerdem gibt es ein paar Grundregeln für das Gestalten des Handouts: Es sollte nicht mehr als zwei Seiten lang sein, die Gliederung des Vortrags (durch Überschriften, Nummerierungen usw.) wiedergeben und einen Kopf enthalten. In diesen Kopf gehören üblicherweise die Namen der Referierenden, außerdem der Name des/der Seminarleitenden, des Seminars, des Instituts und der Universität sowie Datum und Thema des Referats. Zusätzlich können Sie folgende Checkliste nutzen, um Ihr Handout vor dem Referat zu überprüfen und es gegebenenfalls zu überarbeiten.

Checkliste Handout
- Kann man auch nach dem Referat die Argumentation des Vortrags noch nachvollziehen?
- Enthält das Handout alle wesentlichen Informationen des Vortrags, lässt aber Zusätzliches wie Beispiele usw. aus?
- Ist der Satzbau einfach bzw. werden die Informationen als Stichpunkte gegeben, sodass sich die LeserInnen dabei auch auf das Gesagte konzentrieren können?
- Habe ich Fachwörter verwendet und bei Bedarf erklärt?
- Habe ich Anregungen für eine Diskussion eingebaut?

Tipp: Es hat sich als gute Strategie erwiesen, erst das Redemanuskript zu erstellen und dann daraus die Inhalte zu filtern, die man dem Publikum schriftlich mitgeben möchte. Beim Durchgehen des Redemanuskripts kann man überlegen: Welche Informationen sind so wichtig bzw. beim Hören so schwer zu verstehen, dass sie das Publikum auch schriftlich vor sich haben sollte?

Mit Pannen umgehen

Pannen können trotz guter Vorbereitung jedem passieren. Das ist aber meistens gar nicht so schlimm, wie Sie meinen. Während Sie einen kompletten Gedankenausfall haben, der Ihren Puls in die Höhe treibt, freut sich das Publikum vielleicht sogar über diese kurze Pause. Viele der Pannen, die Ihnen vielleicht schrecklich peinlich erscheinen, fallen dem Publikum außerdem gar nicht auf. Sie sollten sich daher z. B. durch Versprecher nicht aus dem Konzept bringen lassen, sondern einfach das richtige Wort hinterher sagen, ohne sich zu entschuldigen. Wenn Ihnen ein Wort auf der Zunge liegt, es aber partout nicht raus will, können Sie auch das Publikum fragen: »Fällt euch vielleicht das passende Wort dafür ein?« Auch wenn Sie komplett den Faden verlieren, hilft die Strategie, das Publikum einzubeziehen: »Jetzt hab ich grad den Faden verloren. Kann mir mal jemand auf die Sprünge helfen?« Meist sind die ZuhörerInnen froh, durch eine solche Form der Mitbeteiligung aus ihrer Passivität gerissen zu werden. Auch wenn Ihnen mitten im Vortrag plötzlich einfällt, dass Sie einen ganz wichtigen Punkt vergessen haben, entschärfen Sie die Situation, indem Sie einfach offen sagen »Mir fällt grad auf, ich habe vorhin etwas vergessen. Also komme ich jetzt noch mal zurück zu ...« Ihr Publikum erwartet von Ihnen keinen perfekten und dadurch vielleicht sogar steril wirkenden Vortrag!

Dem Horrorszenario, dass Sie einen PowerPoint-Vortrag halten wollen, die Technik aber nicht funktioniert und Ihr gesamter Vortrag unbrauchbar wird, können Sie vorbeugen, indem Sie Ihre Folien ausdrucken und zur Not schnell kopieren und verteilen. Und selbst wenn Sie ganz ohne Hilfsmittel da stehen, gibt es immer noch die Möglichkeit, den Vortrag nur mit Einsatz der guten alten Tafel zu halten, auf der Sie die wichtigsten Informationen festhalten. Solche Improvisationen wirken manchmal sogar auflockernd.

Redeängste beim Referat überwinden

Wenn Sie vor Ihrem Referat aufgeregt sind, heißt das nicht, dass Sie unter extremen Redeängsten leiden – bei jedem Menschen stellt sich eine gewisse Anspannung ein, wenn er bzw. sie vor einer Gruppe sprechen muss. Lampenfieber ist normal und gehört zu jedem Vortrag dazu (vgl. II.2). Eine gewisse Portion Adrenalin trägt sogar dazu bei, dass Sie während Ihres Vortrags aufmerksam und konzentriert sind. Und ansonsten hilft Ihnen vielleicht einer der folgenden Tipps:

- Wenn Sie sich vor dem Vortragen fürchten, erinnern Sie sich an Ihre bisherigen Erfahrungen mit dem Sprechen vor Gruppen. Konzentrieren Sie sich dabei auf positive Erlebnisse: Wo und wann hatten Sie Erfolgserlebnisse? Wie war das Gefühl dabei?
- Sie können auch ein Blatt nehmen und auf einer Seite aufschreiben: Was ist das Schlimmste, das während des Referats passieren könnte? Schreiben Sie dann jeweils neben diese Horrorszenarien Antworten auf folgende Fragen: Wie wahrscheinlich ist das? Was spricht dagegen, dass es eintritt? Selbst wenn es passiert, welche Konsequenzen hätte das dann für mich als Gesamtpersönlichkeit und für mein weiteres Leben?
- Wenn Sie vor dem Referat sehr nervös sind und wenn Sie es möchten, teilen Sie dem Publikum einfach Ihre Gefühle mit. Die meisten ZuhörerInnen werden Verständnis zeigen und besondere Rücksicht auf Sie nehmen.
- Hilfreich ist es auch, während des Vortrags immer wieder Blickkontakt mit ZuhörerInnen aufzunehmen, die interessiert und freundlich blicken. Dadurch fühlen Sie sich bestärkt und sicherer. Natürlich können Sie auch Kontakt zu einer vertrauten Person suchen, wenn eine solche am Seminar teilnimmt.

- Wenn Deutsch nicht Ihre Muttersprache ist: Machen Sie sich klar, dass das Publikum Fehler übersehen wird, weil es sich auf den Inhalt, nicht auf die Form konzentriert. Bedenken Sie auch, dass deutsche Studierende daran gewöhnt sind, Vorträge ausländischer Mitstudierender zu hören, sodass ein Akzent oder kleine Grammatikfehler nicht als ungewöhnlich oder störend erlebt werden.

Redeängste in der Diskussion überwinden

Vielleicht kennen Sie auch das Phänomen, dass es leichter fällt, bei einem Vortrag die eigene Sprechangst zu überwinden als in den anschließenden Diskussionen, in denen in kurzer Zeit sehr viele Redebeiträge aufeinander treffen. Um sich hierin zu üben, sind Rhetorikkurse, die Hochschulen manchmal anbieten, eine gute Möglichkeit (vgl. II.7). Einige Hinweise, die z.B. mir geholfen haben, im Studium die Scheu in Diskussionen zu überwinden, finden Sie außerdem hier:

- Versuchen Sie im Seminar von Beginn an mitzureden. Wenn Sie sich einmal in einer schweigenden Rolle eingerichtet haben, fällt es schwer, sich von ihr zu lösen.
- Sie können damit anfangen, sich in Seminaren zu beteiligen, in denen Sie sich wohl fühlen, vielleicht weil dort eine entspannte Atmosphäre herrscht, weil die Gruppe klein ist oder weil Sie den Dozenten oder das Thema besonders mögen. Wenn Sie sich dort mit Ihren Redebeiträgen sicher fühlen, ist der nächste Schritt, auch in den anderen Seminaren etwas zu sagen.
- Wenn Sie einmal keine eigenen Ideen haben, können Sie auch Fragen zum Thema stellen. Oft bringt das die Diskussion sehr viel weiter als Meinungen oder weitere Informationen. Und wenn Sie sich in Debatten noch keine Meinung gebildet haben, können Sie sich auf andere Diskussionsbeiträge beziehen, diese zusammenfassen oder Verständnisfragen stellen, wie »Habe ich dich richtig verstanden, du siehst das so und so …« Auch das sind wertvolle Beiträge in Diskussionen und die meisten werden dankbar sein, dass jemand bemüht ist, die verschiedenen Beiträge zu verstehen, statt sich mit einem weiteren Beitrag zu profilieren.
- Insbesondere Frauen neigen dazu, sich in Diskussionen zurückzunehmen und ihre Redebeiträge einzuleiten mit »Ich glaube …«, »Ich würde sagen …«, »Könnte es sein …?« Wenn Sie eine Meinung oder einen fachlichen Beitrag haben, formulieren Sie ihn nicht als Frage oder im Konjunktiv (vgl. II.3).
- Wenn Sie unterbrochen werden oder wenn Ihre Vorschläge überhört werden (beides passiert vor allem Frauen in Diskussionen häufig), so sollten Sie sich dagegen verwehren. Sagen Sie bestimmt und ruhig: »Ich möchte meinen Gedanken zu Ende führen«, »Ich möchte, dass du auf meinen Beitrag eingehst« oder »Mein Vorschlag wurde noch nicht zu Ende diskutiert«. Sie machen sich damit nicht lächerlich, sondern verschaffen sich Respekt und ersparen sich Frustrationen. (Diese und weitere Hinweise zu geschlechtstypischem Diskussionsverhalten finden Sie bei Franck 2008, 185 ff.)

- Lassen Sie sich nicht von KommilitonInnen beeindrucken, die ein Fachwort nach dem nächsten nennen und mit Namen, Theorien und Zitaten um sich werfen. Das meiste davon ist das, was allgemein unter »Uni-Bluff« verstanden wird.

Zurück zu Thomas: Als dieser zwei Wochen später noch einmal in die Beratung kommt, sieht er viel entspannter aus als zuvor: Er hatte sich gut auf sein Referat vorbereitet und der Vortrag ist dann tatsächlich auch ganz gut gelaufen. Zwar war er nervös und hat sich ein paar Mal verhaspelt, aber die SeminarteilnehmerInnen haben ihm mit interessierten Gesichtern zugehört, und am Ende hat eine Kommilitonin ihm sogar gesagt, dass sie Thomas' Einstieg über die Präsentation einer Zeitungsmeldung sehr gut fand. Mit ein paar Dingen ist Thomas noch nicht so zufrieden. Er findet z. B., dass er zu schnell gesprochen hat, er ist sich aber auch sicher, dass er daran in den kommenden Semestern noch arbeiten kann.

Checkliste zur abschließenden Überprüfung aller nötigen Schritte:

- Habe ich mit dem Dozenten bzw. der Dozentin das genaue Thema sowie die Struktur und die Inhalte des Referats abgesprochen?
- Habe ich überprüft, ob die Struktur des Handouts mit dem des Vortrags übereinstimmt?
- Habe ich das Handout auf Grammatik, Rechtschreibung und Zeichensetzung hin überprüft bzw. von jemandem überprüfen lassen?
- Habe ich meinen Vortrag laut vorgetragen und dabei überprüft, ob ich in der vorgegebenen Zeit bleibe?
- Habe ich Diskussionsfragen vorbereitet?
- Habe ich die Literaturliste am Ende des Handouts auf Vollständigkeit überprüft?
- Habe ich mir neben Handout und Folien eigene Notizen für meinen Vortrag als Redemanuskript gemacht?
- Habe ich mit meinen Arbeitsgruppenmitgliedern abgesprochen, wer wann welchen Teil vorstellt, und gemeinsam mit ihnen den Vortrag geprobt?

Ella Grieshammer

III.9 Service-Teil

Vgl. hierzu immer auch die im Service-Teil II.7 genannten Adressen.

Anlauf- und Beratungsstellen, Kurs- und Serviceangebote

Computer- und Medienzentren bzw. Rechenzentren: Computerkurse, Bereitstellung von Software und oft auch Hardware für studentische Belange.

Schreibzentren: Einen Überblick über Schreibzentren an deutschen Hochschulen finden Sie auf den Seiten der Viadrina Universität Frankfurt/Oder: www.euv-frankfurt-o.de/de/campus.

(Pfad: > Hilfe rund ums Studium > Schreibzentrum > Links und Materialien > Schreibzentren und Schreibberatung an deutschen Universitäten).

Wer kommerzielle Schreibberatungsangebote in Anspruch nehmen möchte, sollte darauf achten, dass sich die AnbieterInnen explizit von Ghostwriter-Serviceangeboten abgrenzen. Haben die AnbieterInnen einen schreibdidaktischen Hintergrund z.B. Mitgliedschaft in Netzwerken wie dem Arbeitskreis Schreibdidaktik; der European Association for Teaching Academic Writing (EATAW) oder eine schreibdidaktische Ausbildung? Wer selbst eine wissenschaftliche Arbeit verfasst hat, ist nämlich nicht automatisch in der Lage, das Schreiben anderer zu fördern.

Downloads und nützliche Links

www.fu-berlin.de/studienberatung: Kurze, prägnante Texte zu den Themen: Aufschieben, Prüfungsangst, Motivation und Arbeitsstörungen zum Download, Pfad: Psychologische Beratung > Texte.

www.seezeit.com: Seezeit Studentenwerk Bodensee: Gute Materialien und Texte zu den Themen: Lernstrukturierung, Bewältigung von Prüfungen, Vorlagen für Lern- und Arbeitspläne zum Download, Pfad: Service und Beratung > psychotherapeutische Beratungsstelle > Info und Materialien.

www.studium.uni-oldenburg.de: Leitfaden für ein Sprechstundengespräch. URL: http://www.studium.uni-oldenburg.de/cman/dateien/ZSB/LeitfadenGespraechemitLehrenden.pdf [02.05.2010]

www.uni-duesseldorf.de: Checkliste für Sprechstundengespräche. URL: http://www.uni-duesseldorf.de/ttt/material/092_sprechstunde_leitlinien.pdf [02.05.2010]

http:homepages.hs-bremen.de/~sbekar / Bekar, Sonar (2005): Effektives Lernen durch erfolgreiche Mitschriften.

www.ph-freiburg.de/hochschule: umfangreiche Linksammlung zu den Themen Arbeitstechniken, wissenschaftliches Schreiben und Präsentieren.

(Pfad: Zentrale Einrichtungen > Schreibzentrum > Online-Selbstlernmaterial)

www.studis-online.de: bietet umfangreiche Informationen zu allen Fragen des Studiums und stellt einen BAföG-Rechner bereit.

www.buerger-cert.de: Seiten des Bundesamtes für Sicherheit in der Informationstechnik mit aktuellen Informationen und Hinweise zur Computersicherheit.

Literaturempfehlungen

Es gibt eine unüberschaubare Menge an Ratgebern. Die folgenden Titel stellen nur eine kleine Auswahl empfehlenswerter Literatur dar.

Rede- und Prüfungsangst, Arbeitstechniken, Umgang mit Zeitproblemen
Esselborn-Krumbiegel, Helga (2006): Leichter lernen. Strategien für Prüfung und Examen. Paderborn.
Klein, Stefan (2008): Zeit – Der Stoff aus dem das Leben ist. Eine Gebrauchsanleitung. Stuttgart.
Knigge-Illner, Helga (2006): Ohne Angst in die Prüfung. Frankfurt am Main.
Metzig, Werner / Schuster, Martin (2005): Lernen zu lernen. Berlin, Heidelberg.
Metzig, Werner / Schuster, Martin (2009): Prüfungsangst und Lampenfieber. Bewertungssituationen vorbereiten und meistern. Berlin. Heidelberg.
Rückert Hans-Werner (2006): Schluss mit dem ewigen Aufschieben. Wie Sie umsetzen, was sie sich vornehmen. Frankfurt am Main.
Steinbuch, Ursula (2005): Raus mit der Sprache. Ohne Redeangst durchs Studium. Frankfurt am Main.
Stickel-Wolf, Christine / Wolf, Joachim (2005): Wissenschaftliches Arbeiten und Lerntechniken. Wiesbaden.

Wissenschaftliches Schreiben
Eberhardt, Joachim (2006): Über Literaturverwaltungsprogramme, Dokumentenmanager und andere elektronische Helfer – Eine Übersicht und Beschreibung von Literaturverwaltungsprogrammen. URL: http://iasl.uni-muenchen.de/discuss/lisforen/Eberhardt_Softwaretest.html
Frank, Andrea / Haake, Stefanie / Lahm, Swantje (2007): Schlüsselkompetenzen: Schreiben in Studium und Beruf. Stuttgart. Weimar.
Kruse, Otto (2007): Keine Angst vor dem leeren Blatt. Ohne Schreibblockaden durchs Studium. Frankfurt am Main.
Pyerin, Brigitte (2001). Kreatives wissenschaftliches Schreiben. Weinheim, München.
Weber, Stefan (2006): Das Google-Copy-Paste-Syndrom. Wie Netzplagiate Ausbildung und Wissen gefährden. Hannover.
Wolfsberger, Judith (2009): Frei geschrieben. Mut, Freiheit & Strategie für wissenschaftliche Abschlussarbeiten. Köln, Weimar, Wien.

Alle Checklisten aus diesem Buch und zusätzliche Materialien finden Sie als Dateien zum Download unter www.utb-mehr-wissen.de.

IV Hinterher und Drumherum

IV.1 Wie geht's weiter nach dem Bachelor?

Und wieder steht eine Entscheidung an: Was passiert nach dem Bachelor-Studium? Weiter studieren oder sich gleich um einen Job bewerben? Für viele Studierende ist die Antwort klar: Auf jeden Fall weiter studieren. Für die anderen haben wir als Entscheidungshilfen Argumente für die unterschiedlichen Optionen zusammengetragen.

Viele Möglichkeiten können einen allerdings auch verunsichern. Besonders dann, wenn man noch nicht genau weiß, was man will. Machen Sie sich an dieser Stelle bewusst, dass es vielen anderen Menschen auch so ergangen ist. Ein Blick auf die sogenannten Jobnomaden mit ihren interessanten Patchwork-Biografien lohnt sich (Kirch / Scheda 2002), denn er zeigt, dass der schnelle und geradlinige Weg nicht unbedingt der einzig Richtige ist. Oder in Mark Twains Worten gesprochen: »Gegen Zielsetzungen ist nichts einzuwenden, sofern man sich dadurch nicht von interessanten Umwegen abhalten lässt.«

Neue Entscheidungsmöglichkeiten durch die Bologna-Reform

Durch die Einführung von Bachelor- und Master-Studiengängen ist es in gewisser Weise einfacher geworden, den persönlichen Weg zu gehen. Denn das neue System bietet auch neue Möglichkeiten für eine individuelle Laufbahngestaltung:

- Sie können nach ein paar Jahren Berufspraxis zurück an die Uni und ein Masterstudium aufnehmen. Die Praxiserfahrung gleicht in einigen Masterprogrammen sogar eine schlechte Bachelor-Abschlussnote aus.
- Außerdem können Sie zwischen einem konsekutiven (auf den Bachelor aufbauenden) und einem nicht-konsekutiven (auf einen vorherigen Studienabschluss nicht fachlich aufbauenden) Masterstudiengang wählen.
- Nach Beschlüssen der Kultusministerkonferenz soll ein Universitäts-Masterstudium auch mit einem Fachhochschul-Bachelorabschluss möglich sein.

Leider spiegelt sich an einigen Stellen die Kluft zwischen Theorie und Praxis der Bologna-Reform wieder, die hoffentlich durch die neuen Reformbemühungen aufgelöst werden wird. Z. B. sollten alle AbsolventInnen, die weiter studieren möchten, die Möglichkeit zu einem Masterstudium haben. In der Praxis müssen diese Studienplätze aber erst geschaffen werden. »Die große Welle der Bachelor-AbsolventInnen kommt ja erst noch. Leider werden sich dann nicht alle sicher sein können, den gewünschten Master-Platz zu bekommen. Das kann passieren. Eine Garantie kann einem keiner geben«, teilte uns Claudia Cifire, Studienberaterin an der Technischen Universität Berlin, in einem Gespräch im März 2010 mit. Auch halten sich nicht alle Hochschulen an die Beschlüsse der KMK, FachhochschulabsolventInnen zuzulassen. Viele Hochschulen haben bereits Zugangsvoraussetzungen in Form von Auswahlverfahren, Auswahlgesprächen oder Quotenregelungen für den Master eingeführt (vgl. I.1).

Der Bachelor als berufsbefähigender Abschluss?

Der Bachelor-Abschluss soll schon nach drei bis vier Jahren zu einem berufsqualifizierenden Abschluss führen. Gerade in Deutschland war dies einer der wichtigsten Gründe für die Einführung der neuen Studiengänge, denn hier gibt es wesentlich weniger Menschen mit akademischem Abschluss als in vergleichbaren OECD-Ländern. Die Bologna-Reform soll zu einer höheren Bildungsbeteiligung führen, um den Herausforderungen der neuen Wissensgesellschaft gewachsen zu sein. In Ländern, in denen es den Bachelor seit vielen Jahren gibt, hat er sich tatsächlich für den Einstieg in firmenspezifische Trainee-Programme bewährt.

Problematisch wird der Bachelor als berufsqualifizierender Abschluss vor allem da, wo es (noch) keine Berufsfelder für ihn gibt. In den meisten ehemaligen Dipl. Ing.-Fächern ist das der Fall, weshalb der Verband der führenden Technischen Universitäten in Deutschland (TU9) den Master als Regelabschluss für die Ingenieur- und Naturwissenschaften an Technischen Universitäten fordert. So hat beispielsweise die Architektenkammer erklärt, dass ein Bachelor in Architektur nicht zum Architektenberuf qualifiziert, sondern eher einer Assistenztätigkeit zuzuordnen ist. Beim Bachelor of Law verhält es sich ähnlich. Mit dem Bachelor-Abschluss hat man zwar eine Qualifikation erworben, RichterIn oder AnwältIn kann man jedoch nicht werden, dazu benötigt man das herkömmliche Staatsexamen.

Was sagen die ArbeitgeberInnen zum Bachelor?

Die Bundesvereinigung der Deutschen Arbeitgeberverbände steht den Bachelor-Abschlüssen positiv gegenüber, – wie uns Mitarbeiter Henning Dettleff im Februar 2010 im Gespräch mitteilte: »Alle vorliegenden Studien belegen, dass der Bachelor, wie auch der Master-Abschluss, auf dem Arbeitsmarkt eine hohe Akzeptanz erfahren. Absolventen der neuen Studiengänge finden daher attraktive Jobmöglichkeiten in der Wirtschaft. Die Unternehmen entwickeln zunehmend geeignete Beschäftigungsfelder für Bachelor-Absolventen, die von Berufseinsteigern als im Niveau angemessen und zufrieden stellend empfunden werden.«

Während unserer Recherche sind wir aber auch auf andere Meinungen gestoßen. Manche AbeitgeberInnen bedauern z.B., dass sie junge MitarbeiterInnen nach den ersten Jahren der Einarbeitung wieder verlieren, wenn diese sich für einen nicht-berufsbegleitenden Masterstudiengang entscheiden. Andere vermissen bei sehr jungen Bachelor-AbsolventInnen sogenannte *Soft Skills* wie selbständiges Arbeiten, analytisches und lösungsorientiertes Denken oder Teamfähigkeit (vgl. II.1 und IV.2). Es gibt erste Studien über den Verbleib von Bachelor-AbsolventInnen. Ihre Aussagekraft ist aber gering, weil es sich aktuell noch um Momentaufnahmen handelt. Trotzdem gibt es einige handfeste Argumente für oder gegen ein sofortiges Masterstudium.

Gute Gründe für ein Master-Studium:

- In Ihrer Fachdisziplin reicht der Bachelor-Titel für den Berufseinstieg nicht aus.
- Sie möchten eine akademische Laufbahn einschlagen oder in der Forschung arbeiten.
- Sie begeistern sich für die Inhalte Ihrer Fachdisziplin (oder anderer Disziplinen) und haben Freude am wissenschaftlichen Arbeiten. Außerdem brauchen Sie noch Zeit, um sich zu orientieren. Das weitere Studium können Sie nutzen, um Praktika zu machen und Schwerpunkte zu setzen.

Gute Gründe, nicht (sofort) weiter zu studieren:

- Sie möchten ins Berufsleben einsteigen, endlich Geld verdienen, in das »wahre Leben« eintauchen. Den Mastertitel können sie auch zu einem späteren Zeitpunkt erwerben, evtl. sogar berufsbegleitend, um damit Ihre Aufstiegschancen zu verbessern.
- Ihre Bachelor-Abschlussnote ist nicht besonders gut und Sie haben keine Chance auf einen Masterstudienplatz. Viele Hochschulen rechnen für fachspezifische Berufspraxis Punkte an, womit eine schlechte Note ausgeglichen werden kann!
- Die Finanzierung des Masterstudiums ist nicht gesichert.

Eine Entscheidung treffen

Die große Welle der Bachelor-AbsolventInnen wird erst noch kommen. Das Zusammenspiel von Hochschul- und Beschäftigungssystem muss sich in den nächsten Jahren erst entwickeln. Niemand kann sicher voraussagen, was die Zukunft bringen wird. Eins ist allerdings sicher und wird immer wieder neu bestätigt: Die Zufriedenheit im Beruf hängt vom Interesse und der Leidenschaft für eine Tätigkeit ab. Warum sollte man sich also nicht daran orientieren?

Wenn Sie ein klares Berufsziel haben, ist es sinnvoll, sich früh über die gängigen Einstiegswege zu informieren. Wie steht man dort den Abschlüssen Bachelor und Master gegenüber? Fragen Sie nach bei BerufsberaterInnen, Fachverbänden und PraktikerInnen. Nutzen Sie dafür auch die Beratungsangebote Ihrer Hochschule. Wenn Sie zu den Leuten gehören, die kurz vor dem Bachelor-Abschluss noch nicht genau wissen, wohin sie beruflich gelangen wollen, sollten Sie sich alle Optionen offen halten, also auch die Option auf ein Master-Studium. Vertrauen Sie darauf, dass Sie Ihren Weg gehen werden.

Für alle gilt: Setzen Sie sich bei dieser und anderen Entscheidungen nicht zu sehr unter Druck, denn Ihre Chancen auf dem Arbeitsmarkt hängen nicht nur von Ihrem Studien-Abschluss ab. Ihre Persönlichkeit, Ihr Engagement bzw. der Eindruck, den potentielle ArbeitgeberInnen von Ihnen gewinnen werden, spielen letztendlich eine viel größere Rolle. Deshalb sollten Sie sich auch Zeit für Ihre Interessen nehmen, denn Lernen findet nicht nur in der Hochschule statt, wie der nächste Beitrag zeigen wird.

Rosaria Chirico, Elke Bohnaker

IV.2 Berufsprofiling –
Erfahrungen und Tipps aus der Laufbahnberatung

»Wie sind Sie zu Ihrem Studienfach gekommen?« frage ich die Studierenden als Erstes in der Laufbahnberatung, die ich im Career Center der Humboldt-Universität in Berlin anbiete. Die häufigste Antwort lautet: »Aus reinem Interesse.«

Das ist ein gutes Motiv. Allerdings rückt mit Beginn des Studiums dieses Interesse oftmals in den Hintergrund. Die Studiengestaltung hängt von vielen Faktoren ab, die außerhalb des eigenen Einflussbereiches liegen. Module müssen belegt werden – wegen der Studienpunkte, wegen des BAföG-Amtes oder weil sie gerade in den Stundenplan passen. Viele Studierende fürchten, durch Abweichen am vorgegebenen Studienverlauf den Anschluss an ihre KommilitonInnen zu verlieren oder gar an Attraktivität auf dem Arbeitsmarkt einzubüßen. Somit konzentrieren sie sich auf die Anforderungen, die ihnen das Studium abverlangt (vgl. II.1).

Für Ihre gesamte berufliche Entwicklung kann es außerordentlich wichtig sein, wie gerne und aus welchen Gründen Sie etwas tun. Ihr Interesse ergibt sich aus Entwicklungsprozessen und Erfahrungen, die Sie gemacht haben. Es steht für Werte und Überzeugungen, die zu Ihrem ganz persönlichen Profil gehören.

Berufsprofiling – Was heißt das eigentlich?

Ein Berufsprofiling umfasst wesentlich mehr als die fachliche Ausbildung: Es ist ein Prozess, der zum einen die Reflexion individueller Fähigkeiten (»Was kann ich?«) beinhaltet, zum anderen die Auseinandersetzung mit persönlichen Interessen und Motivationen (»Was will ich?«). Werte und Überzeugungen, Motive und Ziele gehören genauso dazu wie Kompetenzen, die Sie in anderen Lebensbereichen – außerhalb der Hochschule – entwickeln. Ziel des Berufsprofilings ist, den Beruf zu finden, der zu Ihren individuellen Interessen, Motivationen und Ihrem persönlichen Potential passt.

Das Bachelor-Studium ist ein zentraler Teil Ihrer Ausbildung, aber eben nur ein Teil. Was passiert außerdem noch in Ihrem Leben? Welche Fähigkeiten entwickeln Sie während Ihres Studiums außerhalb der Universität? Der Gedanke z. B. auch im Freizeitbereich wichtige Kompetenzen für das Berufsleben zu erwerben, trifft bei Studierenden häufig auf Unverständnis. Außeruniversitäre Aktivitäten werden nicht mit Lernen in Verbindung gebracht. Dieses wird ausschließlich mit universitären Lernsituationen assoziiert. Für einen beruflichen Orientierungsprozess ist ein Umdenken notwendig.

Heute stehen Berufslaufbahnen unter dem Motto »Lebenslanges Lernen« und das findet auch außerhalb der traditionellen Bildungseinrichtungen statt.

Die Europäische Kommission hat 2001 »Lebenslanges Lernen« wie folgt definiert:

»Lernen während des gesamten Lebens, das der Verbesserung von Wissen, Qualität und Kompetenzen dient und im Rahmen einer persönlichen, bürgergesellschaftlichen, sozialen bzw. beschäftigungsbezogenen Perspektive erfolgt.«

(Mitteilung der Europäischen Kommission: Einen Europäischen Raum des lebenslangen Lernens schaffen, 2001).

In diesem Verständnis des Lebenslangen Lernens sind Sie selbst AkteurInnen, die Ihre eigenen Bildungsprozesse mit Blick auf berufliche Chancen aktiv entwickeln – auch durch Kompetenzen, die Sie sich außerhalb des institutionalisierten Bildungskontextes aneignen. Die Gestaltung Ihrer individuellen Lernbiografie liegt zunehmend in Ihrer Verantwortung.

Career Service

An den meisten deutschen Hochschulen sind sog. Career Services (Weitere Bezeichnungen: Career Center, Büro für Karriere-Planung u. a.) mittlerweile fest etabliert. Das Programm dieser Einrichtungen ist sehr vielschichtig und umfasst in der Regel:

- Laufbahnberatungen
- Bewerbungstrainings und Seminare zum Berufseinstieg
- Kurse zum Erwerb von Zusatz- und Schlüsselqualifikationen
- Vorträge über Berufsbilder und Tätigkeitsfelder
- Präsentationen von Unternehmen, Firmenportraits
- Praxisprojekte zusammen mit außeruniversitären Einrichtungen
- Praktikums- und Stellenbörsen

Das vielfältige Angebot sollten Sie nicht erst am Ende Ihres Studiums wahrnehmen. Wenn Sie Ihre berufliche Laufbahn aktiv gestalten wollen, ist es sinnvoll, sich frühzeitig damit zu beschäftigen.

Der Einflussfaktor Arbeitsmarkt

Der sich rasch verändernde Arbeitsmarkt macht es einem nicht leicht, sich beruflich zu orientieren: Tätigkeits- und Berufsfelder weiten sich aus, neue Berufsbilder entstehen, Qualifikationsanforderungen verändern sich schneller und sind immer weniger vorhersehbar. Langfristige Arbeitsmarktprognosen sind kaum noch möglich und eignen sich daher nicht mehr als Orientierung für Berufswahlentscheidungen. Die klassische Abfolge – Berufswahl, Ausbildung, Übergang in den Beruf, weitere berufliche Entwicklung und Weiterbildung – gilt nur noch für wenige Beschäftigte. Hinzu kommen gesellschaftliche Veränderungsprozesse, die eine Individualisierung und Enttraditionalisierung von Lebensverläufen zur Folge haben.

Diese Entwicklungen verunsichern und können Zukunftsängste hervorrufen. Sie bergen aber auch eine Chance, denn die Arbeitsmarktentwicklung ist so wenig abschätzbar, dass eine Orientierung an den eigenen Bedürfnissen, Interessen und Leidenschaften immer wichtiger wird.

Was kann ich? – Ihr persönliches Qualifikationsprofil

In Stellenanzeigen sind Anforderungen im Bereich der Soft Skills – wie Teamfähigkeit, Interkulturelle Kompetenz etc. – selbstverständlich geworden. Wissen Sie, über welche dieser Fähigkeiten Sie verfügen? Es ist wichtig, dass Sie Ihre persönlichen Stärken zusammentragen und Ihr eigenes individuelles Qualifikationsprofil entwickeln.

Ein Qualifikationsprofil ist Teil des Berufsprofilings und bezieht sich immer auf eine Person. In einem Qualifikationsprofil geht es darum, Ihre Fach-, Methoden-, Sozial- und persönlichen Kompetenzen zu reflektieren und abzubilden.

Zu den Schlüsselqualifikationen zählen:

- Methodenkompetenzen: Spezielle Arbeitsmethoden, Softwarekenntnisse etc.
- Sozialkompetenzen: Alle Eigenschaften, die mit Kooperation und Kommunikation zusammenhängen, z. B. Teamfähigkeit, Kommunikationsstärke.
- Persönliche Kompetenzen: Motivation, Engagement, Durchsetzungsstärke etc.

Um sich diese zu vergegenwärtigen, werfen Sie ruhig auch einen Blick auf Erlebnisse, die Sie nicht unbedingt in Ihren Lebenslauf schreiben würden. Oft sind es genau solche Erfahrungen, die deutlich machen, wo Stärken liegen und was die Persönlichkeit prägt.

So gab z. B. Paul als wichtige Station in seinem Qualifikationsprofil an, dass er sich nach einem Praktikum in Indien ein Motorrad kaufte, um mit diesem zurück nach Deutschland zu fahren. Aber was hat eine Motorradreise mit einem Qualifikationsprofil zu tun? Sehr viel! Durch die Motorradreise musste sich Paul vielen Herausforderungen stellen und eigenverantwortlich Entscheidungen treffen. Er hat einiges an Krisenmanagement bewältigen müssen, Kommunikationsfähigkeit und Mut bewiesen. Die schwierigen Momente, die er meistern musste, stellen allesamt Lernsituationen dar, in denen er sich wichtige Kompetenzen aneignen konnte, bzw. durch die seine Stärken überhaupt erst zum Ausdruck kamen: Flexibilität, Improvisationsfähigkeit, die Fähigkeit, sich auf Fremdes einzustellen, interkulturelle Kompetenz, hohe Belastbarkeit bzw. Stresstoleranz.

Eine Motorradreise von Indien nach Deutschland ist etwas Besonderes. Aber auch alltägliche Situationen stellen uns vor Herausforderungen, die bewältigt werden müssen. Was haben Sie für Situationen erlebt, die Ihnen Ihre Stärken vor Augen führen können? Gerade als BerufseinsteigerIn sollten Sie sich über Qualifikationen klar werden, die Sie neben den fachlichen mitbringen.

Eine Möglichkeit, sich solche Fähigkeiten bewusst zu machen, ist die PAR-Methode. Diese Methode ist dem Band »Insiderwissen Bewerbung« von Gerstein und

Schubert (1999) entnommen. Ihr liegen zwei Überlegungen zugrunde: Erstens, dass Sie sich in Zukunft so oder so ähnlich verhalten werden, wie Sie es in der Vergangenheit bereits getan haben. Und zweitens, dass Sie Fähigkeiten, die beruflich relevant sind, überall erwerben und trainieren können: im Privaten, beim Jobben, während eines Praktikums, einer Reise oder im Familienkreis. Wer z. B. immer gut mit unterschiedlichen Menschen kommunizieren konnte, wird auch in Zukunft eine starke Kommunikationskompetenz haben.

Die PAR-Methode

- Problem: Erinnern Sie sich an Situationen, in denen Sie zeigen konnten, was in Ihnen steckt. Was war das Besondere an dieser Situation?
- Aktion: Was haben Sie getan, um diese Situation zu meistern?
- Resultat: Leiten Sie aus Ihren Aktionen Ihre Stärken ab.

Ein Beispiel:

- Problem: Lisa hat als Schülerin ein Auslandsjahr in Norwegen verbracht. Schon bald nach Ihrer Ankunft war Ihr unbehaglich zumute. Sie benötigte ein paar Tage, um zu erkennen, dass das Problem vor allem mit der Gastfamilie zusammenhing.
- Aktion: Sie analysierte das Problem zutreffend. Sie nahm Kontakt zu den VeranstalterInnen auf, um sich zu beraten. Sie tauschte sich auch mit anderen SchülerInnen aus, um in Erfahrung zu bringen, wie diese von Ihren Gastfamilien aufgenommen worden war. Sie sprach mit der Gastfamilie.
- Resultat: Am Ende war klar, dass Lisas Gastfamilie völlig ungeeignet war und Lisa nur aufgenommen hatte, um zusätzlich etwas Geld zu verdienen. Die Familie wurde aus der Liste der VeranstalterInnen gestrichen und Lisa bekam eine neue Familie zugewiesen, bei der sie eine sehr angenehme Zeit verbrachte. Die Qualifikationen, die man aus Lisas Geschichte ableiten kann sind: Situationen analysieren, Zielstrebigkeit, Mut, Engagement, Konfliktfähigkeit und Kommunikationsstärke.

Schreiben Sie nun Ihre kleinen und großen PAR-Geschichten auf. Wiederholen Sie diese Übung ruhig, indem Sie verschiedene Situation analysieren. Sie erzählen Ihnen, was Sie können. Auf diese Weise nähern Sie sich Ihrem persönlichen Qualifikationsprofil. Sie entdecken Fähigkeiten an sich, die Sie den verschiedenen Kompetenzbereichen (s. o.) zuordnen können.

Diese Übung ist gleichzeitig auch eine gute Vorbereitung für spätere Bewerbungsgespräche. Wenn Sie mit der PAR-Methode ermittelte Schlüsselqualifikationen benennen können, haben Sie gleich gute Beispiele zur Hand, mit denen Sie Ihre Fähigkeiten in einem Vorstellungsgespräch veranschaulichen können.

Brüche im Lebenslauf: Umwege erhöhen die Ortskenntnis

Studierende möchten in der Laufbahnberatung zuweilen erfahren, wie sie bestimmte Stationen oder Phasen ihres Lebens positiver darstellen können. Hierzu zählen z. B. längere Auslandsreisen, bei denen kein Praktikum oder kein organisierter

Sprachkurs absolviert wurde, eine Krankheit oder ein Studienfachwechsel. Diese Unsicherheit spiegelt die Vorstellung wider, dass bestimmte Ereignisse den viel gerühmten roten Faden unterbrechen könnten, oder dass es für bestimmte Aktionen nur eine bestimmte gesellschaftlich akzeptierte Zeitspanne gibt. Dabei sind es gerade die Brüche in den Normalbiografien, die uns Möglichkeiten bieten, individuellen Bildungswegen nachzugehen wie Mørch und du Bois-Reymond (2006) konstatieren.

Die Entscheidung für einen Fachwechsel fordert z. B. viel Mut, weil man sich unter Umständen gegen den Rat der Eltern oder anderer Personen entscheiden und durchsetzen muss und unter Umständen Erwartungen anderer enttäuscht. Zunächst wird man sich eingestehen müssen, dass man unzufrieden ist. Dann muss man herausfinden, woran es liegt. Ebenso muss man sich gut darüber informieren, welche Veränderungen das neue Studienfach oder der neue Studienort mit sich bringt. Man recherchiert, führt Gespräche, wägt ab – dies alles unter Zeitdruck bis zur Entscheidung.

Was will ich? – Individuelle Ziele formulieren

In meiner Beratungspraxis beobachte ich oft, dass Studierende Angst davor haben, eine falsche Entscheidung zu treffen. Aber was ist eine richtige oder eine falsche Entscheidung? Alle Entscheidungen, die Ihre (berufliche) Zukunft berühren, können nur individuell getroffen werden. Es gibt dabei kein Richtig oder Falsch! Insofern ist es das Wichtigste herauszufinden, was Sie sich wirklich wünschen und welche Prioritäten Sie setzen.

Wenn Sie zu den Menschen gehören, die keine klare Antwort auf diese Frage haben, stelle ich Ihnen im Folgenden eine bewährte Methode vor, die Ihnen dabei helfen kann, eigene Ziele zu formulieren.

> Die Kopfstandmethode
> Beschreiben Sie eine Tätigkeit, die für Sie überhaupt nicht infrage kommt. Gehen Sie dabei so konkret wie möglich vor und beschreiben Sie alles, was Sie an diesem Job nicht mögen würden.
> - Welche Arbeit interessiert Sie überhaupt nicht?
> - Wo möchten Sie auf gar keinen Fall arbeiten?
> - Mit wem möchten Sie niemals arbeiten?
> - Was möchten Sie keinesfalls erreichen?
> - Was gehört noch dazu, damit Ihr Job so richtig schlimm und unangenehm ist?

Durch die Ergebnisse können Sie erkennen, worauf es Ihnen ankommt, indem Sie in einem zweiten Schritt das Negative ins Positive umkehren. Auf diese Weise nähern Sie sich einem Arbeitsumfeld, das Ihnen vielleicht schon besser gefällt.

Lisa z. B. hasst es, den ganzen Tag allein in einem Büro am Computer zu sitzen und mit niemandem in Kontakt zu kommen. Was könnte das positive Gegenteil dieses Szenarios sein? Statt in einem Büro zu sitzen, möchte Lisa sich gerne bewegen und mit vielen Menschen ins Gespräch kommen. Welche Branchen und welche Tätigkeiten kommen dafür infrage? Auf diese Weise nähert sie sich einem Arbeitsumfeld und den Tätigkeiten, die ihr zusagen.

Wenn Sie diese Methode in einer Gruppe ausprobieren möchten, können Sie Ihre unangenehmen Bilder auch gegenseitig ins Positive korrigieren. Manchmal fällt das wegen der distanzierteren Haltung sogar leichter, als an den eigenen Zielen zu arbeiten.

Eine alternative Methode, um Wünsche und Ziele zu erkennen ist folgende.

Zeitreise

Stellen Sie sich vor, Sie hätten die Fähigkeit, eine Reise in die Zukunft zu machen. Nun lassen Sie diese Zukunft vor Ihrem inneren Auge entstehen. Wie sieht Ihre Zukunft in 10, in 20 oder in 30 Jahren aus?

- Was macht Sie in dieser Zukunft glücklich?
- Wie sieht Ihr Alltag aus?
- Was machen Sie, wenn Sie aufwachen?
- Wo und wie arbeiten Sie?
- Was begeistert Sie? Was macht Sie zufrieden?
- Wer sind die Menschen in Ihrem Umfeld (beruflich und privat)?
- Was haben Sie erreicht?

Wenn Sie Ihre Reise beendet haben, schreiben Sie Ihre Visionen auf. Welche Werte ergeben sich daraus? Lassen sich aus den formulierten Werten bereits Tätigkeitsfelder ableiten bzw. passen die formulierten Werte zu Ihren beruflichen Vorstellungen? Wie müsste ein Job aussehen, damit Sie sich darin wohl fühlen?

Kreative Berufsorientierung in der Arbeitsgruppe

Wenn ich Workshops zur Berufsorientierung leite, erlebe ich immer wieder, wie viele gute und hilfreiche Tipps Studierende sich untereinander geben können. Fragen, über die Sie nachdenken, beschäftigen oft auch Ihre KommilitonInnen. Außerhalb von organisierten Workshops können Sie ebenfalls gemeinsam über die Zeit nach dem Studium nachdenken.

Die bisher vorgestellten Übungen lassen sich allein, als Paarübung oder in der Gruppe machen. Bei der folgenden Übung handelt es sich um eine explizite Gruppenübung, die zu den gängigsten Kreativitätsmethoden gehört. Sie wird zum Generieren von Ideen genutzt.

Methode 635

Alle TeilnehmerInnen (idealerweise 6) benötigen ein Din-A4-Blatt, auf dem sie eine Frage formulieren. Darunter zeichnen sie eine Tabelle mit drei Spalten und sechs Zeilen.

Dann notieren sie innerhalb von fünf Minuten zu Ihrer Frage drei Lösungsvorschläge und reichen das Blatt im Uhrzeigersinn weiter. Nun erhält man ein Blatt, auf dem bereits drei Lösungsvorschläge notiert sind. Idealerweise lässt man sich von den Ideen anregen und entwickelt sie weiter bzw. überlegt sich drei neue dazu.

Die Sitzung ist beendet, wenn alle TeilnehmerInnen ihre drei Ideen zu den jeweils formulierten Fragen beschrieben haben. Bei sechs TeilnehmerInnen also nach einer halben Stunde. In dieser Zeit sind 6 x 3 x 6 = 108 Vorschläge (!) entstanden, die sie nun gemeinsam auswerten können. Markieren Sie dafür die besten Ergebnisse und verknüpfen oder verfeinern Sie diese im Gespräch.

Wenn Sie diese Methode auf Fragen der Berufsorientierung anwenden, können Sie in der Gruppe überlegen, ob es eine Frage gibt, die alle interessiert, oder Sie einigen sich darauf, dass jede/r eine eigene Frage stellt. Dann entspricht dies zwar nicht mehr der Methode 635, weil man ja hier zu einer einzigen Frage 108 Vorschläge sammelt, aber Sie kommen sicherlich trotzdem auf viele interessante Ideen, über die es sich weiter nachzudenken lohnt.

Möglichkeiten der Berufsorientierung / »Lernorte« außerhalb der Hochschule

Praktika

Ein Praktikum ermöglicht Ihnen, ein angestrebtes berufliches Tätigkeitsfeld besser kennen zu lernen. Oft werden durch Praktika unrealistische Erwartungen hinsichtlich angestrebter Aufgabenbereiche korrigiert. Andererseits finden PraktikantInnen manchmal auch Gefallen an Tätigkeiten, für die Sie sich bisher nicht interessiert haben. Durch das Kennenlernen potentieller Berufsfelder werden außerdem fachliche oder überfachliche Defizite deutlich. Die fehlenden Qualifikationen kann man sich im weiteren Studienverlauf bzw. nach dem Studium gezielt aneignen.

So banal es klingt: Achten Sie bei der Suche nach einem geeigneten Praktikumsplatz darauf, dass Sie etwas lernen werden. Die PraktikumsgeberInnen sollten diesen Lerneffekt zusichern. Besprechen Sie im Vorfeld miteinander,

- ob Sie Einblicke in die Arbeitsabläufe eines Unternehmens oder einer Institution erhalten werden,
- inwiefern Sie darin integriert werden und
- ob Ihnen konkrete Aufgaben übertragen werden.

Wichtig ist, dass Ihnen ein/e AnsprechpartnerIn zur Verfügung steht. Ein Praktikum dient als Qualifikation für den späteren Berufseinstieg, die Ihnen in einem Zeugnis bescheinigt werden sollte. In einigen Bachelor-Studiengängen gehören Praktika zu den erforderlichen Studienleistungen. Klären Sie mit Ihren HochschullehrerInnen oder Praktikumsbeauftragten, welche Anforderungen der Praktikumsplatz erfüllen muss, um anerkannt zu werden.

Übrigens: Unternehmen und Institutionen besetzen freie Stellen gern mit ehemaligen PraktikantInnen!

Exkursionen

Exkursionen bieten die Möglichkeit, sich über verschiedene Tätigkeitsbereiche, Einstiegsmöglichkeiten und Karrierewege zu informieren. Außerdem erhalten Sie die Gelegenheit, mit VertreterInnen der verschiedenen Unternehmen und Einrichtungen ins Gespräch zu kommen, persönliche Fragen zu stellen und Kontakte zu knüpfen. Durch dieses Angebot können Sie einen ersten Eindruck von Berufsfeldern gewinnen, die Sie interessieren oder evtl. einen Praktikumsplatz akquirieren.

Vorträge und Diskussionsrunden mit ReferentInnen aus der Praxis

Es gibt Veranstaltungsreihen an den Universitäten, in denen verschiedene BerufsfeldvertreterInnen einen Einblick in ihre Berufsbiografie und ihren Arbeitsalltag geben. Dies stellt eine gute Gelegenheit dar, um sich Anregungen zu holen oder in Erfahrung zu bringen, welche Qualifikationen Ihnen vielleicht noch für das angestrebte Berufsfeld fehlen.

Ehrenamtliche Tätigkeit

Um einen Einblick in Arbeitsabläufe verschiedener Berufsfelder zu bekommen, ist nicht zwangsläufig ein Praktikum vonnöten. Auch eine ehrenamtliche Tätigkeit kann Ihnen Einblicke gewähren und wird zudem von ArbeitgeberInnen als Praxiserfahrung positiv bewertet. Außerdem lässt sich eine ehrenamtliche Tätigkeit oftmals besser ins Studium einpassen als ein Praktikum.

Plädoyer für ein individualisiertes Lernen

Umfragen bei UnternehmensvertreterInnen und HochschulabsolventInnen bestätigen, dass vermehrt Wert auf Erfahrungen aus informellen Kontexten gelegt wird sowie auf Denk- und Arbeitsstil, Werthaltungen und sozio-kommunikative Kompetenzen (vgl. Rosenstiel u. a. 1998; Schomburg / Teichler 1998). Mein Anliegen war es zu zeigen, dass Lernen nie ausschließlich in formalen Institutionen stattfindet (vgl. du Bois-Reymond 2007, 87) und Ihnen Mut zu machen, sich Lernorte auch außerhalb der Universität zu suchen. Nur so entstehen individuelle Lernprozesse, die für ein ganzheitliches Berufsprofiling unerlässlich sind.

Aber Vorsicht: Wenn Sie lediglich das tun, von dem Sie meinen, es sei gerade nachgefragt, handeln Sie vermutlich wie viele andere auch und verhindern die Entwicklung Ihres eigenen Profils und Ihrer eigenen Persönlichkeit. Wer sich nur an Erwartungen orientiert, die von außen herangetragen werden, findet auf die Frage »Was will ich?«, wohl keine Antwort.

Bewahren Sie sich also Ihre Neugier, Ihre Interessen und haben Sie Mut, auch mal vom geraden Weg abzuweichen. Lassen Sie sich auf Umleitungen und eventuelle Sackgassen ein. Denn letztlich sind es Ihre individuellen Erfahrungen, die Ihr Wissen vom Mainstream unterscheiden. Dieses Wissen eignet man sich nicht an, indem man vorgeschriebenen Ausbildungsabläufen unkritisch folgt und diese im Rekordtempo abschließt (vgl. II.1).

Die Attraktivität auf dem Arbeitsmarkt hängt von Ihrer Qualifikation ab – zu einem guten Teil jedoch auch von Ihren ganz persönlichen Erfahrungen, Ihren Werten und Zielen und dem Selbstvertrauen auf Ihr Können.

Patricia Wohner

IV.3 Serviceteil

Literatur

Allmendinger, Jutta (Hrsg.) (2005): Karriere ohne Vorlage. Junge Akademiker zwischen Hochschule und Beruf. Hamburg.

Begemann, Petra (2006): Das große Handbuch der Berufsstrategie. Alles, was Sie für Job und Karriere wissen müssen. Frankfurt am Main.

Bolles, Richard Nelson (2009): Durchstarten zum Traumjob: Das ultimative Handbuch für Ein-, Um- und Aufsteiger. Frankfurt am Main. (Aktualisierte Neuausgabe).

Fritz, Hannelore (2003): Besser leben mit Work-Life-Balance: Wie Sie Karriere, Freizeit und Familie in Einklang bringen. Frankfurt am Main.

Glaubitz, Uta (2003): Der Job, der zu mir passt. Das eigene Berufsziel entdecken und erreichen. Frankfurt am Main. (4. Auflage).

Hesse, Jürgen / Schrader, Hans Christian (2008): Bewerbungsstrategien für Hochschulabsolventen. Frankfurt am Main.

Kirch, Sybille / Scheda, Irene (2002): Auf Umwegen zum Erfolg. Akademiker jenseits der klassischen Karriere. Berlin.

Roedenbeck, Maja (2003): Geschichten von der Quarterlife Crisis. Junge Erwachsene zwischen 20 und 30 erzählen über Träume, Lebensentwürfe und Entscheidungen. Berlin.

Sennett, Richard (2000): Der flexible Mensch. Die Kultur des neuen Kapitalismus. Berlin.

Sher, Barbara (2006): Ich könnte alles tun, wenn ich nur wüsste, was ich will. München. 8. Auflage.

Literatur zu speziellen Berufsfeldern und fachspezifischen Arbeitsmarktanalysen können Sie in Ihrer Fachbibliothek finden. Und wenn nicht, fragen Sie dort oder beim Career Center nach. Eventuell können neue Titel auf Anfrage bestellt werden.

Das IAB (Institut für Arbeitsmarkt- und Berufsforschung der Bundesagentur für Arbeit) stellt auf seiner Infoplattform kostenlose Downloads zur Verfügung: Literatur, Studien und Berichte zur Qualifikation und Beschäftigung von HochschulabsolventInnen, Arbeitsmarktchancen und Beschäftigungsbedingungen – jeweils sortiert nach Studienfächern oder Themen. http://www.iab.de/ (Pfad: > Informationsservice).

Beratungen

Die Career Center oder Career Services Ihrer Hochschule bieten Beratungen und Veranstaltungen rund ums Thema Berufsorientierung und Berufseinstieg an. Auf der Homepage des Career Service Netzwerk Deutschland e.V. (csnd) findet sich eine Liste der Career Services an deutschen Hochschulen, http://www.csnd.de

An vielen Instituten gibt es Praxisbeauftragte, die Ihnen bei der Suche oder Anerkennung eines Praktikums zur Seite stehen.

Die Hochschulteams der Agentur für Arbeit informieren in allen Fragen rund um Studium,

Beruf und Arbeitsmarkt und bieten Beratung, Orientierung und Vermittlung vor und während des Studiums sowie beim Übergang von Hochschule ins Berufsleben.

Praktikumsbörsen für AkademikerInnen

Im Internet: Die meisten Praktikumsbörsen, die Sie im Internet finden, sind privatwirtschaftlich geführte Unternehmen. Wie seriös diese sind, kann man z. B. daran erkennen, ob und wie sie über das Thema Praktikum informieren. Zu klären gibt es nämlich Einiges: Was sind Ihre Rechte? Was können Sie von einem Praktikum erwarten? Wie grenzt sich ein Praktikum von einem Job ab? Worauf sollten Sie vor und nach einem Praktikum achten? Wichtige Infos rund ums Praktikum finden Sie auf den Seiten des Deutschen Gewerkschaftsbundes, DGB-Jugend: http://www.dgb-jugend.de/studium/praktika
An der Hochschule: An vielen Hochschulen sind schon vor der Bologna-Reform Praktikumsbörsen entstanden und mittlerweile fest etabliert. Diese haben den Vorteil, dass sie vor Ort Beratungen anbieten, Praktikumsanbieter prüfen und vermitteln können und manchmal so eng mit den Instituten zusammenarbeiten, dass ein gelungener Theorie-Praxis-Transfer im Praktikum möglich ist. Ein Vorteil gegenüber den Internet-Börsen ist die Nähe zu den Fächern oder Fakultäten und damit die Möglichkeit, fachbezogen zu vermitteln.

Stellenangebote für AkademikerInnen

Der Deutsche Bildungsserver ist das umfangreichste Informationsportal zum Thema Bildung im Internet. Als Meta-Server verweist er auf Informationen zum deutschen Bildungswesen, die von Bund und Ländern, von Hochschulen, außeruniversitären Forschungs- und Serviceeinrichtungen u. v. m. bereitgestellt werden. Hier finden Sie auch eine umfangreiche Link-Liste der wichtigsten Stellenbörsen für AkademikerInnen aller Fachrichtungen: http://www.bildungsserver.de/
Das Netzwerk »Wege ins Studium« ist eine Initiative der Bundesagentur für Arbeit, Bundeselternrat, Bundesministerium für Bildung und Forschung, Deutscher Gewerkschaftsbund, Deutsches Studentenwerk und Hochschulrektorenkonferenz zur umfassenden und objektiven Information und Beratung über alle Fragen rund um das Studium und den Arbeitsmarkt für AkademikerInnen. Es bietet eine umfassende Rubrik zum Thema: Studium, und dann? http://www.wege-ins-studium.de/
Der Wissenschaftsladen Bonn e. V. (http://www.wilabonn.de/index.html) entstand 1984 aus dem Impuls, eine Brücke zwischen WissenschaftlerInnen und BürgerInnen zu schlagen. Mit 30 festen MitarbeiterInnen ist der gemeinnützige Verein mittlerweile der größte Science-Shop der Welt. Der Wissenschaftsladen Bonn e. V. veröffentlicht wöchentlich die Hefte:
»arbeitsmarkt – Bildung, Kultur, Sozialwesen« mit einem bundesweiten Überblick über die aktuellen Stellenangebote für Geistes- und SozialwissenschaftlerInnen,
»arbeitsmarkt – Umweltschutz und Naturwissenschaften« mit einem bundesweiten Überblick über die aktuellen Stellenangebote in allen umweltbezogenen Tätigkeitsfeldern und mit naturwissenschaftlich ausgerichteten Stellenausschreibungen.

Alle Checklisten aus diesem Buch und zusätzliche Materialien finden Sie als Dateien zum Download unter www.utb-mehr-wissen.de

V Literatur

Adamczak, Wolfgang (2006): Motivation, Themen- und BetreuerInnenwahl für eine Promotion. In: Koepernik, Claudia / Moes, Johanna / Tiefel, Sandra (Hrsg.): GEW-Handbuch Promovieren mit Perspektive. Ein Ratgeber von und für DoktorandInnen. Bielefeld

Antonovsky, A. (1997): Salutogenese. Zur Entmystifizierung der Gesundheit. Tübingen

Bargel, Tino / Multrus, Frank / Ramm, Michael / Bargel, Holger (2009): Bachelor-Studierende – Erfahrungen in Studium und Lehre. Eine Zwischenbilanz. Bundesministerium für Bildung und Forschung. Bonn, Berlin

Bargel, Tino / Müßig-Trapp, Peter / Willige, Janka (2008): Studienqualitätsmonitor 2007. Studienqualität und Studiengebühren. In: Forum Hochschule 1/2008 http://www.his.de/pdf/pub_fh/fh-200801.pdf am 2.5.10

Becker-Mrotzek, Michael (2004): Schreibkonferenzen in der Grundschule. In: Bräuer, Gerd (Hrsg) (2004), S. 105–119

Bengel, Jürgen / Strittmatter, Regine / Willmann, Hildegard (2001): Was erhält den Menschen gesund? Antonovskys Modell der Salutogenese – Diskussionsstand und Stellenwert. Bundeszentrale für gesundheitliche Aufklärung. Köln

Bloch, Roland (2009): Flexible Studierende? Studienreform und studentische Praxis. Leipzig

Bodenmann, Guy / Perrez, Meinrad / Schär, Marcel / Trepp, Andrea (2004): Klassische Lerntheorien. Grundlagen und Anwendungen in Erziehung und Psychotherapie. Bern

Bolker, Joan (1998): Writing Your Dissertation in Fifteen Minutes a Day. A Guide to Starting, Revising, and Finishing Your Doctoral Thesis. New York

Bräuer, Gerd (2003): Schreiben als reflexive Praxis. Tagebuch, Arbeitsjournal, Portfolio. 2. Auflage. Freiburg im Breisgau

Bräuer, Gerd (Hrsg.) (2004): Schreiben(d) lernen. Ideen und Projekte für die Schule. Hamburg

Bräuer, Gerd (o. J.): Materialien des Schreibzentrums der PH Freiburg. Unveröffentlicht

Bretschneider, Falk / Pasternack, Peer (2005): Handwörterbuch der Hochschulreform. Bielefeld

Bröckling, Ulrich (2007): Das unternehmerische Selbst. Soziologie einer Subjektivierungform. Frankfurt/M.

Carl von Ossietzky Universität Oldenburg, Zentrale Studienberatung (o. J.): Leitfaden für ein Sprechstundengespräch mit Ihrer/m Lehrenden. Oldenburg. URL: http://www.studium.uni-oldenburg.de/cman/dateien/ZSB/LeitfadenGespraechemitLehrenden.pdf am 18.2.10

Czikszentmihalyi, Mihaly (1995): Flow. Das Geheimnis des Glücks. Stuttgart

Daniel, Hans-Dieter / Enders, Jürgen / Teichler, Ulrich (Hrsg.) (1998): Brennpunkt Hochschule. Frankfurt/M.

Deutsches Studentenwerk (Hrsg.) (2006): Beratung im Hochschulbereich. Ziele, Standards, Qualifikationen. Psychologische Beratung, Sozialberatung, Beratung für Studierende mit Behinderung / chronischer Krankheit. Berlin. URL: http://www.studentenwerke.de/pdf/Beratung_Hochschulbereich.pdf am 18.2.10

Döring-Seipel, Elke (1996): Stimmung und Körperhaltung. Der Einfluss von manipulierten Körperhaltungen auf dysphorische Stimmungen. Eine experimentelle Studie. Weinheim

Du Bois-Reymond, Manuela (2007): Europas neue Lerner. Ein bildungskritischer Essay. Opladen

Du Bois-Reymond, Manuela / Chisholm, Lynne (eds.) (2006): The Modernization of Youth Transitions in Europe. New Directions for Child and Adolescent Development. No 113

Düx, Wiebke (2006): Aber so richtig für das Leben lernt man eher bei der freiwilligen Arbeit. Zum Kompetenzerwerb Jugendlicher im freiwilligen Engagement. In: Rauschenbach, Thomas / Düx, Wiebke / Sass, Erich (2006), S. 205–240

Ehrenberg, Alain (2004): Das erschöpfte Selbst. Depression und Gesellschaft in der Gegenwart. Frankfurt/M.

Elbow, Peter (1998): Writing with Power. Techniques for Mastering the Writing Process. Oxford

Elias, Norbert (1988): Über die Zeit. Frankfurt/M.

Esselborn-Krumbiegel, Helga (2008): Von der Idee zum Text. Eine Anleitung zum wissenschaftlichen Schreiben. 3. Auflage. Stuttgart

Frank, Andrea / Haacke, Stefanie / Lahm, Swantje (2007): Schlüsselkompetenzen: Schreiben in Studium und Beruf. Stuttgart

Franck, Norbert (2008): Fit fürs Studium. Erfolgreich reden, lesen, schreiben. 9. Auflage. München.

Franck, Norbert / Stary, Joachim (2006): Gekonnt visualisieren. Paderborn

Gerstein, Johann D. / Schubert, Gotthard (1999): Insiderwissen Bewerbung. München

Girgensohn, Katrin (2007): Neue Wege zur Schlüsselqualifikation Schreiben. Autonome Schreibgruppen an der Hochschule. Wiesbaden

Girgensohn, Katrin / Jakob, Ramona (2001): 66 Schreibnächte. Anstiftung zur literarischen Geselligkeit. Ein Praxisbuch zum kreativen Schreiben. Eggingen

Händel, Daniel / Kresimon, Andrea / Schneider, Jost (2007): Schlüsselkompetenzen: Reden – Argumentieren – Überzeugen. Stuttgart, Weimar

Heinrich-Heine-Universität Düsseldorf (o. J.): Tutoren trainieren Tutoren. Checkliste für Sprechstundengespräche. Düsseldorf. URL: http://www.uni-duesseldorf.de/ttt/material/092_sprechstunde_leitlinien.pdf am 18.2.10

Heublein, Ulrich / Hutzsch, Christopher / Schreiber, Jochen / Sommer, Dieter / Besuch, Georg (2010): Ursachen des Studienabbruchs in Bachelor- und in herkömmlichen Studiengängen. Ergebnisse der bundesweiten Befragung von Exmatrikulierten des Studienjahres 2007/2008. Forum Hochschule Nr. F2/2010. URL: www.his.de/pdf/pub_fh/fh-201002.pdf am 13.1.10

Isserstedt, Wolfgang / Middendorf, Elke / Fabian, Gregor / Wolter, Andrä (2007): Die wirtschaftliche und soziale Lage der Studierenden in der Bundesrepublik Deutschland 2006. 18. Sozialerhebung des Deutschen Studentenwerkes durchgeführt durch HIS Hochschul-Informations-System. Bundesministerium für Bildung und Forschung. Bonn, Berlin. URL: http://www.studentenwerke.de/pdf/Hauptbericht19SE.pdf am 6.5.10

Isserstedt, Wolfgang / Middendorf, Elke / Kandulla, Maren / Borchert, Lars / Leszcensky, Michael (2010): Die wirtschaftliche und soziale Lage der Studierenden in der Bundesrepublik Deutschland 2009. 19. Sozialerhebung des Deutschen Studentenwerkes durchgeführt durch HIS Hochschul-Informations-System. Bundesministerium für Bildung und Forschung. Bonn, Berlin. URL: http://www.studentenwerke.de/pdf/Hauptbericht19SE.pdf am 6.5.10

Kahler, Andres / Nowak, Andreas (Hrsg.) (1997): Unternehmen Universität. Zehn Streitgespräche zur Hochschulreform. Frankfurt/M.

Kandel, Eric R. / Schwartz, James H. / Jessell, Thomas M. (1996). Neurowissenschaften. Eine Einführung. Heidelberg, Berlin, Oxford

Keller, Andreas (2009): Bologna 2.0 – Zeit für einen Kurswechsel. In: Banscherus, Ulf / Gulbins, Annerose / Himpele, Klemens / Staack, Sonja: Der Bologna-Prozess zwischen Anspruch und Wirklichkeit. Die europäischen Ziele und ihre Umsetzung in Deutschland. Frankfurt am Main. Print und Online. URL: http://www.gew.de/Binaries/Binary52190/090903_Bologna-Endfassung_final-WEB.pdf am 12.4.10

Keller, Gustav (2003): Selbstmanagement im Lehrerberuf. Donauwörth

Kellog, Ronald T. (2008): Training Writing Skills: A Cognitive Developmental Perspective. Journal of Writing Research (I,1), 1–26

Kirch, Sybille / Scheda, Irene (2002): Auf Umwegen zum Erfolg. Akademiker jenseits der klassischen Karriere. Berlin

Klein, Stefan (2006): Zeit. Der Stoff aus dem das Leben ist. Eine Gebrauchsanweisung. Franfurt/M.

Kleist-Archiv Sembdner (Hrsg.) (2002): Kleist, Heinrich von: Über die allmähliche Verfertigung der Gedanken beim Reden. Heilbronn. Internetausgabe. URL: http://www.kleist.org/texte/UeberdieallmaehlicheVerfertigungderGedankenbeimRedenL.pdf am 12.2.10

Knigge-Illner, Helga (2006): Prüfungsangst verstehen und bewältigen. URL: http://www.fu-berlin.de/studienberatung/psychologische_beratung/texte/pruefungsangst.html am 22.4.10

Koepernik, Claudia / Wolter, Andrä (2010): Studium und Beruf. Demokratische und Soziale Hochschule Arbeitspapier 210. Düsseldorf. Print und Online. URL: http://www.boeckler.de/pdf/p_arbp_210.pdf am 22.4.10

Košinár, Julia (2007): Selbststärkung im Lehrberuf. Individuelle und kontextuelle Bedingungen für die Anwendung körperbasierter Selbstregulation. Baltmannsweiler

Košinár, Julia (2009): Das Konzept »Ganzheitliche Stressprävention«. Überprüfung der Effektivität eines Trainingsprogramms in der Lehrerausbildung. In: Lehrerbildung auf dem Prüfstand. Heft 2, S. 263–281

Košinár, Julia / Leineweber, Sabine (im Druck): Ganzheitliche Stressprävention in der Lehrerausbildung. Konzept, Training und Begleitforschung. Baltmannsweiler

Kretschmann, Rudolf (2000): Stressmanagement für Lehrerinnen und Lehrer. Ein Trainingshandbuch. Weinheim und Basel

Kruse, Otto (1999): Keine Angst vor dem leeren Blatt. Ohne Schreibblockaden durchs Studium. Frankfurt am Main, New York

Laschet, Armin (2009): Die Aufsteiger-Republik – Zuwanderung als Chance. Köln

Lazarus, Richard S. / Launier Raymond (1981): Stressbezogene Transaktion zwischen Mensch und Umwelt. In: Nitsch, Jürgen R. (Hrsg.): Stress. Theorien, Untersuchungen, Maßnahmen. Bern, Stuttgart, Wien

Mørch, Sven / du Bois-Reymond, Manuela: Learning in Times of Modernization. In: Du Bois-Reymond, Manuela / Chisholm, Lynne (2006), S. 23–35

Mansel, Jürgen / Schweins, Wolfgang / Ulbrich-Herrmann, Matthias (Hrsg.) (2001): Zukunftsperspektiven Jugendlicher. Wirtschaftliche und soziale Entwicklungen als Herausforderung und Bedrohung für die Lebensplanung. München, Weinheim

Mansel, Jürgen / Schweins, Wolfgang / Ulbrich-Herrmann, Matthias: Zukunftsperspektiven junger Menschen vor dem Hintergrund der wirtschaftlichen und sozialen Entwicklung. In: Mansel / Schweins / Ulbrich-Herrmann (2001), S. 7–21

Markowitsch, Hans Joachim (2002): Dem Gedächtnis auf der Spur. Vom Erinnern und Vergessen. Darmstadt

Meer, Dorothee (2003): Sprechstundengespräche an der Hochschule. »Dann jetz Schluss mit der Sprechstundenrallye«. Ein Ratgeber für Lehrende und Studierende. Baltmannsweiler

Meer, Dorothee / Zegers, Vera (2003): »ja (o) also ich glaube das übersteigt wohl mein format« – Geschlechtsspezifische Aspekte von Sprechstundengesprächen an der Hochschule. In: Meer (2003), S. 107–130

Mehlhorn, Grit (2005): Studienbegleitung für ausländische Studierende an deutschen Hochschulen. München

Mücke, Klaus (2007): Hilf dir selbst und werde, was du bist. Lehr- und Lernbuch Systemisches Selbstmanagement. 2. Auflage. Potsdam

Müller, Florian H. / Bayer, Christina (2007): Prüfungen: Vorbereitung – Durchführung – Bewertung. In: Hawelka, Birgit / Hammerl, Marianne / Gruber, Hans u. a. (Hrsg.): Förderung von Kompetenzen in der Hochschullehre. Theoretische Konzepte und ihre Implementation in die Praxis. Kröning, S. 223–237

Münch, Richard (2009): Globale Eliten, lokale Autoritäten. Bildung und Wissenschaft unter dem Regime von PISA, McKinsey & Co. Frankfurt/M.

Pyerin, Brigitte (2001). Kreatives wissenschaftliches Schreiben. Weinheim, München

Pieper, Dirk / Wolf Sebastian (2009): Wissenschaftliche Dokumente in Suchmaschinen. In: Lewandowski, Dirk (Hrsg.): Handbuch Internet-Suchmaschinen. Heidelberg, S. 356–374

Plattner, Ilse (1992): Zeitberatung. Die Alternative zu Zeitplantechniken. München, Landsberg am Lech

Rauschenbach, Thomas / Düx, Wiebke / Sass, Erich (Hrsg.) (2006): Informelles Lernen im Jugendalter. Vernachlässigte Dimensionen der Bildungsdebatte. Weinheim, München

Rosa, Hartmut (2005): Beschleunigung. Veränderung der Zeitstruktur in der Moderne. Frankfurt/M.

Rosenstiel, Lutz von / Nerdinger, Friedemann W. / Spiess, Erika (Hrsg.) (1998): Von der Hochschule in den Beruf. Göttingen

Rotter, Carolin (2009): »Vielleicht könnten Sie mir ja irgendwie ein bisschen weiterhelfen« – Geschlechtstypische Unterschiede in hochschulischen Sprechstunden. In: Das Hochschulwesen Jg. 57, Heft 2, S. 58–61

Rückert, Hans-Werner (2001): Schluss mit dem ewigen Aufschieben. Wie Sie umsetzen, was Sie sich vornehmen. Frankfurt/M.

Rückert, Hans-Werner (2004): Entdecke das Glück des Handelns. Überwinden, was das Leben blockiert. Frankfurt/M. /New York

Schäfer, Sarina / Sauerwein, Markus (2009): Der »Bolognaprozess« aus Sicht der Studierenden. URL: http://bolognaumfrage.de/wp-content/uploads/2010/03/Ausf%C3%BChrliche_Auswertung_bolognaumfrage230KB.pdf am 1.5.10

Scheuermann, Ulrike (2009): Wer reden kann, macht Eindruck – wer schreiben kann, macht Karriere. Das Schreibfitnessprogramm für mehr Erfolg im Job. Wien

Scheuermann, Ulrike (2010): In guter Stimmung schreiben. In: Textart Magazin für Kreatives Schreiben. 1. Jg 1/2010, S. 8–13

Schlote, Axel (2000): Zeit genug! Wege zum persönlichen Zeitwohlstand. Weinheim und Basel

Scholz, Christian / Stein, Volker (Hrsg.) (2009): Bologna-Schwarzbuch. (Deutscher Hochschulverband). Bonn

Schomburg, Harald / Teichler, Ulrich (1998): Studium, Studienbedingungen und Berufserfolg. In: Daniel, Hans-Dieter / Enders, Jürgen / Teichler, Ulrich (Hrsg.) (1998), S. 141–172

Selye, Hans (1974): Stress. Bewältigung und Lebensgewinn. München

Stepper, Sabine (1992): Der Einfluss der Körperhaltung auf die Emotion Stolz. Experimentelle Untersuchung zur Körper-Feedback-Hypothese. Universität Mannheim. Dissertation

Theuerkauf, Judith / Steinmetz, Maria / unter Mitarbeit von Grieshammer, Ella / Peters, Nora / Zegenhagen, Jana (2009): AssisThesis. Leitfaden zur Betreuung wissenschaftlicher Arbeiten an der TU Berlin. URL: http://www.textlabor.tu-berlin.de/uploads/media/AssisThesis_Leitfaden_zur_Betreuung_wissenschaftlicher_Arbeiten.pdf am 16.2.10

Theuerkauf, Judith / Steinmetz, Maria / unter Mitarbeit von Grieshammer, Ella / Peters, Nora / Zegenhagen, Jana (2009): AssisThesis. Qualitative Anforderungen an wissenschaftliche Arbeiten an der TU Berlin. URL: http://www.textlabor.tu-berlin.de/uploads/media/AssisThesis_Studierendenversion.pdf am 16.2.10

Wagner, Wolf (2007): Uni-Angst und Uni-Bluff heute – Wie studieren und sich nicht verlieren. 2. Auflage der Neuausgabe. Berlin

von Werder, Lutz (1993): Lehrbuch des wissenschaftlichen Schreibens. Ein Übungsbuch für die Praxis. Berlin

Wiesmann, Bettina / Schmucker, Thomas (2007): Studierende ziel- und lösungsorientiert beraten. In: Hawelka, Birgit / Hammerl, Marianne / Gruber, Hans: u.a. (Hrsg.), Förderung von Kompetenzen in der Hochschullehre. Theoretische Konzepte und ihre Implementation in die Praxis. Kröning, S. 210–219

Wolfsberger, Judith (2007): frei geschrieben. Mut, Freiheit und Strategie für wissenschaftliche Abschlussarbeiten. Wien

Zegers, Vera (2004): Man(n) macht Sprechstunde. Eine Studie zum Gesprächsverhalten von Hochschullehrenden und Studierenden. Diss. Bochum. URL: http://www-brs.ub.ruhr-uni-bochum.de/netahtml/HSS/Diss/ZegersVera/diss.pdf am 14.4.10

Weitere Quellen

Rundfunk und Fernsehen

ARD, »Anne Will«, Sendung vom 29.11.2009. Wa(h)re Bildung – Hast Du was, bist Du was. Annette Schavan und Ben Stotz (SDS) im anschließenden Chat. URL: http://daserste.ndr.de/annewill/archiv/chatprotokoll206.html am 6.4.10

Deutschlandradio Kultur, »Interview«, gesendet am 17.06.09. Annette Schavan im Interview mit Jochen Spengler. Manuskript: »Die Proteste sind zum Teil gestrig«. URL: http://www.dradio.de/dlf/sendungen/interview_dlf/983613/ am 1.2.10

Deutschlandradio »Campus & Karriere«, gesendet am 17.2.10. Lioba Werrelmann: Master of Disaster. Zur (verschobenen) Bologna-Konferenz im Mai. Manuskript: www.dradio.de/dlf/sendungen/campus/1127588/ am 23.3.10

Zeitungen und Magazine

Anette Schavan im Interview. »Mehr Ehre für die Lehre«. Die Zeit vom 25.2.10

»Deutsche Firmen gehen gestärkt aus der Krise«. Interview mit Jörn-Axel Meyer. In: DB mobil Kundenmagazin (2010) Januarausgabe

Dubro, Lukas: Schavan eröffnet Protestfenster. Vertagung des Bildungsgipfels. In: taz-online vom 17.2.10 URL: http://www.taz.de/1/zukunft/schwerpunkt-uni/artikel/1/schavan-er oeffnet-protestfenster/ am 18.2.10

Enders, Joachim: Die Module spielen verrückt. In: SPIEGEL ONLINE vom 5.6.09. URL: http://www.spiegel.de/unispiegel/studium/0,1518,627642,00.html am 5.5.10

Füller, Christian: Wenige Prüfungen im Bachelor. In: taz vom 7.12.09, S.6

Kailitz, Susanne: Wenn die Uni fremdes Terrain ist. In: SPIEGEL ONLINE vom 17.12.08. URL: http://www.spiegel.de/unispiegel/studium/0,1518,595053,00.html am 6.5.10

Repinski, Gordon: Stille Signale, lauter Protest. In: taz vom 14./15.11.09, S.3

Schormann, Tobias: Diagnose Bacheloritis. In: Süddeutsche Zeitung Onlineausgabe v. 29.9.09. URL: http://www.sueddeutsche.de/jobkarriere/937/489326/text / am 18.2.10

Schultz, Tanjev: Ein Damm gegen die Prüfungsflut. In: Süddeutsche Zeitung vom 8.12.09, S.5

Via medici: Was bringen Lerngruppen? Ergebnisse der Miniumfrage aus Via medici 2/08. Via medici (2008). URL: http://www.thieme.de/viamedici/aktuelles/aktion/miniumfrage2_08.html am 21.4.10

Vitzthum, Thomas: Studenten und Wirtschaft begrüßen ›Bologna-Gipfel‹. In: WELT ONLINE (2009), 1.12.09. URL: http://www.welt.de/die-welt/politik/article5386873/Studenten-und-Wirtschaft-begruessen-Bologna-Gipfel.html am 3.1.10

Zoske, Sascha: Bachelor willkommen. In: FAZ.NET vom 12.1.10. URL: http://www.faz.net/s/Rub8D05117E1AC946F5BB438374CCC294CC/Doc~EFD60C5DE7EBE40FF91DD6A77E77A201A~ATpl~Ecommon~Scontent.html am 15.1.10

Dokumente: Pressemitteilungen, Deklarationen und Protokolle

Bologna Ministerial Anniversary Conference (2010): Budapest-Vienna Declaration on the European Higher Education Area. URL: http://www.ond.vlaanderen.be/hogeronderwijs/bologna/2010_conference/documents/Budapest-Vienna_Declaration.pdf am 15.4.10

Deutscher Bundestag (2009): Plenarprotokoll 17/9 (Sitzung vom 3.12.09). URL: http://dipbt.bundestag.de/dip21/btp/17/17009.pdf am 26.05.10

Europäische Kommission (2001): Einen europäischen Raum des lebenslangen Lernens schaffen. Mitteilung KOM(2001) 678. URL: http://eur-lex.europa.eu/LexUriServ/LexUriServ.do?uri=COM:2001:0678:FIN:DE:PDF am 14.4.10

fsz – freier zusammenschluss von studentInnenschaften (2004): Für eine qualitative Studienreform. Positionspapiere zu den Anforderungen an die aktuelle Studienreformdebatte. URL: http://www.fzs.de/suchen/1003.html?searchshow=studienreform am 15.4.10

fsz freier zusammenschluss von studentInnenschaften (2010): Über uns. URL: http://www.fzs.de/ueber_uns/index.html am 15.4.10

Gesellschaft für Deutsche Sprache GfdS: Pressemitteilung vom 18.12.2009. URL: http://www.gfds.de/presse/pressemitteilungen/181209-wort-des-jahres-2009/ am 13.1.10

Heinrich Böll Stiftung (2001): Ein Europäischer Hochschulraum? Chancen und Risiken bei der Verwirklichung. Berliner Hochschuldebatte Nr.8, Programmzettel. Berlin

Hochschulrektorenkonferenz, Pressemitteilung vom 10.12.2009: Kultusministerkonferenz und Hochschulrektorenkonferenz handeln gemeinsam! Pressemitteilung anlässlich des gemeinsamen Treffens von Hochschulrektorenkonferenz und Kultusministerkonferenz. Bonn. URL: http://www.kmk.org/presse-und-aktuelles/meldung/kultusministerkonferenz-und-hochschulrektorenkonferenz-handeln-gemeinsam.html am 15.4.10

Hochschulrektorenkonferenz, Bologna-Zentrum (2010): Einflussmöglichkeiten für Studierende. URL: http://www.hrk.de/bologna/de/home/2101.php am 28.3.10.

Hochschulrektorenkonferenz (2010): HRK-Präsidentin appelliert an Politik: Den vielen gute Worten nun endlich Taten folgen lassen. Pressemitteilung. URL: http://www.hrk.de/de/presse/95_5337.php

Kultusministerkonferenz (1999): Strukturvorgaben für die Einführung von Bachelor-/Bakkalaureus- und Master-/ Magisterstudiengängen. Beschluss vom 5.3.1999. URL: http://www.kmk.org/index.php?id=1248&type=123 am 15.4.10

OECD (2009): Bildung auf einen Blick 2009. OECD-Indikatoren. Zusammenfassung in Deutsch. URL: http://www.oecd.org/dataoecd/41/61/43638066.pdf am 6.5.10

Staack, Sonja / Bretschneider, Falk (2003). Offener Brief an die Präsidentin der KMK, Ministerin Karin Wolff. URL: http://www.fzs.de/themen/studienreform/bachelor_master/901.html am 14.4.2010

Verband der führenden Technischen Universitäten Deutschlands TU9 (2010): Vorschläge zur Verbesserung des zweistufigen Studiensystems. URL: http://www.tu9.de/media/docs/tu9/20100224_TU9_Vorschlaege_zur_Verbesserung_des_zweistufigen_Studiensystems.pdf am 14.4.10

VI Stichwortverzeichnis

Dr. Sven Arnold, Literatur- und Musikwissenschaftler, promovierte zum Thema »Literarischer Expressionismus«. Von 1992 bis 2008 war er zunächst im Literarischen Colloquium Berlin und dann im Haus der Kulturen der Welt mitverantwortlich für die literarischen Programme. Seit 2009 arbeitet er freiberuflich als Schreibberater und Trainer für wissenschaftliches und berufliches Schreiben. Homepage: www.schreibberatung-arnold.de

Elke Bohnaker ist Dipl. Kommunikationswirtin (FH), NLP-Master, Bewegungs- und Tanztherapeutin, Weiterbildungsmanagerin. Sie war als Marketingleiterin und Kommunikationsexpertin in internationalen Projekten tätig. Langjährige Trainertätigkeit mit den Schwerpunkten: Rhetorik, Verhandlungstraining, Zeit- und Stressmanagement und Interkulturelle Kompetenz im universitären, wirtschaftlichen und sozialen Umfeld. Sie promoviert zurzeit zum Thema »Interkulturelle Kommunikation« und lebt in Berlin.

Rosaria Chirico M.A. studierte Philosophie, Germanistik, Romanistik und Deutsch als Fremdsprache in Düsseldorf und Berlin. Sie war als wissenschaftliche Mitarbeiterin an der Berliner Humboldt-Universität tätig und entwickelte u.a. ein bewährtes Praxis-Modul für Bachelor-Studiengänge. Seit 2004 arbeitet sie als Trainerin und Beraterin. Schwerpunkte ihrer Arbeit sind: Schreiben, Kreativität und berufliche Laufbahngestaltung. Sie engagiert sich für die Bildungsförderung von MigrantInnen. Homepage: www.schreib-los.de

Dr. Katrin Girgensohn ist Schreibtrainerin und Schreibforscherin. Sie promovierte zum Thema »Autonome Schreibgruppenarbeit an der Hochschule« und gründete das Schreibzentrum der Europa-Universität Viadrina, das sie seit 2007 leitet. Sie ist in verschiedenen regionalen und internationalen Netzwerken zur Schreibdidaktik aktiv. Homepage: www.euv-frankfurt-o.de/schreibzentrum

Ella Grieshammer M.A. studierte Deutsch als Fremdsprache, Psychologie und Spanische Philologie und ist Mitarbeiterin des Internationalen Schreibzentrums der Universität Göttingen. Sie führt dort Workshops für Studierende zum akademischen Schreiben und Präsentieren durch und berät Studierende bei ihren Schreibprojekten. Vor ihrem Studienabschluss war sie an der TU Berlin als Schreibberaterin tätig und half dort beim Aufbau eines Schreibzentrums mit.

Andreas Kahler M.A. studierte Philosophie und Linguistik, arbeitete als Bildungsmanager und engagiert sich seit 2007 als Organisationsberater innerhalb der deutsch-sambischen Zusammenarbeit. Er ist Autor und Mitherausgeber mehrere Titel zur Hochschulentwicklung und hat 1999 die »Berliner Hochschuldebatten« mit initiiert. Er war Projektmanager bei der Heinrich Böll Stiftung, Berlin, und dann bei der Heinrich Böll Stiftung NRW für Hochschulpolitik verantwortlich.

Dr. Julia Košinár arbeitet seit 1998 als Stresspräventionstrainerin und Körperpädagogin im Aus- und Fortbildungsbereich. Ursprünglich als Schauspielerin ausgebildet, befasst sie sich mit authentischen Handlungsmöglichkeiten in stressbelasteten beruflichen Zusammenhängen. Als wissenschaftliche Assistentin im Fachbereich Erziehungswissenschaften an der Universität Bremen gestaltet sie studierendennahe Seminare, unterstützt BA-Studierende bei der Entwicklung von Basiskompetenzen für ihren Berufsweg und verfasste mehrere wissenschaftliche Publikationen zum Thema Stressbewältigung. Homepage: www.koerperkompetenzen.de

Franziska Liebetanz B. A. studierte Kulturwissenschaften und ist Schreibberaterin für Studierende und Promovierende sowie Koordinatorin am Schreibzentrum der Europa-Universität Viadrina in Frankfurt/Oder. Sie hält Seminare zum wissenschaftlichen und beruflichen Schreiben an verschiedenen Schulen und Hochschulen in Berlin und Brandenburg. Derzeit im Master-Studiengang »Biographical and Creative Writing« an der Alice Salomon Hochschule Berlin.

Dr. Daniela Liebscher war Assistentin am Tübinger Lehrstuhl für Wirtschafts- und Sozialgeschichte und konzipierte den Tübinger Sonderforschungsbereich »Kriegserfahrungen in der Neuzeit« mit. Seit 2005 unterrichtet sie als ausgebildete Schreibtrainerin wissenschaftliches Schreiben an verschiedenen Hochschulen und Graduierteneinrichtungen. Ihr besonderer Schwerpunkt liegt auf dem fachspezifischen Schreiben für Studierende der Geschichtswissenschaften. Mitbegründerin des Arbeitskreises »Schreibdidaktik Berlin Brandenburg«. Homepage: www.schreibdidaktik.net

Lorenz Matzat, Diplom-Politikwissenschaftler, lebt und arbeitet in Berlin als freier Journalist und Medienpädagoge. Schwerpunkte seiner Arbeit sind Organisierung per Webmedien sowie spielbasiertes Lernen (game-based-learning). Homepage: www.lernux.de

Nora Peters M. A. studierte Interkulturelle Kommunikation und ist ausgebildete Schreibberaterin/-trainerin. Sie berät seit 2007 Studierende und Promovierende und leitet Seminare und Workshops zum wissenschaftlichen Schreiben an der TU Berlin, wo sie u. a. ein virtuelles Schreibzentrum (Textlabor) mit aufgebaut hat. Seit 2010 berät sie auch an der EUV Frankfurt/Oder. Sie ist aktiv auf (inter)nationalen Konferenzen zum Thema Schreiben und Mitglied des AK »Schreibdidaktik Berlin-Brandenburg«.

Beate Selders studierte Soziologie, Psychologie und Politologie. Sie arbeitet als freie Journalistin (Schwerpunkt Migration) und ist Dozentin für wissenschaftliches und berufliches Schreiben. Im Netzwerk »Studienqualität Brandenburg« qualifiziert sie zusammen mit Rosaria Chirico HochschuldozentInnen im Bereich Schreibdidaktik. Sie begleitet als Schreibberaterin durch Abschlussarbeiten und veranstaltet Workshops zum Umgang mit Zeitproblemen. Homepage: www.schreib-los.de

Ulrike Scheuermann, Diplom-Psychologin, ist Autorin und Coach. Sie begleitet Menschen dabei, fokussierter zu arbeiten und zu schreiben und so das Wesentliche zu leben. Nach knapp zehn Jahren als Mitarbeiterin in Berliner Krisendiensten ist sie heute selbstständig als Coach und als Autorin/Herausgeberin von Sach- und Fachbüchern. Sie unterstützt seit zwölf Jahren Berufstätige, WissenschaftlerInnen und SachbuchautorInnen beim Schreiben und Publizieren. Homepage: www.ulrike-scheuermann.de

Patricia Wohner M. A. studierte Geschichte, Slawistik und Deutsch als Fremdsprache und ist zertifizierte Verhaltens- und Kommunikationstrainerin. Sie berät im Career Center der Humboldt-Universität zu Berlin Studierende und AbsolventInnen zu Fragen der Berufsorientierung und führt Trainings und Lehrveranstaltungen zum berufsorientierten Studium und zur Gestaltung des Berufseinstieges durch. Homepage: www.hu-berlin.de/careercenter

Jana Zegenhagen M. A. ist Literaturwissenschaftlerin und Schreibdidaktikerin an der Universität Hildesheim. Sie baute dort das Lese- und Schreibzentrum mit auf, leitet das Programm für studentische Schreibberatung (Peer Tutoring) und promoviert über die Wirksamkeit dieser individuellen Form der Förderung. Als Mitglied verschiedener Netzwerke arbeitet sie mit an der Entwicklung und Etablierung der Schreibberatung. Homepage: www.uni-hildesheim.de/de/leseschreibzentrum.htm